テキスト民法

磯本典章

信山社

はじめに

　本書は，大学における民法の授業のための教科書として執筆されたものです。本書の基本方針は次のようなものです。

　第1に，民法の基礎的な部分を中心に記述しました。民法の勉強を始めたばかりの頃に，あまり細部に気をとられますと，民法の全体が分からなくなります。そのために，本書においては，民法の重要な部分のみを解説しました。
　第2に，概念の正確さよりも，分り易さを優先しました。あまりに概念の正確さにとらわれますと，民法が嫌いになります。まずは，民法を大きく摑むことのほうが理解を容易にします。したがって，本書においては概念の正確さは多少犠牲としました。
　第3に，民法の理解を容易にするために，本文中に，参考図書を入れておきました。たとえば（我妻『民法講義Ⅰ』〇頁）のように記述しました。疑問点は，その部分を参照していただければ解決できると思います。

　本書は，学習院大学，横浜国立大学，日本女子大学，神奈川大学，山梨大学での授業の中で生まれたものです。授業では毎回プリントを配布しましたが，相当な量となったために，受講生から1冊にまとめてほしいとの要望がありました。そこで，プリントの内容を全体的に統一し，再構成したのが本書です。

　本書で，民法の全体の構造を勉強された方は，参考文献により更に深く民法を勉強されることを希望いたします。

2012年12月

磯 本 典 章

目　次

第1編　民法総則 …………………………………… 1
- 序　章　民法という法 …………………………… 2
- 第1章　民法の通則 ……………………………… 4
- 第2章　人 ………………………………………… 5
- 第3章　法　人 …………………………………… 12
- 第4章　物 ………………………………………… 14
- 第5章　法律行為 ………………………………… 15
- 第6章　意思表示 ………………………………… 17
- 第7章　代　理 …………………………………… 21
- 第8章　無効および取消し ……………………… 29
- 第9章　時　効 …………………………………… 31

第2編　物　権 ……………………………………… 39
- 第1章　物権の意義 ……………………………… 40
- 第2章　物権の効力 ……………………………… 42
- 第3章　物権の変動 ……………………………… 44
- 第4章　占有権 …………………………………… 52
- 第5章　所有権 …………………………………… 58
- 第6章　地上権 …………………………………… 65
- 第7章　永小作権 ………………………………… 66
- 第8章　地役権 …………………………………… 67
- 第9章　入会権 …………………………………… 68

第3編　担保物権 …………………………………… 69
- 序　章　担保の意義 ……………………………… 70
- 第1章　留置権 …………………………………… 72

第2章	先取特権	75
第3章	質　　権	80
第4章	抵 当 権	84
第5章	非典型担保	91

第4編　債権総論　93

第1章	債権の目的	94
第2章	債権の効力	100
第3章	多数当事者の債権債務関係	111
第4章	債権譲渡	119
第5章	債権の消滅	123

第5編　契約総論　133

序　章	契約の意義	134
第1章	契約の成立	137
第2章	契約の効力	141
第3章	契約の解除	145

第6編　契約各論　151

序　章	典型契約と非典型契約	152
第1章	贈　　与	153
第2章	売買・交換	155
第3章	消費貸借	162
第4章	使用貸借	166
第5章	賃　貸　借	168
第6章	雇　　用	180
第7章	請　　負	181
第8章	委　　任	184
第9章	寄　　託	187
第10章	組　　合	189

目　次

第11章　終身定期金 ······· 192
第12章　和　　解 ······· 193

第7編　事務管理・不当利得・不法行為　195
第1章　事　務　管　理 ······· 196
第2章　不　当　利　得 ······· 199
第3章　不　法　行　為 ······· 202

第8編　親　族　法　219
第1章　親族法の意義 ······· 220
第2章　親　　　族 ······· 222
第3章　婚　　　姻 ······· 223
第4章　親　　　子 ······· 235
第5章　後　　　見 ······· 246
第6章　扶　　　養 ······· 248

第9編　相　　続　249
第1章　相続の意義および開始 ······· 250
第2章　相　　続　　人 ······· 252
第3章　相　続　の　効　力 ······· 255
第4章　相続における承認および放棄 ······· 262
第5章　財　産　分　離 ······· 265
第6章　相続人の不存在 ······· 267
第7章　遺　　　言 ······· 269
第8章　遺　留　分 ······· 276

第1編
民法総則

序章　民法という法

1　法の意義

　私たちは人の集まりである社会の中で生活をしている。その社会が上手く機能するためには規律が必要である。この規律を規範（ルール）という。規範には法や道徳や慣習などがあるが，その中で社会の秩序を維持する最も有効なものは法という規範である。

　私たちの生活を法的に見るならば2つに分けることができる。1つは，国家と個人との間の生活関係である。もう1つは，個人と個人との間の生活関係である。前者を規律する法を公法といい，後者を規律する法を私法という。公法の例として刑法などがある。私法の例として民法や商法などがある。公法は命令服従の原理に支配されている。私法は自由平等の原理に支配されている（我妻『民法講義Ⅰ』2頁）。

2　民法の意義

　近代国家が成立する過程で，自由な経済活動の保障が望まれた。そこで生まれたのが広い意味での自由主義である。このような思想に基づいて，自由な人びとの間の，国家の干渉を受けない関係について，ルールを定めることが求められた。ここに民法という観念が成立した（内田『民法Ⅰ（第4版）』13頁）。

　民法は私法の一般法である。商法は民法に対する特別法である。特別法は一般法に優先して適用される。

　法の存在する形式を法源という。民法の主たる法源は民法典である。さらに法源には，慣習民法，判例民法，条理がある。民法典は，総則，物権，債権，親族，相続から構成されている。さらに，民法典を修正する特別法がある。たとえば，利息制限法，借地借家法，信託法，不動産登記法，戸籍法などである。イギリスおよびアメリカの多くの州は民法典がないために，判例法は最も重要な法源となる。

3 民法の指導原理

　民法は，個人の自由の思想を根本的な指導原理としている。したがって，民法は個人を基本として構成されている。すなわち，物権と債権という2つの財産権とその移転という立場から規定する。財産法については，所有権絶対の原則および契約自由の原則が支配し，不法行為については過失責任の原則が支配する。

　所有権は物を完全に支配する権利である。支配の実効をあげるためには，自由にその目的物を支配し，その上の権利を行使することが認められなくてはならない。国家も個人もその自由を侵害することはできない。これが所有権絶対の原則である。しかし，所有権絶対の原則は，修正がなされることとなった。憲法は「財産権の内容は，公共の福祉に適合するやうに，法律でこれを定める」（29条2項）と規定し，民法は「私権は公共の福祉に適合しなければならない」（1条1項）と規定する。

　契約自由の原則は，個人間の契約関係に国家が介入しないことを意味する。契約自由の原則には，契約締結の自由，契約内容の自由，契約方式の自由が含まれる。しかし，契約自由の原則の下において経済格差を生じさせることとなった。かくして，国家は，実質的な平等を確保すべく，契約自由の原則に介入することになった。労働基準法，借地法，借家法などはその例である。

　過失責任の原則は，故意・過失がなければ損害賠償責任を負わされることがないという原則である。この原則の下で人は自由な活動が保障された。しかし，資本主義の発達にともない，危険を包含し他人に損害を与える企業が出現したが，過失がないために責任を負わないこととなった。そこで，無過失責任を負う立法がなされている。

　家族法の指導原理は，第1が個人主義の原則である。第2が男女平等の原則である。民法2条は，「この法律は，個人の尊厳と両性の本質的平等を旨として，解釈しなければならない」と規定している。個人の尊厳とは，個人として尊重され（憲法13条），個人が何ものにも優越することを意味する。

第1章　民法の通則

1　民法第1編総則の内容

　第1編総則は，通則，人，法人，物，法律行為，期間，時効の7章から構成されている。民法第1編総則は，民法典の形式からいうと，民法全体の通則規定のように見える。しかし，総則は財産法である第2編物権および第3編債権に対する総則を定めたものである。家族法である第4編親族および第5編相続に対して，第1編総則規定をそのまま適用することは，適切ではない場合がある。

2　私権の意義

　私たちの日常生活は，法の視点，経済の視点，政治の視点，社会の視点から見ることができる。私たちの生活を法的視点から見た関係を法的関係という。つまり，権利と義務の関係である。

　権利の中で，私法上の権利を私権という。すべての私権は，法によって認められるものであり，法ないし国家よりも，以前の，あるいは以上の私権なるものはありえない。したがって，私権は社会全体の福祉と調和する限りにおいてだけ，存在しうる（我妻『民法講義Ⅰ』32頁）。

3　私権の社会性

　私権の社会性は民法において明確に規定されている。第1に，私権は公共の福祉に適合しなければならない（1条1項）。公共の福祉とは社会共同生活の全体としての向上発展を意味する。第2に，権利の行使および義務の履行は，信義に従い誠実に行わなければならない（1条2項）。信義誠実の原則を宣言したものである。権利義務の関係に入った者は，相互に誠実に行動をすることが求められる。第3に，権利の濫用はこれを許さない（1条3項）。権利濫用の禁止を述べる。外形的には権利の行使のように見えるが，実質的にみると，権利の正当な行使の限界を超えている場合をいう。権利の濫用と判断されるためには，客観的要件と主観的要件を満たすことが必要である。

第2章　人

1　権利能力

(1)　権利能力の意義
　権利や義務の主体となりうる地位または資格を権利能力という。民法上，権利能力を有するのは人と法人である。人はすべて権利能力を有している。動物は権利能力を有しない。日本国籍を有しない外国人は，法令または条約の規定により禁止される場合を除いて，私権を享有する（3条2項）。

(2)　権利能力の始期
　権利能力の始期は出生である（3条1項）。出生の時点については，一部露出説，全部露出説，独立呼吸説などがある。出生していない胎児は権利能力を有していない。しかし，民法は，不法行為による損害賠償請求権（721条），相続（886条）および遺贈（965条）については，胎児を既に生まれたものとみなす。

(3)　権利能力の終期
　権利能力は死亡により消滅する。死亡の届出は，医師の死亡診断書または死体検案書を添付しなければならない。やむをえない事由がある場合には，死亡の事実を証すべき書面を以てこれに代える。水難・火災その他の事変によって死亡した者がある場合には，官庁または公署は死亡地の市町村へ死亡の報告をし，これに基づいて戸籍に死亡の記載がされる。これは認定死亡と呼ばれる。

　死亡時期の先後によって，権利関係，特に相続に影響を与える場合がある。たとえば，航空機事故においては，夫婦や兄弟のどちらが先に死亡したかの証明が困難な場合がある。そこで，数人の者が死亡した場合において，そのうちの一人が他の者の死亡後になお生存していたことが明らかでないときは，これらの者は，同時に死亡したものと推定する（32条の2）。ただし，推定は反証により覆る。

2　意思能力

　すべての人は権利を取得し義務を負う権利能力を有している。しかし，権利を取得したり，義務を負ったりするためには，その前提として，自分の行為の意味を理解する判断能力が必要である。この判断能力を意思能力という。つまり，意思能力とは，正常な意思決定能力または正常な判断能力を意味する。子どもの場合，小学校入学の頃から意思能力を有するとされている。
　意思能力を欠く者の意思表示は，民法に規定はないが，無効である。たとえば，セールスマンが幼児に百科事典を売っても，売買契約が成立したとはいえない。

3　行為能力

　意思能力のない者が行った契約等は無効である。意思能力の存否の判断は，個別・具体的になされる。しかし，その証明は無効を主張する者が行う必要があり，煩雑で困難を伴う。そこで，民法は次のような制限行為能力者制度を規定した。第1は，意思能力の完全でない者を定形化した。第2は，その者に保護者をつけて能力不足を補わせた。第3は，保護者の権限を無視した被保護者の行為を取り消し得るものとした。
　したがって，制限行為能力者とは，行為能力を制限されている者をいい，具体的には未成年者，成年被後見人，被保佐人および被補助人をいう。つまり，制限行為能力者は，単独では完全な法律行為を行う能力のない者をいう。それに対して，行為能力者とは，行為能力の制限を受けない者をいう。つまり，行為能力者は，単独で有効に法律行為を行う能力のある者をいう。

4　未成年者

　年齢20歳をもって成年とする（4条）。未成年者とは20歳に満たない者をいう。ただし，未成年者が婚姻をしたときは成年に達したものとみなす。成年に達しない子は父母の親権に服する。未成年者の保護者（法定代理人）は親権者または未成年後見人である。
　未成年者が法律行為をするためには，親権者または未成年後見人が未成年者に代わって法律行為を行うか，または未成年者が法定代理人の同意を得な

ければならない（5条1項）。

　ただし，単に権利を得る法律行為，または義務を免れる法律行為については，同意は不要である。たとえば，贈与を受ける場合や借金の減額である。また，法定代理人が目的を定めて処分を許した財産は未成年者が自由に処分することができる。目的を定めないで処分を許した財産を処分するときも同様である。たとえば，お小遣いである。さらに，営業を許された未成年者は，その営業に関しては，成年者と同一の行為能力を有する。しかし，未成年者がその営業に堪えることができない事由があるときは，その法定代理人はその許可を取り消し，またはこれを制限することができる。

　未成年者が法定代理人の同意を得ないでした法律行為は，取り消すことができる（5条2項）。

5　成年被後見人

　成年被後見人とは，精神上の障害により事理を弁識する能力を欠く常況にある者に関して，家庭裁判所が，本人，配偶者，四親等内の親族等の者の請求により，後見開始の審判をした者をいう（7条）。事理を弁識する能力を欠く常況にあるとは，行為の結果を弁識するに足るだけの精神能力を欠くのを普通の状態としていることである（我妻他『民法1（第3版）』44頁）。たとえば，強度の精神障害の症状がある場合が該当する。

　後見開始の審判を受けた者は，成年被後見人とされ，成年後見人が付される（8条）。

　成年被後見人は，原則として法律行為ができず，成年後見人が代理して法律行為を行う。違反した成年被後見人の法律行為は，取り消すことができる。ただし，日用品の購入その他日常生活に関する行為についてはこの例外となる（9条）。

　本人の能力の欠ける原因が消滅したときは，家庭裁判所は，本人，配偶者，四親等内の親族，後見人（未成年後見人および成年後見人）等の請求により，後見開始の審判を取り消さなければならない。

6　被保佐人

　被保佐人とは，精神上の障害により事理を弁識する能力が著しく不十分で

ある者に関して，家庭裁判所が，本人，配偶者，四親等内の親族，後見人等の請求により，保佐開始の審判をした者をいう（11条）。事理を弁識する能力が著しく不十分であるとは，事理を弁識する能力を欠く常況に至らないものであって，やや成長した未成年者の行為能力程度である（我妻他『民法1（第3版）』47頁）。

　保佐開始の審判を受けた者は，被保佐人とし，これに保佐人が付される（12条）。

　被保佐人が重要な財産上の行為をするには保佐人の同意を得なければならない。ただし，日用品の購入その他日常生活に関する行為は単独でできる。重要な財産上の行為とは，元本を領収しまたは利用すること（13条1項1号），借財または保証をすること（同2号），不動産その他重要な財産に関する権利の得喪を目的とする行為をすること（同3号），訴訟行為をすること（同4号），贈与，和解または仲裁合意をすること（同5号），相続の承認若しくは放棄または遺産の分割をすること（同6号），贈与の申込みを拒絶し，遺贈を放棄し，負担付贈与の申込みを承諾し，または負担付遺贈を承認すること（同7号），新築，改築，増築または大修繕をすること（同8号），602条に定める期間を超える賃貸借をすることである（同9号）。

　保佐人の同意を得なければならない行為であって，その同意またはこれに代わる許可を得ないでしたものは，取り消すことができる（13条4項）。

7　被補助人

　被補助人とは，精神上の障害により事理を弁識する能力が不十分である者に関して，家庭裁判所が，本人，配偶者，四親等内の親族，後見人，保佐人等の請求により，補助開始の審判をした者をいう（15条1項）。軽度の痴呆・知的障害・精神障害の状態にあって取引上の判断能力に劣る者をいう（角『民法Ⅰ』46頁）。

　補助開始の審判を受けた者は，被補助人とし，これに補助人が付される（16条）。

　家庭裁判所は被補助人が特定の法律行為をするにはその補助人の同意を得なければならない旨の審判をすることができる（17条1項）。補助人の同意を得なければならない行為について，補助人が被補助人の利益を害するおそ

れがないにもかかわらず同意をしないときは，家庭裁判所は，被補助人の請求により，補助人の同意に代わる許可を与えることができる。

　補助人の同意が必要な行為であって，被補助人がその同意またはこれに代わる許可を得ないでした場合には，その行為を取り消すことができる（17条4項）。

8　制限行為能力者の相手方の保護

(1)　相手方保護の必要
　制限行為能力者制度は，制限行為能力者の保護を主たる目的としている。その結果，制限行為能力者の相手方に不測の不利益を生じさせる場合がある。すなわち，制限行為能力者と取引した相手方は，法律行為がいつ取り消されるか分らない状況におかれる。そこで，民法は，両者の利益調整のための2つの規定をおいた。

(2)　相手方の催告権
　制限行為能力者の相手方は，その制限行為能力者が行為能力者となった後，その者に対し，1カ月以上の期間を定めて，その取り消すことができる行為を追認するかどうかを確答すべき旨の催告をすることができる。催告とは返事を求めることである。その者がその期間内に確答をしないときは，その行為を追認したものとみなす（20条1項）。催告に応じて行為を取り消す場合は，行為はなかったことになる。追認すれば有効になる。

　制限行為能力者の相手方が，制限行為能力者が行為能力者とならない間に，その法定代理人，保佐人または補助人に対し，その権限内の行為について追認するかどうかを確答すべき旨の催告をした場合において，これらの者が期間内に確答を発しないときは，その行為を追認したものとみなす（20条2項）。催告に応じて行為を取り消す場合は，行為はなかったことになる。追認すれば有効になる。

　制限行為能力者の相手方は，被保佐人または被補助人に対しては，期間内にその保佐人または補助人の追認を得るべき旨の催告をすることができる。その被保佐人または被補助人がその期間内にその追認を得た旨の通知を発しないときは，その行為を取り消したものとみなす（20条4項）。

　したがって，単独で追認できる場合に返事をしなければ追認を擬制し，単

独で追認できない場合は取消しを擬制した（内田『民法Ⅰ（第4版）』121頁）。

(3) 制限行為能力者の詐術

制限行為能力者が行為能力者であることを信じさせるため詐術を用いたときは，その行為を取り消すことができない（21条）。たとえば，制限行為能力者が相手を騙す場合，法定代理人の同意を得たと偽る場合，自分が能力者であるといって取引する場合などである。詐術につき，制限行為能力者が能力者であることを誤信させるために，相手方に対し積極的術策を用いた場合に限定されない。制限行為能力者であることを黙秘していた場合でも，それが，制限行為能力者のほかの言動と相俟って，相手を誤信させ，または誤信を強めたものと認められるときは，詐術に当たる。

9　住　　所

住所とは各人の生活の本拠をいう。住所は，不在者の決定，債務の弁済地，相続開始地，裁判管轄の決定などにおいて意味を持つ。住所が知れない場合には，居所を住所とみなす。居所とは，継続して居住しているが，住所ほど土地との密着度が高くはないものをいう。ある行為について仮住所を選定したときは，その仮住所を住所とみなす。

10　不　在　者

(1) 不在者の財産管理

従来の住所または居所を去った者を不在者という。不在者が財産管理人を置いた場合には，財産管理人は不在者の財産管理についての代理人である。しかし，不在者が財産の管理人を置かなかったときは，家庭裁判所は，利害関係人または検察官の請求により，その財産の管理について必要な処分を命ずることができる。必要な処分とは，一般的には，財産管理人の選任である。

(2) 失踪宣告

不在者の生死不明の状態が継続する間は，家族や債権者などの利害関係人にとって法律関係が確定しないこととなる。そこで，民法は，裁判所が失踪の宣告をすると，その者を死亡したとみなして，その者の住所を中心とする法律関係を確定させることとした。その結果，相続は開始し，婚姻は解消することとなる。

不在者の生死が7年間明らかでないときは，家庭裁判所は，利害関係人の請求により，失踪の宣告をすることができる（30条1項）。これを普通失踪という。失踪宣告を受けた者は7年の期間が満了した時に死亡したものとみなす（31条）。戦地に臨んだ者，沈没した船舶の中に在った者その他死亡の原因となるべき危難に遭遇した者の生死が，それぞれ，戦争が止んだ後，船舶が沈没した後またはその他の危難が去った後1年間明らかでないときも，家庭裁判所は，利害関係人の請求により，失踪の宣告をすることができる（30条2項）。これを特別失踪という。失踪宣告を受けた者はその危難が去った時に死亡したものとみなす（31条）。

失踪宣告を受けた者は死亡したものとみなされるので，失踪者が生存することまたは31条に規定する時と異なる時に死亡したことの証明があったときは，家庭裁判所は，本人または利害関係人の請求により，失踪宣告を取り消さなければならない。失踪宣告が取り消された場合，失踪宣告は初めに遡ってなかったものとして取り扱われる。したがって，相続はなかったものとなる。

失踪の宣告によって財産を得た者は，その取消しによって権利を失う。ただし，現に利益を受けている限度においてのみ，その財産を返還する義務を負う（32条2項）。失踪宣告を原因として相続により財産を得た者は，取消しによって権利を失うために，その財産を返還しなければならない。しかし，その範囲は，現に利益を受けている限度においてのみ，その財産を返還すればよい。たとえば，失踪宣告により相続した者は，得た財産がそのまま存在すればそれを返還し，貯金しておればそれを返還する。しかし，得た財産で株を買い損失を出した場合は，返還する義務は負わない。

失踪宣告を取り消さなければならない場合において，その取消しは，失踪の宣告後その取消し前に善意でした行為の効力に影響を及ぼさない（32条1項）。たとえば，Xの失踪宣告後に，相続人AがXから相続した土地をYに売却したとして，その後失踪宣告が取り消されたとしても，土地の所有権はYに移転する。

第3章 法　　人

1　法人の意義

　権利義務の主体となりうる地位または資格を権利能力という。権利能力を有しているのは人（自然人ともいう）と法人である。法人は，人の集団または財産の集合に対して，法が権利・義務の主体となる地位を認めたものである。前者を社団法人といい，後者を財団法人という。

　社団法人制度は，社団の構成員とは別の主体として社団そのものに権利能力を認めるものである。財団法人制度は，財産の出捐者から離れて，財産を中心として独立の権利主体を創設するものである。それにより，財産は法人に帰属するものとされ独立性を確保する。英米においては，特別の権利主体を創設せずに，一定の目的のために財産を管理者に帰属させる制度として，信託（trust）という制度がある。たとえば，ある人（信託者）が財産を信託会社（受託者）に譲渡し，信託会社がそれを運用して得た利益を第三者（受益者）に与える契約である（我妻『民法講義Ⅰ』117頁）。

2　法人に関する法制度

　平成18年以前においては，民法は公益法人に関する規定を定めていた。法人の設立については，許可主義がとられ，主務官庁の許可によって法人となることが認められた。

　しかし，平成18年に民法の一部改が行われた。新しく制定された「一般社団法人及び一般財団法人に関する法律」（一般法人法）は，一般社団法人および一般財団法人を認め，準則主義によって法人格を取得できるようにした。

　一般社団法人または一般財団法人を設立しようとする者は，定款を定めなければならない。定款には，目的・名称・事務所・設立者等に関する規定を記載しなければならない。法人が設立された時は，登記をしなければならない。

　また，「公益社団法人及び公益財団法人の認定等に関する法律」は，内閣

総理大臣または都道府県知事が，一般社団法人または一般財団法人の公益性を認定することとした。

3　法人の成立および組織

　法人は，民法その他の法律の規定によらなければ成立しない。学術，技芸，慈善，祭祀，宗教その他公益を目的とする法人，営利事業を目的とする法人の設立，組織，運営，および管理について，民法その他の法律の定めるところによる（民法33条）たとえば，公益を目的とする法人に関しては，私立学校法，宗教法人法などがある。営利事業を目的とする法人に関しては会社法がある。民法は，法人の能力，登記，外国法人の登記などの規定を置くのみである。

　法人は，法令の規定に従い，定款その他の基本約款で定められた目的の範囲内において，権利を有し，義務を負う（34条）。権利能力の範囲は，目的の範囲内に限られる。

　一般社団法人は人の集合であるから，最高の意思決定機関として社員総会が存在する。一般社団法人は1人または2名以上の理事をおかなければならない。また，理事会を置くことができる。一般財団法人は財産の集合であるから，社員総会は存在しない。その代りに，理事会を置かなければならない。

第4章　物

　権利の客体は物に限定されないが，民法は物については特別に規定している。民法においては，「物」とは有体物を意味し（85条），固体，液体，気体を包含している。電気・熱・エネルギーは，法律上，排他的支配が可能であり，有体物とされる。一個の物の上には一個の物権しか存在することができない。この原則を一物一権主義という。

　民法は，物の分類方法として，不動産および動産，主物および従物，元物および果実という3つを規定している。

　不動産とは，土地およびその定着物をいう（86条）。土地は，地表面およびその上下を含む。したがって土石は土地の構成部分である。登記簿の上での一区画の土地は，一筆の土地とよばれる。

　定着物とは，土地に付着するものであって，継続的に土地に付着させて使用されることが取引観念上認められるものをいう。たとえば，建物や樹木である。土地の定着物は，原則として，土地所有権に含まれる。しかし，建物は土地とは別個の独立した不動産である。樹木は，立木法による登記または明認方法により，土地とは別個に独立した物となる。

　不動産以外の物は，すべて動産とする（86条2項）。無記名債権は動産とみなす。商品券やコンサート入場券は無記名債権である。

　物の所有者が，その物の常用に供するため，自己の所有する他の物をこれに附属させたときは，その附属させた物を従物とする。従物は，主物の処分に従う（87条）。たとえば，母屋建物は主物であり，物置小屋は従物である。

　物より生ずる収益を果実といい，果実を産出する物を元物という。物の用法に従い収取する産出物を天然果実という。たとえば，野菜・果物などの農産物である。物の使用の対価として受けるべき金銭その他の物を法定果実という。たとえば，家賃や利息などである。天然果実は，その元物から分離する時に，これを収取する権利を有する者に帰属する。法定果実は，これを収取する権利の存続期間に応じて，日割計算によりこれを取得する。

第5章　法律行為

(1) 法律行為の意義

　法律行為とは権利・義務を発生させる原因である行為をいう。つまり，法律効果を発生させようとする行為である。法律効果を生じさせる生活関係を法律要件といい，その中で法律行為は最も重要なものである（我妻『民法講義Ⅰ』230頁）。

　法律行為は意思表示を要素として成立する。法律行為には，単独行為，契約，合同行為がある。単独行為とは，一の意思表示からなる法律行為をいう。契約とは，2つ以上の意思表示の合致により成立する法律行為をいう。合同行為とは，2つ以上の意思表示が同一目的に向けられた法律行為である。たとえば団体設立行為である。

　準法律行為は，法律効果を発生させようとする行為ではあるが，意思表示を要素としない点において法律行為と異なる。意思の通知，観念の通知，感情の表示がある。

(2) 法律行為の解釈

　法令中の公の秩序に関しない規定を任意規定という。法令中の公の秩序に関する規定を強行規定という。物権法には強行規定が多く，債権法には任意規定が多い。身分法は原則として強行規定である。法律行為の当事者が法令中の公の秩序に関しない規定と異なる意思を表示したときは，その意思に従う（91条）。法令中の公の秩序に関しない規定と異なる慣習がある場合において，法律行為の当事者がその慣習による意思を有しているものと認められるときは，その慣習に従う（92条）。

　行政上の目的から，私法上の行為を禁止しまたは制限する規定を取締規定という。

　強行規定に直接には違反しないが，実質的には違反となる行為を脱法行為という。脱法行為は，法律が明文の規定を以て無効とする場合もあるが，明文規定のない場合には，その効果は，個別具体的に判定される。

(3) 公序良俗に反する行為

公の秩序又は善良の風俗に反する事項を目的とする法律行為は無効とする（90条）。公の秩序とは国家や社会の一般的な利益を意味し，善良の風俗とは社会の一般的な倫理や道徳を意味する。両者は一体として考えてよい。つまり，民法は，法律行為の内容が社会的に見てきわめて妥当性を欠く場合は，無効とする。

民法90条は一般条項である。そのために，どのような契約が公序良俗違反となるかについては，判例にあらわれた事例を分類することが必要である（内田『民法Ⅰ（第4版）』281頁，我妻『民法講義Ⅰ』272頁）。

第1は，犯罪に係わる行為である。たとえば，共同して犯罪を行う契約や，入札における談合である。第2は，取締規定に反する行為である。取締規定に反する行為は，法規の立法趣旨に従い，私法上の効果を判断しなければならない。人の生命や健康にかかわる禁止規定の行為については，私法上の効力は否定される（遠藤他編『民法(1)（第4版増補補訂3版）』153頁）。たとえば，アラレの製造販売業者が，販売食品衛生法において禁止されているホウ砂という有毒物質を含むアラレを販売した行為である。第3に，人倫に反する行為である。たとえば，婚姻生活の秩序に反する契約である。不倫関係を断つための手切れ金の契約は有効である。第4に，著しく射倖的な行為である。たとえば，賭博に関する金銭の貸借契約である。第5に，個人の自由を極度に制限する行為である。たとえば，芸娼妓契約である。第6に，暴利行為である。たとえば，他人の無思慮や窮迫に乗じて高利で金を貸し付ける行為である。第7に，基本的人権を侵害する行為である。たとえば，定年について男女差別をする就業規則である。判例は憲法の規定を私人間へ間接適用する。つまり憲法14条の趣旨を援用して，民法90条により無効としている（最判昭和56年3月24日民集35巻2号300頁）。

第6章　意思表示

1　意思表示の意義

　意思表示とは，当事者が一定の法律効果を欲して外部へ表示する行為をいう。意思表示は，法律行為の要素をなすものである。
　意思表示は，通常はそのなされる心理的過程に従って，3つの要素から構成される。第1は，個人が一定の効果を欲する意思である。これを効果意思という。第2は，効果意思を外部に発表しようとする意思である。これを表示意思という。第3は，効果意思が推断されるような行為を行うことである。これを表示行為という（我妻他『民法1（第3版）』146頁）。
　通常は意思と表示とは一致する。しかし，意思と表示とが一致しない場合があり，意思の欠缺という。民法は，心裡留保，虚偽表示，錯誤を規定している。また，意思と表示とは一致するが，意思を形成する過程に瑕疵がある場合があり，瑕疵ある意思表示という。民法は，詐欺，強迫を規定している。

2　心裡留保

　意思表示は，表意者がその真意ではないことを知ってしたときであっても，そのためにその効力を妨げられない（93条本文）。意思表示の表意者が，表示に対応する意思のないことを知りながらする意思表示を心裡留保という。心裡留保とは，心の裏に真実を留めおくという意味である。たとえば，Aが冗談でBに対して，「私のパソコンを君にあげる」というような場合である。この場合，Aは表示に対応する意思のないことを知っているのであるから，表示どおりの効果が与えられ，有効とされる。
　しかし，相手方が表意者の真意を知り，または知ることができたときは，その意思表示は，無効とする（93条但書）。相手方が悪意または過失による善意のときは，相手方を保護する必要性がないためである。93条但書による無効は，明文の規定はないが，94条2項を類推適用して，善意の第三者に対抗できない。

代理人が権限濫用をした場合に，相手方が代理人の真意を知り，または知ることができたときは，93条但書の類推適用により，本人はその行為についての責に任じない。93条は，身分上の行為には適用されない。

3　虚偽表示

相手方と通じてした虚偽の意思表示は，無効とする（94条1項）。表意者が相手方と通じて，表示に対応する意思のないことを知りながらする意思表示を虚偽表示という。たとえば，Aは，Bの強制執行を免れるため，売買の意思がないのに，A所有の土地をCへ売却したこととして，登記名義をCへ移転する場合である。虚偽表示の場合は，表意者のみならず相手方も表示に対応する意思のないことを知っているのであるから，当事者間ではその虚偽表示は無効である。

虚偽の意思表示の無効は，善意の第三者に対抗することができない（94条2項）。第三者が，利害関係をもった時点で，虚偽表示であることを知らない（善意）場合には，第三者に対する関係では，意思表示が虚偽表示により無効であることを主張することは許されない。学説は無過失が必要（内田『民法Ⅰ（第4版）』55頁）とするが，判例は善意のみを要件とする。善意の第三者が保護されるには，登記不要である。しかし，Aの不動産の名義が虚偽表示によりBに移転し，これをCが善意で譲り受けたが，未登記の間にAがこの不動産をDに売却した場合，CがDに対して権利を主張しうるためには，Cは登記が必要である。

虚偽表示の撤回は認められるが，外形を原状にもどさない限り，善意の第三者に撤回を対抗することができない。

94条2項は，権利外観法理の現れと考えられるために，虚偽表示の事案以外でも，類推適用される。たとえば，不動産登記が真の所有者ではない者のところにある場合に，登記名義人を真の所有者と信じた第三者を保護するために用いられる（内田『民法Ⅰ（第4版）』60頁）。動産は，即時取得が成立する（192条）ために，94条2項は不動産取引に適用されて，登記に公信力を認めない原則に対する例外となる。

信託行為につき，虚偽表示の規定の適用は否定される。

4　錯　　誤

　意思表示は，法律行為の要素に錯誤があったときは，無効とする（95条本文）。表意者に表示に対応する意思が欠如しており，しかも表意者が意思と表示の不一致を知らないことを錯誤という。法律行為の要素とは，法律行為の重要部分を意味する。錯誤は，心裡留保や虚偽表示と異なり，表意者が意思と表示の不一致を知らないために，表意者を保護する制度である。

　しかし，表意者に重大な過失があったときは，表意者は，自らその無効を主張することができない（95条但書）。重大な過失とは，注意義務を著しく欠くことをいう。このような表意者は，相手方の犠牲において保護する必要性がないためである。

　錯誤には，動機の錯誤，表示上の錯誤，内容の錯誤がある。動機の錯誤とは，意思を形成する過程に錯誤が存在するが，しかし，意思と表示の不一致は存在しない場合である。たとえば，地下鉄が開通すると誤信して土地を買ってしまった場合や，受胎した馬と誤信して受胎していない馬を買ってしまった場合である。動機の錯誤は，意思表示の錯誤とは別異に扱われる。判例は，意思表示の錯誤のみを無効として，動機の錯誤は95条によって錯誤とはならないとするが，しかし動機が相手方に表示された場合には動機は意思表示の内容となり，意思表示の錯誤になるとする（最判昭和29年11月26日民集8巻11号2087頁）。表示上の錯誤とは，1000万円と書くべきところを1000円と誤記するような場合である。内容の錯誤とは，ドルとユーロが同価値と誤解して，10ドルと書くべきところを10ユーロと書いたような場合である。

5　詐　　欺

　詐欺による意思表示は，取り消すことができる（96条1項）。詐欺による意思表示とは，他人に騙されて，錯誤に陥り，意思表示をすることである。たとえば，Aが大型商業施設ができるというBの嘘の話に乗せられて，B所有の不動産を高く買わされた場合である。詐欺は，表意者の意思と表示は一致しているが，意思を形成する過程に瑕疵が存在する場合である。詐欺は不法行為でもあり，詐欺された者はいずれの主張も可能である。詐欺は詐欺罪を構成しうる（刑法246条）。

詐欺の要件は，次の通りである。第1は欺罔行為である。第2は錯誤による意思表示である。第3は因果関係である。第4は詐欺の故意である（内田『民法Ⅰ（第4版）』77頁）。詐欺の効果は取消しである。

詐欺による意思表示の取消しは，善意の第三者に対抗することができない（96条3項）。取引の安全のための規定であるから，強迫による取消しの場合とは異なる。第三者が保護されるには対抗要件が必要かに関して，判例は，一定の事情の下で，仮登記をした第三者は保護を受けるとしている。第三者とは，詐欺による意思表示を前提として新たに利害関係に入った第三者をいう。詐欺による意思表示の取消後，登記が復帰しない間に出現した第三者と詐欺された者との優劣は，判例は，登記によって決する。

詐欺の要件と錯誤の要件とが共に充たされる場合は，当事者は詐欺（取消し）を主張しても錯誤（無効）を主張してもよい。

6　強　迫

強迫による意思表示は，取り消すことができる（96条1項）。強迫とは，害意を示して他人に恐怖の気持ちを生じさせる行為をいう。この恐怖によって行う意思表示が，強迫による意思表示である。たとえば，AがBに脅されて，A所有の不動産を安くBに売った場合である。強迫は，表意者の意思と表示は一致しているが，意思を形成する過程に瑕疵が存在する場合である。

強迫による意思表示は，詐欺の場合とは異なり，常に取消しができる。取消しは善意の第三者にも対抗しうる。強迫による意思表示は，詐欺による意思表示よりも表意者をより強く保護している。

7　意思表示の到達

隔地者に対する意思表示は，その通知が相手方に到達した時からその効力を生ずる（97条1項）。民法は，意思表示の効力の発生時期について，到達主義を採用した。しかし，契約の成立については，承諾の発信主義を採用している。

表意者が通知を発した後に死亡した場合または行為能力を喪失した場合でも，意思表示はそのために効力を妨げられることはない（97条2項）。

第 7 章 代　　理

1　代理の制度

(1)　代理の意義

　代理とは本人に代わって他人が法律行為を行い，その効果が直接本人に帰属する制度である。代理人がその権限内において本人のためにすることを示してした意思表示は，本人に対して直接にその効力を生ずる（99条1項）。たとえば，BがAの代理人としてA所有の土地をCに売却する場合，その効果はAについて生じ，売買契約はAとCとの間に成立する。通常は，行為をする者と法律効果の帰属を受ける者とが同一人であるが，代理は両者が異なる点に特色がある。

　代理は法律行為についてみとめられる。不法行為には認められない。代理占有（204条）はここで述べられている代理ではない。

(2)　代理の機能

　代理制度の主たる機能は次の二点である。

　第1は，私的自治の範囲の拡張である。たとえば，弁護士に事件の処理を委任する場合のように，自分ではできない仕事について専門家の知識や見識を利用する場合である。代理制度により，自己の行動の範囲を拡大することができる。第2は，私的自治の補充である。制限行為能力者のために，親権者や後見人が本人に代わって行為をしてやる必要がある場合がある。代理制度により，制限行為能力者を保護することができる。

(3)　代理における三面関係

　代理では三面関係が成立する。第1に本人と代理人の関係，第2に代理人と相手方との関係，第3に相手方と本人の関係である。第1の関係では代理権が，第2の関係では代理行為が，第3の関係では法律効果の帰属が問題となる。

(4)　代理の種類

　代理には，法定代理と任意代理とがある。法定代理権は，法律の規定，本

人以外の一定の者の協議による選任，本人以外の者の指定，家庭裁判所の選任によって生じる。たとえば，成年に達しない子に対して親権を行う父母がその例である。

任意代理権は，本人と代理人との間の代理権授与行為（授権行為）によって生ずる。授権行為は，委任に伴ってなされる場合が多いが，組合契約，雇用契約，請負契約などの契約に伴う場合もある。授権行為は，委任に類似した一種の無名契約とされる。代理権授与方式は委任状の授与が慣例とされている。

(5) 復 代 理

復代理は，代理人が自分の権限内の行為を行わせるために，自分の名義でさらに代理人を選任して，本人を代理させることである。代理人によって選任される代理人のことを復代理人という。

復代理人を選任する権限を復任権という。任意代理人は，本人の許諾を得たとき，またはやむを得ない事由があるときでなければ，復代理人を選任することができない（104条）。任意代理人は，本人の信任に基づくものであるからである。代理人は，復代理人を選任したときは，その選任および監督について，本人に対してその責任を負う。代理人は，本人の指名に従って復代理人を選任したときは，責任を負わない。

法定代理人は，いつでも復代理人を選任することができる（106条）。法定代理人の権限は広範であり，かつ本人の信任に基づいていないことを理由とする。法定代理人は，復代理人の過失ある行為については，本人に対して責任を負う。しかし，法定代理人が病気等のやむをえない事由で復代理人を選任した場合は，法定代理人は復代理人の選任および監督についてのみ本人に対して責任を負う。

復代理人の権限は，代理人の権限内の行為に限られる。そして，復代理人は，本人を代表する（107条1項）。復代理人は，代理人の代理人ではなく，本人の代理人であるから，本人の名において代理行為を行い，効果は直接本人に帰属する。復代理人と本人の間には選任行為はないが，復代理人は，本人および第三者に対して，代理人と同一の権利を有し，義務を負う（107条2項）。

2　代理権

(1)　代理権の範囲

　法定代理権の範囲は、法定代理について規定する法規の解釈によって決定される。たとえば、不在者の財産管理人は民法28条であり、親権者は民法824条以下である。任意代理権の範囲は、授権行為の解釈によって決定される。

　権限の定めのない代理人は、次の行為のみをする権限を有する。第1は、保存行為である。たとえば、家屋の修繕である。第2は、物または権利の性質を変えない範囲内において、その利用を目的とする行為である。たとえば、現金を定期預金にする場合である。第3は、物または権利の性質を変えない範囲内において、その改良を目的とする行為である。たとえば、家屋への造作である（103条）。したがって、代理人は、管理行為は可能であるが、処分行為はできない。

　同一の法律行為について当事者の一方が相手方の代理人となることを自己契約という。たとえば、土地の売却についてAから代理権を与えられているBがその買主となるような場合である。同一法律行為について同一人が当事者双方の代理人となることを双方代理という。たとえば、Bが売主Aの代理人および買主Cの代理人となり、AとCとの間の売買契約の締結をするような場合である。同一の法律行為については、相手方の代理人となり、または当事者双方の代理人となることはできない（108条）。本人の利益が害されるおそれがありうるからである。ただし、債務の履行および本人があらかじめ許諾した行為についてはこの限りでない。自己契約および双方代理は無権代理となる。

(2)　代理権の消滅

　法定代理と任意代理に共通する代理権の消滅原因は、第1が本人の死亡であり、第2が代理人の死亡または代理人の破産手続開始の決定若しくは後見開始の審判を受けたことである。

　法定代理に特有の消滅原因は、法定代理に関する各規定が存在する。任意代理に特有の消滅原因は、第1に授権行為の基礎となる委任その他の法律関係が消滅する場合である。第2に、授権行為のみを消滅させる場合である。

3 代理行為

(1) 顕名主義

　代理人が本人のために代理行為として意思表示をするには，本人のためにすることを示すことが必要である。これを顕名主義という。代理人がその権限内において本人のためにすることを示してした意思表示は，本人に対して直接にその効力を生ずる。この規定は，第三者が代理人に対してした意思表示について準用される（99条）。商行為においては，顕名主義はとられていない（商法504条）。

　本人のためにすることを示してした意思表示とは，本人に効果を帰属させようとする意思表示である。通常は，「A 代理人 B」と表示する方法で顕名される。

　代理人が本人のためにすることを示さないでした意思表示は，自己のためにしたものとみなす。意思表示の効果はすべて代理人に帰属する。しかし，相手方が，代理人が本人のためにすることを知り，または知ることができたときは，本人に対して直接にその効力を生ずる（100条）。

(2) 代理人の能力

　代理人は意思能力者であればよく，行為能力者であることを要しない。代理の効果は本人に帰属するものであり，代理人は損害を被らないからである。本人は制限行為能力者の行った代理行為の取消しをなしえない。

(3) 代理行為の効果

　代理人のした代理行為の効果はすべて直接本人に帰属する。代理行為に瑕疵原因があれば，その効果も帰属する。意思表示の効力が意思の不存在，詐欺，強迫またはある事情を知っていたこと，もしくは知らなかったことにつき過失があったことによって影響を受けるべき場合には，その事実の有無は，代理人について決する（101条1項）。すなわち，代理行為に瑕疵があるかどうかは，代理人について決する。

　特定の法律行為をすることを委託された場合において，代理人が本人の指図に従ってその行為をしたときは，本人は，自ら知っていた事情について代理人が知らなかったことを主張することができない。本人が過失によって知らなかった事情についても同様である（101条2項）。

4 無権代理

(1) 無権代理の意義

ある者が他の者に代理権を与え，代理人がその代理権の権限内において本人のために法律行為を行うと，その効果は本人に対して直接に生ずる（99条1項）。このような場合を有権代理という。

しかし，代理権のない者が代理人と称して，相手方と契約をする場合がある。これを無権代理という。代理権がまったくない場合と，権限を越えた場合とがある。代理権を有しない者が他人の代理人として行った契約は，本人に対してその効力を生じない（113条）。

(2) 無権代理行為の追認

代理権を有しない者が他人の代理人としてした契約は，本人がその追認をすれば，本人に対してその効力を生じる（113条）。追認とは，代理権のない者が行った代理行為に関して，事後にそれを代理権があったものとして承認する旨の本人の意思表示をいう。追認は，相手方に対してしなければ，その相手方に対抗できない。しかし，相手方がその事実を知ったときは対抗できる。追認がなされれば，無権代理行為は契約の時にさかのぼって効力を生ずる。すなわち，追認には遡及効がある。ただし，第三者の権利を害することはできない（116条）。

代理権を有しない者が他人の代理人としてした契約は，本人がその追認を拒絶すれば，本人に対してその効力を生じない。追認拒絶の方法は追認の方法と同じである。

(3) 相手方の催告権

相手方の立場からすると，本人の追認または追認拒絶がなされるまでは，不安定な状態におかれることとなる。そのため，代理人と称した者を信頼した相手方の保護が必要となる。まず，第1は，相手方は本人に対し，相当の期間を定めて，その期間内に追認をするかどうかを確答すべき旨の催告をすることができる（114条）。相手方の主導の下で，本人の態度の決定を促そうとするものである。本人がその期間内に確答をしないときは，追認を拒絶したものとみなす。

第1編　民法総則

(4) 相手方の取消権

　第2は，代理権を有しない者が行った契約は，本人が追認をしない間は，相手方が取り消すことができる。本人が追認すれば，相手方は取り消すことはできない。なぜならば，相手方は本人に効果が帰属することを欲していたからである。しかし，契約の時において代理権を有しないことを相手方が知っていたときは，取り消すことができない（115条）。

　ここで，取消しとは無効に確定させることであるので，ここでの「取消権」は有効なものを取り消して無効にするというのではなく，無効なものが追認によって有効となる可能性を排除するものである（角『民法Ⅰ』108頁）。

(5) 無権代理人の責任

　第3は，他人の代理人として契約をした者は，自己の代理権を証明することができず，かつ，本人の追認を得ることができなかったときは，相手方の選択に従い，相手方に対して履行または損害賠償の責任を負う（117条）。この責任は無過失責任である。しかし，他人の代理人として契約をした者が代理権を有しないことを相手方が知っていたとき，若しくは過失によって知らなかったとき，または他人の代理人として契約をした者が行為能力を有しなかったときは，その責任を負わない。無権代理人が制限行為能力者の場合には，117条の責任を負わない。

　本人が無権代理人を相続した場合，相続人が本人として追認を拒絶しても，信義則に反しない（最判昭和37年4月20日民集16巻4号955頁）。無権代理人が本人を単独で相続した場合，無権代理行為は有効なものとなり，本人の資格で追認を拒絶できない（最判昭和40年6月18日民集19巻4号986頁）。

5　表見代理

(1) 表見代理の意義

　無権代理行為において，本人と無権代理人との間に特別の関係が存在するために，無権代理人を真実の代理人と信じて取引した第三者（相手方）を保護する制度を表見代理という。すなわち，有効な代理権があったのと同様に扱われる。つまり，表見代理制度の根拠は権利外観法理であり，外観上権利が存在するように思われる場合にはその存在を信じた者を保護する法理である。

表見代理には，代理権授与の表示による表見代理（109 条），代理権踰越による表見代理（110 条），代理権消滅後の表見代理（112 条）の 3 類型がある。

(2) **代理権授与の表示による表見代理**

第三者に対して他人に代理権を与えた旨を表示した者は，その代理権の範囲内においてその他人が第三者との間でした行為について，その責任を負う。しかし，第三者が，その他人が代理権を与えられていないことを知り，または過失によって知らなかったときは，この限りでない（109 条）。本人が第三者に代理権を与えた旨を表示したが，実際は代理権を与えていなかった場合である。たとえば，請負人Ａが下請人Ｂに名義の使用を許可した場合である。白紙委任状の交付は，所持者に代理権を与えた旨を表示したことになる。条文には規定されていないが，表見代理の趣旨からして，相手方は善意無過失でなければならない。109 条が適用されるのは，任意代理のみであり，法定代理には適用されない。

(3) **代理権踰越による表見代理**

代理人がその権限外の行為をした場合に，第三者が代理人の権限があると信ずべき正当な理由があるときは，本人は，代理人が第三者との間でした行為について，その責任を負う（110 条）。代理権を有する者が，代理権の範囲を越えて代理行為を行った場合である。たとえば，本人が自己の土地を担保に銀行から融資を受けるために代理権を与え，土地権利証，実印，委任状を預けたところ，代理人がその土地を他へ売却してしまった場合である。

110 条の表見代理の要件の第 1 は，基本代理権の存在である。要件の第 2 は，第三者が代理権の範囲内であると信じるにつき正当な理由を有していることが必要である。正当な理由があるとは，諸般の事情から客観的に観察して，普通の人が代理権があるものと信ずるのがもっともだと思われることである。要するに，信じたことが過失といえないということである（我妻『民法講義Ⅰ』371 頁）。夫婦の一方が，日常家事代理権（761 条）の範囲を越えて，第三者との間で法律行為をした場合，その第三者において，その行為が夫婦の日常家事に関する法律行為の範囲内に属すると信ずるにつき正当な理由があるときに限り，民法 110 条の趣旨を類推適用して，第三者の保護を図る（最判昭和 44 年 12 月 18 日民集 23 巻 12 号 2476 頁）。

110 条は，任意代理のみならず，法定代理にも適用される。

(4) 代理権消滅後の表見代理

　代理権の消滅は，善意の第三者に対抗することができない。ただし，第三者が過失によってその事実を知らなかったときは，対抗することができる（112条）。代理権消滅後に，代理人であった者がなお代理人として行為した場合である。たとえば，A会社の従業員として商品購入の代理権を有していた者が，解雇されて代理権が消滅したのに，Aを代理して，相手方と取引をした場合である。以前に有していた代理権の範囲を越えて代理行為を行った場合は，110条と112条が重畳的に適用される。

　112条は，任意代理のみならず，法定代理にも適用される。

(5) 表見代理の効果

　表見代理は元来代理権が存在せず無権代理である。表見代理が成立しても有権代理となるわけではない。したがって，無権代理に関する規定の適用がある。第三者は，本人に対して表見代理を主張せずに，無権代理人の責任を求めることも可能である。その際，無権代理人は表見代理の成立を主張して，自己の責任を免れることはできない。

第8章　無効および取消し

(1)　法律行為の効力の否定

　無効と取消しの共通点は，法律行為の効力を否定するところにある。

　無効と取消しの相違点は次の点である。第1に，無効は法律上の効力がはじめから認められないのに対して，取消しは一旦は有効に成立した行為の効力を後から否定するものである。第2に，無効はだれからでも効力の否定が可能であるが，取消しは取消権者のみが効力の否定が可能である。無効と取消しでは，無効のほうがより強い効力の否定の力を有する。

　法律行為を無効とするか取り消すことができるものとするかは，立法政策の問題である。法律の理想から見て，人の意思に関りなく当然に効力を認めるべきでない，という客観的事由があるときは，無効とすべきである。特定の人の意思によって効力を否定すべきと考えられる事由があるときは，取り消しうるものとなすべきである（我妻『民法講義Ⅰ』386頁）。

(2)　無　　　効

　無効とは，法律行為の効力をはじめから生じさせないということである。無効な行為は，追認によっても，その効力を生じない。しかし，当事者がその行為の無効であることを知って追認をしたときは，新たな行為をしたものとみなす（119条）。たとえば，錯誤によって売買契約をした後に，錯誤に気付いたが，契約を維持するといった場合には，それ以後有効な契約としての効力を持つ。

　無効な法律行為であっても，他の法律行為としての要件を実質的に充足しているならば，他の法律行為としては有効とされる。それを無効行為の転換という。たとえば，秘密証書遺言の要件が欠如していても，自筆証書遺言としての効力が認められる（971条）。

(3)　取　消　し

　取消は，法律行為が一応有効に存在している点で，無効と区別される。取り消されれば結果的には両者は同様となる。

　行為能力の制限によって取り消すことができる行為は，制限行為能力者ま

たはその代理人，承継人もしくは同意をすることができる者に限り，取り消すことができる。詐欺または強迫によって取り消すことができる行為は，瑕疵ある意思表示をした者またはその代理人もしくは承継人に限り，取り消すことができる（120条）。取り消された行為は，初めから無効であったものとみなされる。しかし，制限行為能力者は，現に利益を受けている限度において，返還義務を負う（121条）。

取り消すことができる行為は，120条に規定する者が追認したときは，以後，取り消すことができない。取り消すことができる行為の追認とは，当該行為を取り消さないとすることであって，取消権の放棄である（我妻他『民法1（第3版）』205頁）。取消しまたは追認は，相手方に対する意思表示によって行う。追認の方法は取消しの方法と同じである。追認は，取消しの原因となっていた状況が消滅した後にしなければ，その効力を生じない。

取消権は，追認をすることができる時から5年間行使しないときは，時効によって消滅する。行為の時から20年を経過したときも同様である（126条）。

取り消すことができる行為について，一定の事実があったときは，追認をしたものとみなす。法定追認と呼ばれる。しかし，異議をとどめたときはこの限りでない。全部または一部の履行，履行の請求，更改，担保の供与，取り消すことができる行為によって取得した権利の全部または一部の譲渡，強制執行がそれに該当する。

第 9 章　時　　効

1　時 効 制 度

(1)　時効の意義

　時効とは，一定の事実状態が長期間継続した場合に，その事実状態が真実の権利義務関係と一致しているかどうかにかかわらず，その事実状態を権利義務関係として認める制度である。

　時効には，取得時効と消滅時効とがある。取得時効とは，事実上権利者であるような状態を継続する者に権利を取得させる制度である。たとえば，Aが甲土地に20年間以上所有者のように家を建築して居住していたところ，甲土地の所有者と称するBが出現して土地の明渡しを求めてきた場合，Aが時効を援用すればAは取得時効により所有権を取得する。消滅時効とは，権利不行使の状態を継続する者の権利を消滅させる制度である。たとえば，Aに資金を貸しているBが，10年以上経過した後支払いを求めた場合，Aが時効を援用すればBの債権は消滅時効により消滅する。

(2)　時効制度の存在理由

　時効制度の存在理由は次の三点である。第1は，一定期間継続した事実状態を保護することによる社会の法律関係の安定である。第2は，権利の上に眠る者は保護されないことである。第3は，長期わたって権利を行使しないことにより，立証が困難になることである。

　消滅時効に似たものに除斥期間がある。除斥期間には中断がなく，援用が不要である。

　時効の効力は，その起算日にさかのぼる（144条）。時効は，期間中継続した事実関係を保護する制度であるからである。

2　時効の援用

(1)　援用の法的性質

　民法は，取得時効について，「20年間，所有の意思をもって，平穏に，かつ，

公然と他人の物を占有した者は、その所有権を取得する」(162条1項)、「10年間、所有の意思をもって、平穏に、かつ、公然と他人の物を占有した者は、その占有の開始の時に、善意であり、かつ、過失がなかったときは、その所有権を取得する」(162条2項)と規定する。消滅時効については、「債権は、10年間行使しないときは、消滅する」(167条1項)、「債権又は所有権以外の財産権は、20年間行使しないときは、消滅する」(167条2項)と規定する。これらの民法の規定からするならば、時効の完成により、時効の効果が当然に生ずることとなる。

しかし、民法は、「時効は、当事者が援用しなければ、裁判所がこれによって裁判をすることができない」(145条)と規定する。時効の援用とは、時効によって利益を受ける者が、時効の利益を受けようとする行為をいう。すなわち、当事者が時効の利益を受ける旨の意思表示をしなければ、裁判所は時効の効果が生ずることを前提に裁判を行ってはならない。

そこで、整合性をもってこれらの規定を説明するために、時効の効果について2つの見解が存在する。第1は実体法説であり、時効の完成により実体法上の効果が発生するとする。第2は訴訟法説であり、時効は訴訟法上の制度であるとする。実体法説は、確定効果説と不確定効果説に分かれる。確定効果説は、162条の規定を重視して、時効の完成で時効の効果が発生するものであり、援用は訴訟上の攻撃防御方法であるとする。不確定効果説は、145条の規定を重視して、時効が援用されるまでは時効の効果は発生しないとする。判例は、実体法説のうちの不確定効果説に立っている。すなわち、時効完成によって、権利の得喪という効果は、いまだ確定的には発生せず、援用があったときに、援用を停止条件として確定的に生じるとする（最判昭和61年3月17日民集40巻2号420頁）。

時効は当事者が援用しなければ裁判所がこれによって裁判をすることができないとする民法の規定は、時効が完成しても、時効を援用しない自由を認めるものであり、時効の利益を押し付けない制度である。

(2) 援用権者

民法は援用権者を「当事者」と規定している（145条）。判例は、時効によって直接に利益を受ける者が援用権者であると解している。たとえば、所有権の取得時効完成の要件を満たした占有者や消滅時効が完成した債権の債務者

がこれに該当する。

判例は援用権者の範囲を広く認める傾向にある。債務者の保証人，債務者の物上保証人抵当不動産の第三取得者は援用権者に含まれる。

(3) 援用の効果

援用の効果は相対的である。たとえば，AがBに対して金銭債権を有しており，Cが保証人であるとき，この債権の消滅時効が完成すると，BもCも時効を援用しうる。Cが時効を援用すると保証債務は消滅する。しかし，AはBになお請求しうる。

(4) 時効の利益の放棄

時効の利益はあらかじめ放棄することができない（146条）。時効の利益の放棄は，時効の利益を受けないという意思を表示することである。債権者が債務者を強制して事前に時効の利益を放棄させるような事態を回避するためである。

時効の利益は時効完成後に放棄することが認められる（146条の反対解釈）。時効の完成を知らずに債務の承認をした者が，後になって時効の完成を知った場合に，時効を援用しうるかについて，判例は，信義誠実の原則と時効制度の目的を根拠に，債務を承認した以上，たとえ消滅時効の完成を知らなくても，消滅時効の援用は許されないとした。これは，時効の利益の放棄ではなく，援用権の放棄を認めたものである（角『民法Ⅰ』145頁）。

3　時効の中断と停止

(1) 時効の中断

時効の完成のためには，一定の事実状態が長期間継続することが必要である。この事実状態を覆すような事実が発生した場合，時効は進行しえない。これを時効の中断といい，その原因を中断事由という。中断が生じると，それまでの時効期間は効力を失う。

時効は次の事由によって中断する。第1は請求である。第2は差押え，仮差押えまたは仮処分である。第3は承認である（147条）。

請求とは，権利者が自分の権利を主張することをいう。具体的には，裁判上の請求，支払督促，和解および調停の申立て，破産手続参加等，催告をいう。ただし，裁判上の請求は，訴えの却下または取下げの場合には，時効の

中断の効力が生じない。

債権者が裁判外において債務者に請求することは催告である。催告は，6カ月以内に，裁判上の請求などをしなければ，時効の中断の効力を生じない。

承認とは，時効の利益を受ける者が，権利を失う者に対して，その権利の存在を認めることである。

(2) 時効の中断の効果

中断した時効は，中断事由が終了した時から，新たにその進行が開始する。裁判上の請求によって中断した時効は，裁判が確定した時から，新たにその進行を始める（157条）。時効の中断は，その中断の事由が生じた当事者およびその承継人の間においてのみ，その効力を有する。

(3) 時効の停止

時効の停止とは，時効完成時に，権利者の権利行使が困難であるような状況にある場合に，その期間を時効期間に算入しない制度である。たとえば，時効の期間満了の間際に，天災等の事変のため時効を中断することができないときは，その障害が消滅した時から2週間を経過するまでの間は，時効は完成しない。夫婦の一方が他方に対して有する権利については，婚姻の解消の時から6カ月を経過するまでの間は，時効は完成しない。

4 取 得 時 効

(1) 取得時効の意義

取得時効とは，ある者が所有権その他の財産権を一定期間支配したという事実状態に基づき，真実の権利関係にかかわらず，その者に権利を認める制度である。

取得時効の対象になる権利は，所有権（162条）と所有権以外の財産権（163条）である。地上権・永小作権・地役権などは，時効によって取得される。賃借権も取得時効の成立が認められる。しかし，大部分は所有権である。

(2) 所有権の取得時効の要件

所有権の取得時効の要件の第1は，一定の要件をそなえた占有である。要件の第2は，一定期間の継続である。

占有とは，自己のためにする意思を持って物を所持することをいう（180条）。所有権の取得時効の要件としての占有は，所有の意思をもってする占有（自

主占有）でなければならない。所有の意思のない占有（他主占有）は，どれだけ継続しても所有権の時効取得を成立させることはない。たとえば，賃借人や受寄者である。所有の意思は，占有取得の原因である事実によって客観的に判断される。

　占有者は，所有の意思をもって，善意で，平穏に，かつ，公然と占有をするものと推定する。前後の両時点において占有をした証拠があるときは，占有はその間継続したものと推定される（186条）。平穏とは暴力によらないことである。公然とは，隠したりしないことである。

　20年間，所有の意思をもって，平穏に，かつ，公然と他人の物を占有した者は，その所有権を取得する（162条1項）。10年間，所有の意思をもって，平穏に，かつ，公然と他人の物を占有した者は，その占有の開始の時に，善意であり，かつ，過失がなかったときは，その所有権を取得する（162条2項）。善意とは，占有物が自己の所有の下にあると信ずることである。無過失とは，このように信ずることに過失がないことである。すなわち，時効期間は，占有者が占有のはじめ善意かつ無過失のときは10年であるが，そうでないときは20年である。

　占有者の承継人は，自己の占有のみを主張することも，または自己の占有に前の占有者の占有を併せて主張することもできる。

(3) 取得時効の効果

　時効が完成し援用されれば，占有者は，時効期間のはじめに遡って，所有権を取得する。その結果，従来の所有者は反射的に所有権を失うことになる。つまり，占有者は権利を原始取得する。

　時効による不動産物権の取得を第三者に対抗するためには，登記が必要である。当事者間では，登記なくして取得時効を主張しうる。時効完成後の対抗問題は，二重譲渡と同様に考えて，対抗要件として登記を必要とする。

(4) 所有権以外の財産権の取得時効

　所有権以外の財産権を，自己のためにする意思をもって，平穏に，かつ，公然と行使する者は，162条の区別に従い20年または10年を経過した後，その権利を取得する（163条）。

5　消滅時効

(1)　消滅時効の意義

消滅時効とは，権利の不行使という事実状態と一定の期間の継続とを要件として，権利が消滅する時効である。取得時効の効果として，本来の権利者は権利を失うことになるが，これは消滅時効ではない（我妻『民法講義Ⅰ』483頁）。

消滅時効にかかる権利は，債権（167条1項）と，債権または所有権以外の財産権（167条2項）である。所有権に基づく物権的請求権は消滅時効にかからない。占有権も消滅時効にかからない。

(2)　消滅時効の起算点

消滅時効は，権利を行使することができる時から進行する（166条1項）。したがって，権利を行使することができる時が消滅時効の起算点である。

確定期限の定めのあるときは，期限が到来したときから時効が進行する。不確定期限の定めのあるときは，その期限到来の時から時効が進行する。期限の定めのないときは，債権が成立した時から時効が進行する。停止条件付の債権は，停止条件成就の時から時効が進行する。

(3)　時効期間

債権の時効期間は，通常は10年である（167条1項）。商行為によって生じた債権は5年を原則とする（商法522条）。定期金の債権は，第1回の弁済期から20年間行使しないときは消滅する。最後の弁済期から10年間行使しないときも同様である。

日常的に生ずる債権や金額が少ない債権は，受取証書の保存がされないために，短期の消滅時効によって法律関係を確定する。たとえば，医師または薬剤師の診療債権や請負人の工事債権は，3年間行使しないときは消滅する。生産者，卸売商人または小売商人が売却した商品等の代価債権は，2年間行使しないときは消滅する。飲食店の飲食料の代価債権は，1年間行使しないときは消滅する。

短期消滅時効にかかる債権も，確定判決によって確定した権利については，その時効期間は10年となる（174条の2）。

(4) 所有権以外の財産権の消滅時効

債権または所有権以外の財産権は，20年間行使しないときは，消滅する(167条2項)。

所有権以外の財産権とは，地上権や地役権である。

第2編
物　権

第1章 物権の意義

1 物権と債権

　民法は，第2編において物権を規定し，第3編において債権を規定している。民法は財産関係を物権と債権に分類している。

　物権とは，物を直接に支配して利益を享受する排他的な権利である。すなわち，物に対する権利である。債権とは，債権者が債務者に対してある特定の行為をなすことを求めることができる権利である。すなわち，人に対する権利である。

　物権の本質の第1は，物を直接に支配することである。つまり，物権は物権の行使のために他人の介在を必要としない。

　第2は，排他的な権利であることである。つまり，物の上に1つの物権が成立するときは，同一の物権が同時に複数成立することはない。

2 物権の種類

　民法の第2編物権は10章から構成されている。第1章は総則（175条）である。第2章以下では，物権が種類ごとに規定されている。

　占有権（180条），所有権（206条）。

　用益物権として，地上権（265条），永小作権（270条），地役権（280条），入会権（294条）。

　担保物権として，留置権（295条），先取特権（303条），質権（342条），抵当権（369条）である。

　以上の物権の中で，占有権は他の物権とは異なる性質を有する。

　占有権以外の物権は，本権と称され，その物権を有する者へ特定の内容の権利が付与される。占有権は，占有という事実状態に対して一定の保護が付与される。

3 物権法定主義

　物権は，民法その他の法律に定めるもののほか，創設することができない

(175条)。

　民法は物権の種類を限定し，物権の内容を確定した。これを物権法定主義という。

　その理由は，第1に，物権法における公示の原則を貫徹するためである。第2に，土地の権利の単純化のためである（我妻他『民法講義Ⅱ』25頁）。

第2章　物権の効力

1　物権の一般的効力

　物権の一般的効力として，優先的効力と物権的請求権とがある。優先的効力は，物権相互間の優先的効力と債権に優先する効力である。

　物権相互間の優先的効力とは，内容の衝突する物権相互間においては，その効力は，物権成立の時の順序に従うことをいう。すなわち，完全な所有権の成立する物の上には，他の人の所有権は成立しない（我妻他『民法講義Ⅱ』19頁）。

　債権に優先する効力とは，債権の目的となっている物について物権が成立するときは，その成立の前後に関係なく，物権が債権に優先する。たとえば，甲土地にAのための使用借権が設定されたが，後に甲土地にBのための地上権が設定された場合，BはAに対して自己の有する地上権を主張しうる。

　物権は，一定の物を直接に支配して利益を受ける排他的な権利である。その権利の行使が他人によって妨害されている場合には，物権の権利者は妨害を排除することができる。これらの権利は，物権的請求権と呼ばれている。

2　物権的請求権

　物権的請求権には，侵害の態様に対応して，返還請求権，妨害排除請求権，妨害予防請求権がある。

　返還請求権とは，物権者が物に対する占有を失っている場合に，占有者に対して返還を請求する権利である。たとえば，泥棒に対して，盗んだものを返せという場合である。

　妨害排除請求権とは，物権の内容が他人によって妨げられている場合に，物権者が妨害者に対して妨害の排除を請求する権利である。たとえば，自己の土地に自動車が無断駐車している場合に，自動車を撤去せよという場合である。

　妨害予防請求権とは，物権の行使が，将来妨げられるおそれがある場合に，その妨害が生じないような予防を請求する権利である。相手方の故意・過失

は問わない。たとえば，Aの土地はBの土地の崖下にあり，Bの土地の土砂が下方へ崩れそうになっている場合，AはBに対して土地崩壊の予防措置を請求できる。

　物権的請求権の内容，つまり費用負担については，判例は，物権的請求権を行為請求権とし，費用は相手方が負担するとする。

第3章　物権の変動

1　物権変動の意義

物権変動とは，物権の発生・変更・消滅をいう。物権の得喪変更ともいう。つまり，所有権，地上権，抵当権等の物権を取得したり，喪失したり，変更したりすることをいう。

物権変動には，法律行為に基づく物権変動と法律行為によらない物権変動とがある。法律行為に基づく物権変動は，売買による所有権の譲渡や抵当権の設定のような契約による場合である。法律行為によらない物権変動は，時効，混同，先占，遺失物拾得，埋蔵物発見，附合・混和・加工，相続等である。

2　所有権移転

物権変動に関する立法例として，フランス民法とドイツ民法とがある。フランス民法は，物権変動を生ずるためには意思表示のみで足りるとする。これを意思主義という。ドイツ民法は，物権変動を生ずるためには，意思表示の他に一定の形式・表象を必要とする。不動産の物権変動には登記が要求され，動産の物権変動には引渡しが要求される。これを形式主義という。

日本民法は，「物権の設定及び移転は，当事者の意思表示のみによって，その効力を生ずる」（176条）と規定しており，意思主義を採用している。

3　所有権移転の時期

物権の設定及び移転は，当事者の意思表示のみによって，その効力を生ずる。したがって，所有権は売買契約により直ちに移転すると解される。判例も同様である。ただし，特約が存在するときは，その特約に従って所有権移転の効果を生じる。

4　不動産物権変動における公示

(1)　公示方法としての登記

　物権は，物を直接に支配して利益を受ける排他的な権利である。したがって，権利者および権利内容がどのようなものであるかを，広く社会に公示して知らしめる必要がある。その必要性がとりわけ高いのは，物権の移転や設定等の物権変動が生じた場合である。

　公示の形式を公示方法という。動産物権における公示方法は占有である。不動産物権における公示方法は登記である。

　民法は，不動産においては登記を備えることにより，物権変動を第三者に対抗しうる（177条）と規定して，公示の原則を採用している。公示の原則は，物権変動があったことを公開するので，取引の安全に資する。物権変動の公示を効力要件とすることも考えられるが，民法は公示がなくとも効力には影響しないとする。

(2)　登 記 制 度

　不動産の物権変動を公示する方法は登記である。登記とは，物権変動の事実およびその内容を登記簿へ記載することまたは記載内容をいう。登記に関しては，不動産登記法に定められている。

　登記事務は，不動産の所在地を管轄する法務局若しくは地方法務局もしくはこれらの支局またはこれらの出張所（登記所という）が担当する。

　土地と建物とは別個の不動産であるために，登記は別個に行われる。登記簿は，以前は登記用紙を綴じたものであったが，今日は磁気ディスクによって作成されている。登記簿に記録される情報は，登記記録と称され，表題部と権利部からなる。表題部は，どの不動産についてのものかを表示するための記載がなされる。表示に関する登記という。権利部には，権利に関する登記がなされる。登記できる物権は，所有権，地上権，永小作権，地役権，不動産先取特権，不動産質権，抵当権，不動産賃借権および採石権である。

　登記は，登記権利者と登記義務者とが共同で申請するのが原則である。登記によって利益を受ける者を登記権利者という。登記によって不利益を受ける者を登記義務者という。登記申請は，電子情報処理組織を使用する方法または書面を提出する方法による。登記権利者および登記義務者が共同して権

45

利に関する登記の申請をする場合には、申請人は、その申請情報とあわせて登記義務者の登記識別情報を提供しなければならない。

　登記が有効であるためには、形式的要件として不動産登記法の手続に適合していること、および、実質的要件として実体的な権利変動に合致していることが必要である。実質的要件に関して中間省略登記の問題がある。中間省略登記とは、物権変動がAからBへ、BからCへと行われたにもかかわらず、登記を直接AからCへとする場合である。判例は、当事者全員が同意するならば、中間省略登記は有効であるとする。

　登記義務者が登記に協力しない場合には、登記権利者は登記義務者に対して、登記申請に協力することを請求できる。この権利を登記請求権という。たとえば、AがBに不動産を売買した場合、BはAに対して所有権移転の登記請求権を有する。売主が移転登記に協力しない場合には、買主は売主を被告として所有権移転登記手続請求の訴えを起こし、勝訴の判決を得ることにより、単独で登記申請ができる。

　仮登記に基づいて本登記をした場合は、当該本登記の順序は、当該仮登記の順序による。すなわち、仮登記は、将来における本登記の順位を保全するためにあらかじめなされる登記である。

(3)　不動産物権変動の対抗要件

　物権の設定および移転は、当事者の意思表示のみによって、その効力を生ずる。しかし、第三者に対しては、物権変動のあったことを主張するためには、登記が必要である。民法は「不動産に関する物権の得喪及び変更は、不動産登記法（平成16年法律第123号）その他の登記に関する法律の定めるところに従いその登記をしなければ、第三者に対抗することができない」（177条）と規定する。たとえば、Aが自己の甲不動産をBに譲渡したが、Bが未登記のうちに、Aが甲不動産をCに譲渡した場合、BとCの関係は食うか食われるかの関係となり、Cが登記を取得すればCの所有権取得が確定する。BとCの間では、先に登記をした方が勝ちである。つまり、所有権を取得しても、登記がなされていない限り、第三者に対しては、物権変動のあったことを主張できない。

(4)　登記を必要とする物権変動

　不動産に関する物権の得喪および変更は、登記をしなければ、第三者に対

抗することができない。大審院は一切の物権変動に登記が必要であるとする無制限説をとった。この判決は形式的には今日も維持されているが，実質的には修正されている（内田『民法Ⅰ（第4版）』447頁）。

　法律行為による物権変動，たとえば売買による物権の移転や抵当権の設定においては，対抗要件として登記が必要である。死因贈与・遺贈や合意解除においても登記が必要である。買戻しにおいては，買戻しの特約の登記を要する。

　法律行為を取り消した者が，自己の権利を第三者に対して主張するために登記を必要とするかについては，判例は場合分けをして取り扱う。取消前に利害関係を持つに至った第三者に対しては，登記なくして自己の権利を対抗できる。しかし，取り消すことができる法律行為が詐欺によってなされた場合には，善意の第三者に対抗できない（96条3項）。取消後の第三者に対しては，判例は民法177条により登記をしなければ対抗できないとする。

　共同相続人の1人が自己の相続分以上の権利を第三者に譲渡した場合，他の共同相続人は，自己の相続分を登記なくして対抗できる（最判昭和38年2月22日民集17巻1号235頁）。遺産分割による物権変動の効果を第三者に対抗するには登記を必要とする（最判昭和46年1月26日民集25巻1号90頁）。

　時効による所有権の取得を第三者に主張するためには登記が必要かという問題に関して，判例の準則は次のとおりである。Aの甲土地をBが善意・無過失で10年間占有したとする。この場合，Bは甲土地の所有権を取得する（162条2項）。BがAに時効を主張するのに，登記は不要である。時効完成前にAから甲土地を譲り受けたCに対して，Bは登記なくして時効による所有権の取得を主張しうる。時効完成後にAから甲土地を譲り受けたDに対して，Bは時効による所有権の取得を主張するためには登記が必要である。あたかも，AからBとDとが甲土地を二重譲渡されたような関係に立つからである（内田『民法Ⅰ（第4版）』451頁）。

(5) 登記をしなければ対抗できない第三者の範囲

　不動産に関する物権変動があっても登記をしなければ，第三者に対抗することができない（177条）。民法177条における第三者という文言には，いかなる制限も付されていないために，当事者とその包括承継人以外の者をすべて包含すると解される。しかし，大審院連合部判決（明治41年12月15日民

録14輯1276頁）は，第三者とは，登記の欠缺を主張するにつき正当の利益を有する者をいうとして制限説を採用した。制限説は，今日の通説・判例である。

そこで，登記なしに対抗できる者，すなわち177条の第三者ではない者とはどのような者であるかが問題となる。

詐欺または強迫によって登記の申請を妨げた第三者は，その登記がないことを主張することができない。他人のために登記を申請する義務を負う第三者は，その登記がないことを主張することができない（不動産登記法5条）。

真の所有権者は，全くの無権利の登記名義人に対しては，所有権を登記なしで対抗することができる。無権利者からの譲受人も第三者にはならない。登記に公信力はないので譲受人は原則として所有権を取得できない（内田『民法Ⅰ（第4版）』456頁）。

Aから土地を購入したBは，不法占拠者Cに対して，登記なくして明渡しを請求できる。すなわち，Bは不法占拠者Cに対して，登記なくして対抗できる。

不動産がAからBへ，BからCへと譲渡されたが，登記が依然としてAにある場合に，CはBに代位してAに移転登記手続を請求できる。AはCの登記不存在を理由として請求を拒否できない。

AはBへ賃貸していた所有建物をCへ売却したが，Cは所有権移転登記を経ていない。判例は，BとCとは食うか食われるかの関係にないが，CがBに対して賃料の請求をするには登記が必要とする。

物権変動は第三者の善意・悪意に関わりなく登記がないと対抗できないかが問題となる。177条は善意を要件とはしていない。したがって，悪意の第三者に対しても登記が必要である。判例は，悪意者であっても，177条の第三者から排除されないと述べる。しかし，昭和40年代になって，最高裁判所は，不動産登記法5条の趣旨を拡張して背信的悪意者に対しては，登記なくして対抗できるとした。

(6) 登記の公信力

不動産物権の取引は，登記という外形によって行われるが，権利関係と登記との間に相違が生じることがある。その場合，登記を信頼して取引を行った者は保護されるかが問題となる。民法は，登記を信頼した者を保護しない。

すなわち，登記には公信力がない。取引の安全より，不動産の真実の所有者の権利を重視するためである。よって，物権を取得しようとする者は，登記が真実か否かを調査することが必要である。

5 動産物権変動における公示

(1) 動産物権変動の対抗要件

動産に関する物権の譲渡は，その動産の引渡しがなければ，第三者に対抗することができない（178条）。動産物権変動の対抗要件は「引渡し」である。

引渡しには，現実の引渡し（182条1項），簡易の引渡し（182条2項），占有改定（183条），指図による占有移転（184条）がある。このうち，現実の引渡しのみが，現実に，動産の占有が移転する。したがって，引渡しは，公示方法としては，きわめて不明確である。そのため，現実の占有を信頼して取引した者を保護する必要性が生じる。そこで，民法においては，動産については占有に公信力を認め，即時取得の制度を規定した。

引渡しを対抗要件とする物権変動は，民法178条が「動産に関する物権の譲渡」と規定している。法律行為による場合が一般的である。たとえば，AからBが動産を購入したとしても，引渡しを受けなければ，二重に譲り受けたCに対抗できない。

(2) 即時取得

取引行為によって，平穏に，かつ，公然と動産の占有を始めた者は，善意であり，かつ，過失がないときは，即時にその動産について行使する権利を取得する（192条）。動産取引においては，占有を信頼して取引した者は，譲渡人の権利の有無に関わりなく，権利を取得する。たとえば，AがBから借りている物，AがBに売却したがBから預かっている物を，Aが自己の物としてCに売った場合，Cが善意・無過失ならば所有権を取得する。これを動産の即時取得という。

即時取得は，動産取引の安全のための制度である。その結果，真の権利者を犠牲にすることにもなる。したがって，即時取得はつぎのような要件の下において認められる（内田『民法Ⅰ（第4版）』469頁）。

第1は，目的物についての要件である。取引の客体は動産であることが必要である。船舶は登記，自動車・飛行機は登録が対抗要件とされている。判

例によれば，登録自動車には民法192条は適用されない。金銭は，単なる動産ではなく価値そのものといえるので，金銭は占有のあるところに所有が存在する。

　第2は，取引行為の態様に関する要件である。有効な取引行為による取得であることが必要である。即時取得は，動産取引の安全をはかる制度であるため，取引による動産の取得に限られる。山林の雑草木を自己の所有と思い込み採取しても192条の適用はない。

　第3は，前主の要件である。まず，前主に処分権限がないことが必要である。賃借人や受寄者等が所有者であるとして処分する場合である。商法上の問屋は，所有権者ではないが処分権限がある場合がある。次に，前主に占有があることである。即時取得制度は，占有に公信力を認める制度であるからである。間接占有や単なる所持でもよい。

　第4は，取得者の要件である。まず，取得者は，平穏かつ公然に動産の占有を始めた者であり，善意にして過失がないことが必要である。なぜならば，即時取得は，善意者を保護する制度だからである。善意・平穏・公然は推定されるが（186条），無過失は推定されない。しかし，判例は，188条を根拠にして取得者の無過失を推定する。次に，取得者は，占有を始めたことが必要である。現実の引渡しおよび簡易の引渡しは即時取得が認められる。指図による占有移転については，判例・通説は即時取得を認める。占有改定については，判例は，即時取得するためには従来の占有状態の変更が必要であり，占有改定ではだめであるとする。

　即時取得により，取得者は動産に対して行使する権利を取得する。事実上は所有権と質権である。即時取得による取得は，前主からの承継ではないので，原始取得である。

(3) 盗品・遺失物の例外

　寄託や賃貸により発生する危険については，寄託した者や賃貸した者が自己において，責任を負担すべきである。しかし，盗品や遺失物のように権利者の意思によらずに占有を離脱した物については，即時取得は認められるべきではない。そこで，民法は，真実の権利者を保護するために例外規定をおいた。

　すなわち，第三者が即時取得の要件を満たしても，占有物が盗品または遺

失物であるときは，被害者または遺失者は，盗難または遺失の時から2年間，占有者に対してその物の回復を請求することができる（193条）。

しかし，占有者が，盗品または遺失物を，競売若しくは公の市場において，またはその物と同種の物を販売する商人から，善意で買い受けたときは，被害者または遺失者は，占有者が支払った代価を弁償しなければ，その物を回復することができない（194条）。つまり，買受人の信頼を保護した。

金銭が盗まれた場合，金銭はその価値に意味があるために，193条による第三者に対する返還請求は否定される。

6　明認方法

立木は土地の定着物であるため不動産であり（86条1項），土地の一部である。しかし，立木等を土地と切り離して所有権および抵当権の目的とする場合には，公示方法が必要となる。1つは，墨書等による明認方法である。もう1つは，立木法による立木登記である。

7　物権の消滅

物権の消滅は，物権変動の1つである。すべての物権に共通な消滅要因は，次のようなものである。第1は，目的物の滅失である。第2は，消滅時効である。所有権は消滅時効にかからない。しかし，所有権以外の物権は，20年間行使しないときは，消滅する（167条2項）。第3は，放棄である。

併存の必要がない2つの法律上の地位が同一人に帰すことを混同という。2つの物権の混同により，一方が消滅する。同一物について所有権および他の物権が同一人に帰属したときは，当該他の物権は消滅する。所有権以外の物権およびこれを目的とする他の権利が同一人に帰属したときは，当該他の権利は消滅する。

第4章 占　有　権

1　占有の意義

民法第2編物権は，第2章において占有権を規定する。占有権は，物の現実の支配に基づいて認められる権利である。

占有制度の根拠は次の点にある。第1は，個人の物支配の現状を保護して自力救済の禁止を実現することにより，社会秩序を維持することである。第2は，本権の証明は困難であるため，権利存在の外観を保護して，本権の証明の負担を免れさせることである。

2　占有の成立

(1)　要　件

占有権は，自己のためにする意思をもって物を所持することによって取得する（180条）。すなわち，占有（権）の要件は，第1が所持であり，第2が自己のためにする意思である。

所持とは，物に対する事実上の支配である。物理的な掌握は必ずしも必要ではない。社会観念上，物がその人の事実的支配内にあると認められればよい。自己のためにする意思とは，所持による事実上の利益を自分に帰属させようとする意思である。この意思の有無は，占有を生ぜしめた原因（権原）の性質によって，客観的に判断される。

(2)　代理占有

占有権は，代理人によって取得することができる（181条）。たとえば，賃貸マンションにおいて，借家人はマンションを直接的に所持し占有しており，所有者はマンションを間接的に所持し占有している。この所有者の占有を代理占有または間接占有という。借家人の占有を直接占有という。

代理占有は次の3つを成立要件とする。第1は，占有代理人の所持である。占有代理人は，独立して所持する必要がある。第2は，占有代理人の本人のためにする意思である。この意思は，自己のためにする意思と並立しうる。

また，この意思は，客観的に権原の性質に従って決定される。第3は，本人と占有代理人との間の占有代理関係の存在である。占有代理関係として，賃貸借契約や寄託契約がある。

代理占有の効果として，本人は占有権（間接占有権）を取得する。その結果，本人のために，取得時効が進行し，本人が動産物権変動の対抗要件を備え，即時取得をなし，占有訴権を有する（我妻他『民法講義Ⅱ』478頁）。

(3) 自主占有と他主占有

自主占有とは，権原の性質上，占有者に所有の意思がある場合をいう。他主占有とは，権原の性質上，占有者に所有の意思がない場合をいう。両者を区別することは，取得時効，無主物先占，占有者の責任などにおいて意味がある。

所有の意思の有無は，占有取得の原因である事実，すなわち権原の客観的性質によって決められる。買主や泥棒は自主占有者とされる。受寄者や賃借人は他主占有者とされる。

他主占有は自主占有へ転換する場合がある（185条）。第1は，自己に占有をさせた者に対して所有の意思があることを表示した場合である。たとえば，賃借人が，賃貸人に対して以後自分の物として占有すると表示することである。第2は，新たな権原により更に所有の意思をもって占有を始める場合である。たとえば，賃借人が賃借物を買い取った場合である。売買契約が新権原となる。賃借人の他主占有は自主占有に変わる。判例は，相続人が185条の「新たな権原」により自主占有することを認めた。

(4) 善意占有と悪意占有

占有を正当化する権利，すなわち占有をすることのできる権利を本権という。本権がないにもかかわらず，本権があると誤信する占有者は善意の占有者である。本権がないことを知り，または本権の有無について疑いを有する者は，悪意の占有者である（我妻他『民法講義Ⅱ』472頁）。

占有者は，所有の意思をもって，善意で，平穏に，かつ，公然と占有をするものと推定する。前後の両時点において占有をした証拠があるときは，占有は，その間継続したものと推定する（186条）。

3 占有の承継

(1) 原始取得と承継取得

　占有という事実が成立すると，効果として占有権が原始取得される。しかし，占有権は承継的にも取得される。民法は，物に対する事実的支配に基づいて占有権という概念を認めたことによって，占有の移転を認めた。すなわち，占有は物の引渡しによって移転する（角『民法Ⅰ』204頁）。引渡しには，現実の引渡し，簡易の引渡し，占有改定，指図による占有移転がある。

　占有権の譲渡は，占有物の引渡しによってする（182条1項）。これを現実の引渡しという。物を文言通り引き渡すことである。

　譲受人またはその代理人が現に占有物を所持する場合には，占有権の譲渡は，当事者の意思表示のみによってすることができる（182条2項）。これを簡易の引渡しという。賃貸している物を賃借人に売り渡す場合，譲渡人が一旦物を取り戻して，あらためて現実の引渡しをするのは不必要な手間がかかる。そこで，両者の合意によって，占有が移転することを認めた。

　代理人が自己の占有物を以後本人のために占有する意思を表示したときは，本人は，これによって占有権を取得する（183条）。これを占有改定という。たとえば，Aが自己所有の絵画をBに譲渡した上で，これをBから借りて使用する場合，一度AからBへ現実の引渡しを行い，それからAが賃借して引渡しを受けることとなる。それでは不必要な手間がかかるために，占有移転の合意だけでBへ占有が移転することを認めた。

　代理人によって占有をする場合において，本人がその代理人に対して以後第三者のためにその物を占有することを命じ，その第三者がこれを承諾したときは，その第三者は，占有権を取得する（184条）。これを指図による占有移転という。たとえば，AがC倉庫に置いている物をBに譲渡し，Bもその物をC倉庫に保管させておくような場合である。占有移転の要件は，AがCに対して以後Bのために占有することを命じ，Bがこれを承諾することである。

　相続によって被相続人の占有が相続人に移転するかについて，判例・学説は，相続による占有の承継を肯定する。

　占有者の承継人は，その選択に従い，自己の占有のみを主張し，または自

己の占有に前の占有者の占有を併せて主張することができる（187条）。

4　占有権の効力

(1)　占有権の規定

民法は，占有権の効力について多くの規定を置く。本権の推定，物権的請求権の被告となったときの調整規定，即時取得等，占有訴権，主として取得時効に関して意味のある規定である（内田『民法Ⅰ（第4版）』406頁）。

(2)　本権の推定

占有者が占有物について行使する権利は，適法に有するものと推定する（188条）。現実の支配という事実状態を基礎として，本権の立証を容易にするための効果である。推定するとは，相手方が占有者に本権のないことを証明しない限り，正当な本権があるとされることである。

(3)　果　　実

善意の占有者は，占有物から生ずる果実を取得することができる。善意の占有者が本権の訴えにおいて敗訴したときは，その訴えの提起の時から悪意の占有者とみなす。善意の占有者とは，果実収益権を含む本権，たとえば所有権・地上権・永小作権・賃借権・不動産質権などがあるものと誤信する占有者のことである。

悪意の占有者は，果実を返還し，かつ，既に消費し，過失によって損傷し，または収取を怠った果実の代価を償還する義務を負う。暴行もしくは強迫または隠匿によって占有をしている者についても同様である。

占有物が占有者の責めに帰すべき事由によって滅失し，または損傷したときは，その回復者に対し，悪意の占有者はその損害の全部の賠償をする義務を負い，善意の占有者はその滅失または損傷によって現に利益を受けている限度において賠償をする義務を負う。しかし，所有の意思のない占有者は，善意であっても，全部の賠償をしなければならない（191条）。

占有者が占有物を返還する場合には，必要費を回復者から償還させることができる。有益費については，その価格の増加が現存する場合に限り，回復者の選択に従い，その支出した金額または増価額を償還させることができる。必要費とは，その物の保存と管理のために支出した金額をいう。有益費とは，占有者が占有物の改良のために支出した金額をいう。

(4) 占有の訴え

　占有者は，198条から202条までの規定に従い，占有の訴えを提起することができる。他人のために占有をする者も同様である（197条）。従来は占有訴権と称されてきた。占有の訴えは，事実的支配状態の保護を目的としており，実体法上の請求権である。占有の訴えは，占有侵害の態様に即して，占有回収の訴え，占有保持の訴え，占有保全の訴えの3種類がある。

　占有者がその占有を奪われたときは，占有回収の訴えにより，その物の返還および損害の賠償を請求することができる。占有回収の訴えは，占有を侵奪した者の特定承継人に対して提起することができない。しかし，その承継人が侵奪の事実を知っていたときは，提起しうる（200条）。占有を奪われたときとは，占有者が意思に反して所持が奪われることであり，詐取された場合は該当しない。占有回収の訴えは，占有を奪われた時から1年以内に提起しなければならない。

　占有者がその占有を妨害されたときは，占有保持の訴えにより，その妨害の停止および損害の賠償を請求することができる（198条）。占有を妨害されたとは，部分的な侵害があることを意味する。妨害の故意や過失は不要である。占有保持の訴えは，妨害の存する間またはその消滅した後1年以内に提起しなければならない。

　占有者がその占有を妨害されるおそれがあるときは，占有保全の訴えにより，その妨害の予防または損害賠償の担保を請求することができる（199条）。占有保全の訴えは，妨害の危険の存する間は，提起することができる。

　占有の訴えは占有を基礎とするのに対して，本権の訴えは所有権などの本権に基づいている。所有者が自己の占有物を奪われた場合には，本権の訴えと占有の訴えとが成り立つ。占有の訴えは本権の訴えを妨げず，また，本権の訴えは占有の訴えを妨げない（202条1項）。両方の訴えは，同時に提起してもよいし，別個に提起してもよい。一方で敗訴しても，他方を提起できる。

　占有の訴えについては，本権に関する理由に基づいて裁判をすることができない（202条2項）。訴えは別個に処理される結果，占有回収の訴えの相手方に本権があるとしても，それを理由として占有回収の請求が棄却されることはない。

5　占有権の消滅

　占有権は，占有者が占有の意思を放棄し，または占有物の所持を失うことによって消滅する。占有権は占有という事実の存在に基づいて認められる権利であるから，占有という事実の消滅によって消滅する。しかし，占有者が所持を失っても占有者が占有回収の訴えを提起したときはこの限りでない（203条）。判例は，占有回収の訴えを提起したというだけではなく，訴えに勝訴して現実に占有を回復したときに，占有は継続していたものとされるとする（最判昭和44年12月2日民集23巻12号2333頁）。

　代理人によって占有をする場合には，占有権は，本人が代理人に占有をさせる意思を放棄したこと，代理人が本人に対して以後自己または第三者のために占有物を所持する意思を表示したこと，代理人が占有物の所持を失ったこと，によって消滅する。占有権は，代理権の消滅のみによっては，消滅しない。

6　準　占　有

　占有権の規定は，自己のためにする意思をもって財産権の行使をする場合に準用される（205条）。債権や無体財産権のように，物の支配を伴わない財産権の事実的支配の保護に関しては準占有という概念が使用される。他人の預金通帳および印鑑を持って債権者らしい外観を有する者は債権の準占有者である。

第5章 所　有　権

1　所有権の意義

　所有権は，物を全面的に支配する権利である。所有権は，消滅時効にかかることはなく，制限物権が消滅することにより円満な状態に復帰する。

　財産権は憲法により保障され，財産権の内容は公共の福祉に適合するように法律でこれを定める（憲法29条1項，2項）。私権は，公共の福祉に適合しなければならない（1条1項）。所有者は，法令の制限内において，自由にその所有物の使用，収益および処分をする権利を有する（206条）。法令の制限とは，建築基準法や消防法などによる制限である。

　土地所有権の範囲は，法令の制限内において，その土地の上下に及ぶ（207条）。土地を構成する土砂は，土地所有権の範囲内である。一定の鉱物は土地所有権が及ばない。

2　相隣関係

(1)　相隣関係の意義

　一筆の土地は，土地を人為的に区切ったものであり，土地は相互に隣接している。そこで，円滑な土地利用のために，相互に権利を調整することが必要となる。そのための規定が相隣関係である。相隣関係の規定は，隣地使用（209条から213条），水（214条から222条），境界（223条から232条），境界を越える竹木（233条），境界付近の工作物（234条から238条）からなる。

(2)　隣地使用に関する相隣関係

　土地の所有者は，境界またはその付近において障壁または建物を築造しまたは修繕するため必要な範囲内で，隣地の使用を請求することができる。しかし，隣人の承諾がなければ，その住家に立ち入ることはできない。これを隣地使用権という。

　他の土地に囲まれて公道に通じない土地の所有者は，公道に至るため，その土地を囲んでいる他の土地を通行することができる。他の土地に囲まれて

公道に通じない土地を袋地という。池沼，河川，水路若しくは海を通らなければ公道に至ることができないとき，または崖があって土地と公道とに著しい高低差があるときも，同様である。これを隣地通行権という。隣地通行権はその土地を囲んでいる他の土地の所有者の意思に関わりなく，法律に基づき，袋地の所有者に認められる。通行の場所および方法は，通行権を有する者のために必要であり，かつ，他の土地のために損害が最も少ないものを選ばなければならない。通行権を有する者は，通行する他の土地の損害に対して償金を支払わなければならない。分割によって公道に通じない袋地となったときは，その土地の所有者は，公道に至るため，他の分割者の所有地のみを通行することができる。この場合，償金を支払う必要はない。土地の所有者がその土地の一部を譲り渡したために袋地が生じた場合も同様である。

(3) 水に関する相隣関係

土地の所有者は，隣地から水が自然に流れて来るのを妨げてはならない。水流が天災等により低地において塞がったときは，高地の所有者は，自己の費用で，水流の障害を除去するため必要な工事をすることができる。土地の所有者は，直接に雨水を隣地に注ぐ構造の屋根その他の工作物を設けてはならない。

(4) 境界に関する相隣関係

土地の所有者は，隣地の所有者と共同の費用で，境界標を設置することができる。境界標とは土地の境界を表示するものである。境界標の設置および保存の費用は，相隣者が同じ割合で負担する。2棟の建物がその所有者を異にし，かつ，その間に空地があるときは，各所有者は共同の費用で，境界に囲障を設けることができる。囲障とは囲いである。囲障の設置および保存の費用は，相隣者が同じ割合で負担する。異なる慣習があるときは，その慣習に従う。境界線上に設置した境界標，囲障，障壁，溝および堀は，相隣者の共有に属するものと推定する。

(5) 境界を越える竹木

隣地の竹木の枝が境界線を越えるときは，竹木の所有者に枝を切除させることができる。隣地の竹木の根が境界線を越えるときは，その根を切り取ることができる。

(6) 境界付近の工作物

建物を築造するには，境界線から 50 センチメートル以上の距離を保持しなければならない（234 条 1 項）。この趣旨は双方の生活上の利益の確保にある。しかし，別段の慣習が存在するのであれば，それに従う（236 条）。建築基準法 65 条が適用される場合は，234 条 1 項の適用が排除される（最判平成元年 9 月 19 日民集 43 巻 8 号 955 頁）。

違反建築をしようとする者があるときは，隣地の所有者は，建築を中止させ，または変更させることができる。しかし，建築に着手した時から 1 年を経過し，またはその建物が完成した後は，損害賠償の請求のみしかできない（234 条 2 項）。この趣旨は取壊しから生じる社会経済上の不利益の回避にある。

境界線から 1 メートル未満の距離において他人の宅地を見通すことのできる窓または縁側・ベランダを設置する者は，目隠しを付けなければならない。

3 所有権の取得

(1) 所有権の取得原因

所有権の取得原因は，多くの場合，売買や贈与などに基づく契約および相続である。契約および相続による取得を承継取得という。民法が規定する「所有権の取得」（第 2 編第 3 章第 2 節）は，それ以外の取得原因であって，日常生活ではあまり生じない場合である。これを原始取得という。「所有権の取得」は，所有者のいない物や分からない物についての規定，および，添付についての規定からなる。しかし，所有権の原始取得で最も重要な場面は，時効による取得である（内田『民法Ⅰ（第 4 版）』379 頁）。

(2) 先占・拾得・発見

所有者のない動産は，所有の意思をもって占有することによって，その所有権を取得する。無主物先占といい，たとえば海で魚を釣り上げる場合である。所有者のない不動産は，国庫に帰属する。

遺失物は，遺失物法に従い公告をした後 3 カ月以内にその所有者が判明しないときは，これを拾得した者がその所有権を取得する（240 条）。これを遺失物拾得という。拾得とは，物件の占有を始めることをいう。拾得者は速やかに拾得した物件を警察署長に提出しなければならない。報労金は 5% から 20% である。小切手や手形等の場合は額面額ではなく，それが善意の第三者

の手にわたることにより遺失者が受ける不利益を基準として決すべきである（遠藤他『民法(2)（第4版)』188頁）。

　埋蔵物は，遺失物法の定めるところに従い公告をした後6カ月以内にその所有者が判明しないときは，これを発見した者がその所有権を取得する。

　埋蔵物とは，土地や建物や動産の中に埋蔵されており，その所有者がわからない物をいう。無主物と異なり，所有者の存在が前提とされる。しかし，他人の所有する物の中から発見された埋蔵物については，これを発見した者およびその他人が等しい割合でその所有権を取得する（241条）。埋蔵文化財については文化財保護法により，所有者が知れないときには所有権は国庫に帰属し，発見者および土地所有者は相当額の報奨金の支給を受けうる。

(3) 添　　付

　所有者が異なる二個以上の物が結合して1個の物となった結果，分離が不可能となった場合に，民法はそれを1個の物と考えて復元の請求を認めない。分離や復元は社会経済上の不利益をもたらすからである。物の結合を付合，物の混合を混和，動産に工作を加えた加工を総称して添付という。これにより損失を受けた者は，償金を請求できる（248条）。

　不動産の所有者は，その不動産に従として付合した物の所有権を取得する。これを不動産の付合という。動産が不動産に付着して不動産それ自体とみられるまでに至ったことをいう。例外として，権原によってその物を附属させた他人の権利を妨げない。権原とは，法律上の正当な根拠を意味し，たとえば，地上権・永小作権・賃借権である。

　所有者が異なる数個の動産が，付合により，損傷しなければ分離できなくなったときは，その合成物の所有権は，主たる動産の所有者に帰属する。分離するのに過分の費用が必要なときも同様である。付合した動産について主従の区別をすることが不可能なときは，各動産の所有者は，その付合時の価格の割合に応じて合成物を共有する。

　所有者が異なる物が混和して識別することができなくなったときは，動産の付合の規定が準用される。たとえば，米が混じり合った場合である。

　他人の動産に工作を加えたときは，その加工物の所有権は，材料の所有者に帰属する。加工とは，他人の動産に工作を加え別種の物とすることをいう。たとえば，他人の木材を用いて椅子を製作した時である。しかし，工作によっ

て生じた価格が材料の価格を著しく超過するときは，加工者が加工物の所有権を取得する。

4 共　　有

(1) 共同所有の形態

2人以上の者が1つの物を所有することを共同所有という。共同所有には3つの形態がある。

第1は狭義の共有である。たとえば，数人の友人が資金を出し合ってヨットを買う場合である。各共有者はそれぞれ持分を有しており，その持分につき自由に処分ができ，共有物につき分割を請求できる。第2は合有である。たとえば，組合財産である。各共有者は持分を有しているが，持分処分の自由は制限されており，共有物につき分割請求は許されない。第3は総有である。たとえば，入会財産である。各共有者は持分がなく，持分処分や分割請求は問題とならない（淡路他『民法Ⅱ（第3版補訂）』150頁）。

(2) 共有者間の関係

各共有者が共有物に対して有する所有の割合を持分という。持分に基づく各共有者の権利を持分権という。持分の割合は，各共有者の意思表示により定まる場合，および，法律の規定により定まる場合がある。法律の規定により定まる場合として，相続財産がある。持分が不明なときは，各共有者の持分は相等しいものと推定する（250条）。

共有者の1人が，その持分を放棄したとき，又は死亡して相続人がないときは，その持分は，他の共有者に帰属する。これは共有の弾力性を表現したものである。

各共有者は，共有物の全部に対して，持分に応じた使用をすることができる（249条）。収益についても同様に解すべきである。共有物の管理に関する事項は，各共有者の持分の価格に従い，その過半数で決する（252条）。管理とは目的物の利用行為・改良行為をいう。たとえば，共有物について第三者と賃貸借契約を締結する場合または賃借契約を解除する場合である。保存行為は，各共有者がすることができる。保存行為とは共有物の現状を維持する行為をいい，たとえば共有物の修理である。共有物に変更を加えることは，各共有者が他の共有者の同意を得なければできない。たとえば，共有山林の

伐採である。管理の費用は各共有者がその持分に応じて支払う。
(3) 共有物に関する紛争
　持分権は所有権の本質を有するので、各共有者は、他の共有者に対して持分権を単独で主張することができる。また、各共有者は、第三者に対し単独で持分権を主張することができるのであり、共有者全員が原告となる必要はない。しかし、共有者が持分権を主張するのではなく、他の共有者と共有関係にあることを第三者に主張するためには、判例は、共有者全員が原告になる必要があるとする。つまり、固有必要的共同訴訟とする。各共有者が単独で訴えを提起した結果、敗訴した場合には、他の共有者が不利益を被るからである。

(4) 共有物の分割
　各共有者は持分を有しており、持分権の本質は所有権である。それゆえ、各共有者はいつでも共有物の分割を請求することができる。しかし、5年を超えない期間内は分割をしないという契約を締結することは可能である（256条1項）。分割請求権は消滅時効にかかることはない。境界線上の設置物については分割を請求できない。
　共有物の分割は、各々の持分の交換または売買によるとされており、分筆登記の上、権利の一部移転の登記手続をする。分割により、共有関係は消滅する。
　共有物の分割はまずは共有者間の協議により行う。分割の方法として、現物分割、代価分割、価格賠償がある。共有者間において、共有物の分割の協議が調わないときは、その分割を裁判所に請求することができる。裁判所は、共有物の現物を分割することができないとき、または分割によってその価格を著しく減少させるおそれがあるときは、競売を命ずることができる。
　共有物について地上権、賃借権、抵当権、質権等の権利を有する者および各共有者の債権者は、自己の費用で、分割に参加することができる。
　他の共有者が分割によって取得した物について瑕疵があった場合、各共有者は持分に応じて担保責任を負う。

(5) 準　共　有
　数人で所有権以外の財産権を有する場合には、共有に関する規定が準用される。しかし、法令に特別の定めがあるときはその法令が適用される（264条）。

準共有が問題となるのは，用益物権，担保物権，無体財産権等である。

5　建物の区分所有

　分譲マンションのように，1棟の建物に構造上区分された数個の部分で独立して住居，店舗，事務所または倉庫その他建物としての用途に供することができるものがあるときは，その各部分は，それぞれ所有権の目的とすることができる。この建物の部分を目的とする所有権を区分所有権という。区分所有権を有する者を区分所有者という。各区分所有者は建物や敷地の使用，収益，処分につき相互に密接な利害関係を有しているために，各区分所有者の権利は制約を受ける。その規律のための法律が，建物の区分所有等に関する法律（以下，建物区分所有法という）である。

　建物は，専有部分と共用部分とに分けられる。専有部分とは，区分所有者の目的たる建物の部分をいう。共用部分は，廊下，階段，機械室，付属施設等をいい，区分所有者が共有する。

　区分所有者は，全員で，建物並びにその敷地および附属施設の管理を行うための団体を構成し，集会を開き，規約を定め，管理者を置くことができる。集会の議事は，建物区分所有法または規約に別段の定めがない限り，区分所有者および議決権の各過半数で決する。共用部分の変更は，区分所有者および議決権の各4分の3以上の多数による集会の決議で決する。

　区分所有者は，建物の保存に有害な行為その他建物の管理または使用に関し，区分所有者の共同の利益に反する行為をしてはならない。義務違反行為に対しては，他の区分所有者の全員または管理組合法人は，集会の決議により，その行為の停止，除去，予防措置を請求できる。共同生活の維持を図ることが困難である場合には，集会における区分所有者と議決権の各4分の3以上の多数決に基づいて，訴えをもって，専有部分の使用の禁止，区分所有権等の競売，または賃貸借の解除と専有部分の引渡しを請求できる。

　集会における区分所有者と議決権の各5分の4以上の多数決で，新たに建物を建築する決議をすることができる。

第6章　地　上　権

　地上権とは，他人の土地を利用する権利の1つである。地上権者は，他人の土地において工作物または竹木を所有するため，その土地を使用する権利を有する（265条）。工作物とは，家屋・橋梁・トンネル・テレビ塔等の施設をいう。地下または空間は，工作物を所有するため，上下の範囲を定めて地上権の目的とすることができる。これを区分地上権という。地下鉄・地下街・高架モノレール等の建設のために設定される。

　地上権は物権であり，物を直接支配する権利である。したがって，相続性および譲渡性が認められる。地上権は，登記をすれば第三者に対抗できる（177条）。

第7章 永小作権

　永小作権は、耕作または牧畜を目的として、他人の土地を利用する物権である（270条）。永小作権は、物権であるから、相続性および譲渡性が認められる。永小作権は、土地所有者と永小作人との設定契約によって取得される。永小作権は、地上権と異なり、小作料の支払いが要素である。

第8章　地　役　権

　地役権とは，ある土地の便益のために他人の土地を利用する権利である。地役権者は，設定行為で定めた目的に従い，他人の土地を自己の土地の便益に供する権利を有する（280条）。たとえば，甲地の所有者が乙地を通行するため，契約によって，乙地に通路を設定したりする権利である。甲地を要役地といい，乙地を承継地という。したがって，地役権は要役地の利用価値を増加させる目的で承役地に設定される権利である。

　相隣関係に基づく土地使用権は法律上当然生ずるから法定地役権という。それに対して，契約によって設定される地役権を約定地役権という。

　地役権は，要役地の所有権に従たるものとして，その所有権とともに移転し，または要役地について存する他の権利の目的となるものとする（281条）。地役権の付従性の規定である。たとえば，乙地について通行地役権を有する甲地の所有者AがこれをCへ譲渡した場合，通行地役権もCへ移転する。

　土地の共有者の1人は，その持分につき，その土地のために，またはその土地について存する地役権を消滅させることができない（282条）。地役権の不可分性の規定である。

　地役権は，継続的に行使され，かつ，外形上認識することができるものに限り，時効によって取得することができる（283条）。判例は，通路の開設が要役地の所有者によってなされなければ，時効取得されないとする。土地の共有者の1人が時効によって地役権を取得したときは，他の共有者も，これを取得する。

　承役地の占有者が取得時効に必要な要件を具備する占有をしたときは，地役権はこれによって消滅する。地役権者がその権利の一部を行使しないときは，その部分のみが時効によって消滅する。

第 9 章　入　会　権

　入会権とは，村落等の一定の地域の住民が，山林原野等において共同に収益する慣習上の権利をいう。入会権の性質は総有である。共有の性質を有する入会権については，各地方の慣習に従うほか，共有の規定を適用する（263条）。目的地が一村落の所有に属する場合である。

　共有の性質を有しない入会権については，各地方の慣習に従うほか，地役権の規定を準用する（294条）。目的地がその村落以外の村落または個人の所有に属する場合である（我妻他『民法1（第3版）』412頁）。

第3編 担保物権

序章　担保の意義

1　担保制度

(1)　債権の回収

債務者が債権者に対して債務の支払いを行わない場合には，債権者は債務者に対して支払いを求める訴訟を提起し，裁判所に支払いを命じてもらうことが可能である。しかし，債務者に対して支払いを命じる判決があっても，債務者が支払いをしない場合がある。その場合には，債権者は判決に基づいて債務者の財産を差し押さえ，これを競売して，その代金から配当を受けることができる。すなわち，自力救済は許されない。

しかし，債権者が多数存在する場合は，債権者平等の原則が機能することとなる。すなわち，債権者は債権額に按分比例して弁済を受けることができるのみである。そこで，債権者としては，債権者平等の原則によらず，他の債権者を差し置いて自己の債権を優先的に回収する手段を確保しておくことが必要となる。この債権の回収を確保するための制度を担保という。

(2)　担保の種類

担保には，人的担保（保証）と物的担保（担保物権）とがある。人的担保とは，債務者以外の者の一般財産をもって担保とするものをいう。物的担保とは，債務者またはその他の者の一定の財産によって担保するものをいう（我妻『民法講義Ⅲ』3頁）。

物的担保には，約定担保物権と法定担保物権とがある。両者を合わせて典型担保物権という。約定担保物権は，担保権者と担保権設定者との担保権設定契約により成立する。質権および抵当権が該当する。法定担保物権は，一定の債権の保護のため法律上当然に成立する。留置権および先取特権が該当する。民法に規定がなく，取引慣行から発生した担保を非典型担保物権という。仮登記担保（仮登記担保法），譲渡担保，所有権留保が該当する。

(3)　担保物権の性質

第1は，付随性である。担保物権は債権を担保する手段である。したがっ

て，債権が発生しなければ担保物権も発生しないし，債権が消滅すれば担保物権も消滅する。第2は，随伴性である。債権が移転すると担保物権もそれに伴って移転する。第3は，不可分性である。担保物権者は，債権の全部の弁済を受けるまでは，目的物の全部についてその権利を行使することができる。第4は，物上代位性である。担保物権者は，目的物の売却，賃貸，滅失または損傷によって債務者が受けるべき金銭その他の物に対しても，行使することができる。

第1章 留置権

1 留置権の意義

　他人の物の占有者は，その物に関して生じた債権を有するときは，その債権の弁済を受けるまで，その物を留置することができる（295条）。これを留置権という。たとえば，パソコンを修理した家電店Aは，修理を依頼したBから修理代金の支払いを受けるまでは，パソコンを留置して引渡しを拒むことができる。すなわち，他人の物を占有している者が，弁済を受けるまで物を留置することによって，債務者の弁済を間接的に強制することのできる法定担保物権である。制度趣旨は当事者間の公平にある。

　留置権は，付従性，随伴性，不可分性を有するが，物上代位性は有しない。留置権は，優先弁済を受ける権利はないが，しかし，留置的効力により，事実上，優先弁済を受けることができる。

2 留置権の要件

　要件の第1は，留置権者が他人の物を占有していることである。他人の物とは，債務者自身の物に限定されない。債務者に引渡請求権があればよい。たとえば，Bがパソコンの所有者ではなくて，Cから賃借していた場合であっても，家電店AはBに対して留置権を主張しうる。目的物は動産でも不動産でもよい。

　要件の第2は，その物に関して生じた債権を有することである。目的物と債権との牽連性といわれる。牽連性の第1は，債権が物自体から生じた場合である。たとえば，物の瑕疵による損害賠償請求権である。第2は，債権が物の返還請求権と同一の法律関係または事実関係から生じた場合である。たとえば，パソコンの修理代金債権と返還請求権である。

　要件の第3は，債権が弁済期にあることである。そうでなければ債務者の期限の利益が奪われる結果を招来する。

　要件の第4は，占有が不法行為によって始まったものでないことである。

たとえば，他人のパソコンを盗んだ者がその物を修理した場合，その修理費用債権について留置権は成立しない。

3 留置権の効力

留置権者は，その債権の弁済を受けるまで，目的物を留置することができる。これを留置的効力という。留置とは，引渡しを拒否して，占有を継続することである。留置的効力は留置権の核心的効力である。パソコンの修理を依頼したBからのパソコン引渡請求に対して，修理した家電店Aが留置権を主張した場合，判決は引換給付判決となる。

留置権者は，債権の全部の弁済を受けるまでは，留置物の全部についてその権利を行使することができる（296条）。これを留置権の不可分性という。

留置権は物権であるから，留置権の目的物が第三者へ譲渡された場合でも，譲受人に対して留置権を対抗できる。その結果，第三者は留置権のついた所有権を取得することとなる。

留置権者は，善良な管理者の注意をもって，留置物を占有しなければならない。留置権者は，債務者の承諾を得なければ，留置物を使用し，賃貸し，又は担保に供することができない。留置権者がこれらに違反したときは，債務者は留置権の消滅を請求することができる。しかし，その物の保存に必要な使用をすることは，善管注意義務による行為として，債務者の承諾なくしてできる。たとえば，ペット犬の散歩である。

留置権者は留置物の使用はできないが，しかし，留置権者は，留置物から生ずる果実を収取し，他の債権者に先立って，これを自己の債権の弁済に充当することができる。果実は，まず債権の利息に充当する。その上でなお残余があるときは元本に充当する。

留置権者は目的物から優先弁済を受ける権利を有しない。しかし，民事執行法は，留置権に基づく競売権を認める（民事執行法195条）。

留置権者は，留置物について必要費を支出したときは，所有者にその償還をさせることができる。留置権者は，留置物について有益費を支出したときは，これによる価格の増加が現存する場合に限り，所有者の選択に従い，その支出した金額または増価額を償還させることができる。しかし，裁判所は，所有者の請求に基づき，その償還について相当の期限を許与することができ

る。

4　留置権の消滅

　留置権は物権の一般的消滅原因および担保物権の一般的消滅原因により消滅する。更に，民法は留置権について3つの消滅事由を規定している。

　第1は，消滅請求である。留置権者が善管注意義務に違反をした場合や，無断で使用し，賃貸し，または担保に供することをした場合の消滅請求による消滅である。第2は，代担保の提供である。債務者は，相当の担保を供して，留置権の消滅を請求することができる。第3は，占有の喪失である。留置権は，留置権者が留置物の占有を失うことによって消滅する（302条）。しかし，留置権者が，債務者の承諾を得て，留置物を賃貸しまたは質権の目的としたときは，留置権は消滅しない。以上に加えて，債務者の破産によっても，留置権は消滅する。

　留置権の行使は，債権の消滅時効の進行を妨げない（300条）。したがって，時効の中断は，別個に行う必要がある。

第2章　先取特権

1　先取特権の意義

先取特権者は，民法その他の法律の規定に従い，その債務者の財産について，他の債権者に先立って自己の債権の弁済を受ける権利を有する（303条）。この法定担保物権を先取特権という。すなわち，法律の定める特定の債権を有する者が，債務者の財産から優先弁済を受ける権利をいう。法律が債権者平等の原則を修正して一定の債権に対して優先弁済権を認める理由は，社会政策的配慮，公平の観念，当事者意思の推測等にある。

2　先取特権の種類

(1)　一般の先取特権

先取特権は，債務者の総財産を目的とする一般の先取特権と，債務者の特定の財産を目的とする特別の先取特権とがある。特別の先取特権は，特定の動産を目的とする動産の先取特権と，特定の不動産を目的とする不動産の先取特権とに分けられる。

一般の先取特権は，公示がないので，少額の債権に限定されている。一般の先取特権の被担保債権は4種類が規定されている（306条）。

第1は，共益費用の先取特権である。共益費用の先取特権は，各債権者の共同の利益のためにされた債務者の財産の保存，清算または配当に関する費用について存在する。たとえば，債権者が債権者代位権や債権者取消権によって債務者の財産を保全するために使った費用などである。その費用のうちすべての債権者に有益でなかったものについては，先取特権はその費用によって利益を受けた債権者に対してのみ存在する。

第2は，雇用関係の先取特権である。雇用関係の先取特権は，給料その他債務者と使用人との間の雇用関係に基づいて生じた債権について存在する。

第3は，葬式費用の先取特権である。葬式費用の先取特権は，債務者のためにされた葬式の費用の内の相当額について存在する。葬式の費用の先取特

権は，債務者がその扶養すべき親族のためにした葬式の費用の内の相当額についても存在する。

第4は，日用品供給の先取特権である。日用品供給の先取特権は，債務者またはその扶養すべき同居の親族および家事使用人の生活に必要な最後の6カ月間の飲食料品，燃料および電気の供給について存在する。

(2) 動産先取特権

一定の債権に関しては，債務者の特定の動産について，先取特権が認められる。動産先取特権において担保される債権は，目的動産との間で特別の関係が存在しており，そのために，その動産から優先弁済を受けさせるものである。債権の種類として8種類がある（311条）。

第1は，不動産賃貸の先取特権である。不動産賃貸の先取特権は，その不動産の賃料等の賃貸借関係から発生した賃借人の債務に関し，賃借人の動産について存在する。土地の賃貸人の先取特権は，その土地またはその利用のための建物に備え付けられた動産，その土地の利用に供された動産および賃借人が占有するその土地の天然果実について存在する。建物の賃貸人の先取特権は，賃借人がその建物に備え付けた動産について存在する。

賃借権の譲渡または転貸の場合には，賃貸人の先取特権は，譲受人または転借人の動産にも及ぶし，譲渡人または転貸人が受ける金銭にも及ぶ（314条）。賃借人が他人の動産を備え付けた場合も，備え付け当時賃貸人が賃借人の動産と信ずるについて過失がなければ，先取特権を即時取得する（319条）（内田『民法Ⅲ（第3版）』511頁）。たとえば，賃借人が友人から家具を借りてきて備え付けた場合である。

賃借人の財産のすべてを清算する場合には，賃貸人の先取特権は，前期，当期および次期の賃料等の債務並びに前期および当期に生じた損害賠償債務についてのみ存在する。「期」とは，賃料の支払いの単位を意味する。賃貸人は，敷金を受け取っている場合には，その敷金で弁済を受けない債権の部分についてのみ先取特権を有する。

第2は，旅館宿泊の先取特権である。旅館宿泊の先取特権は，宿泊客が負担すべき宿泊料および飲食料に関し，その旅館に在る宿泊客の手荷物について存在する。

第3は，運輸の先取特権である。運輸の先取特権は，旅客または荷物の運

送賃および付随費用に関し，運送人の占有する荷物について存在する。

第4は，動産保存の先取特権である。動産保存の先取特権は，動産の保存のために要した費用または動産に関する権利の保存，承認もしくは実行のために要した費用に関し，その動産について存在する。

第5は，動産売買の先取特権である。動産の売買の先取特権は，動産の代価およびその利息に関し，その動産について存在する。

第6は，種苗または肥料の供給の先取特権である。

第7は，農業労務の先取特権である。

第8は，工業労務の先取特権である。

(3) 不動産の先取特権

不動産の保存，不動産の工事，不動産の売買によって生じた債権を有する者は，債務者の特定の不動産について先取特権を有する（325条）。

不動産保存の先取特権は，不動産の保存のために要した費用または不動産に関する権利の保存，承認若しくは実行のために要した費用に関し，その不動産について存在する。

不動産工事の先取特権は，工事の設計，施工または監理をする者が債務者の不動産に関して行った工事の費用に関し，その不動産について存在する。不動産工事の先取特権は，工事によって発生した不動産の価格の増加が現存する場合に限り，その増価額についてのみ存在する。

不動産売買の先取特権は，不動産の代価およびその利息に関し，その不動産について存在する。

3　先取特権の順位

(1)　一般の先取特権の順位

同一の目的物の上に複数の先取特権が成立する場合がありうる。たとえば，債務者Aの総財産の上に，Bが共益費用の先取特権を有しており，Cが日用品供給の先取特権を有している場合である。民法は，債権保護の必要性の程度を勘案して，優先順位を規定している。

一般の先取特権が互いに競合する場合には，その優先権の順位は，共益費用，雇用関係，葬式費用，日用品供給の順序となる。一般の先取特権と特別の先取特権とが競合する場合には，特別の先取特権は一般の先取特権に優先

する。しかし，共益費用の先取特権は，その利益を受けたすべての債権者に対して優先する効力を有する。

(2) 動産の先取特権の順位

同一の動産について特別の先取特権が互いに競合する場合には，その優先権の順位は，次の順序となる。第1は，不動産の賃貸，旅館の宿泊および運輸の先取特権である。第2は，動産保存の先取特権である。第3は，動産の売買，種苗または肥料の供給，農業労務および工業労務の先取特権である。この場合において，動産保存の先取特権について数人の保存者があるときは，後の保存者が前の保存者に優先する。

以上の場合において，第1順位の先取特権者は，その債権取得の時において第2順位または第3順位の先取特権者があることを知っていたときは，これらの者に対して優先権を行使することができない。第1順位の先取特権者のために物を保存した者に対しても，同様とする。

果実に関しては，第1順位は農業労務者に，第2順位は種苗または肥料の供給者に，第3順位は土地の賃貸人に帰属する。

(3) 不動産の先取特権の順位

同一の不動産について特別の先取特権が互いに競合する場合には，その優先権の順位は，不動産の保存，不動産の工事，不動産の売買の順序となる。同一の不動産について売買が順次された場合には，売主相互間における不動産売買の先取特権の優先権の順位は，売買の前後により決定される。

(4) 同一順位の先取特権

同一の目的物について同一順位の先取特権者が数人あるときは，各先取特権者は，その債権額の割合に応じて弁済を受ける。

4　先取特権の効力

(1) 優先弁済権

先取特権の中心的な効力は，優先弁済権である。優先弁済権の行使は，先取特権者が目的物について，民事執行法に基づく方法により，競売を申し立てることによって行われる。競売が行われて目的物が換価されると，先取特権者は換価代金から優先弁済を受けることができる。

(2) 物上代位

先取特権は，目的物の売却，賃貸，滅失または損傷によって債務者が受けるべき金銭その他の物に対しても，行使することができる（304条）。物上代位によって，先取特権者が代位物の上に優先権を主張するためには，その払渡しまたは引渡しの前に差押えをしなければならない。

(3) 第三取得者との関係

一般の先取特権および動産の先取特権においては，債務者がその目的である動産を第三取得者に引き渡した後は，先取特権を行使することができない（333条）。これらの先取特権においては，動産上にそれが公示されていない。そのために，第三取得者を保護して動産取引の安全を図るのがその規定の目的である。第三取得者とは所有権取得者を意味する。引渡しには占有改定が含まれる。

(4) 一般の先取特権の特則

一般の先取特権は，不動産について登記をしなくても，特別担保を有しない債権者に対抗することができる。一般の先取特権は登記が困難であるからである。しかし，登記をした第三者に対しては，対抗することができない（336条）。

(5) 不動産の先取特権の特則

不動産保存の先取特権の効力を保存するためには，保存行為が完了した後直ちに登記をする必要がある。不動産工事の先取特権の効力を保存するためには，工事開始前にその費用の予算額を登記する必要がある。不動産売買の先取特権の効力を保存するためには，売買契約と同時に，不動産の代価または利息の弁済がされていない旨を登記する必要がある。

(6) 抵当権の規定の準用

先取特権の効力については，その性質に反しない限り，抵当権に関する規定が準用される（341条）。

第3章 質　権

1　質権の意義

質権者は，その債権の担保として債務者または第三者から受け取った物を占有し，その物について他の債権者に先立って自己の債権の弁済を受ける権利を有する（342条）。すなわち，質権とは，担保の目的物の占有を債権者に移転し，債権者は弁済があるまで目的物を留置して弁済を強制するとともに（留置的効力），弁済がない場合には目的物につき優先して弁済（優先弁済権）を受ける約定担保物権である。たとえば，資金を借りるときに，物を担保にしてこれを貸主に引渡し，貸主は貸金の返還を受けるまでは手もとに置いておき，返済がないときは競売にかけて換価し，そこから貸した資金を他の債権者に先立って回収する。

約定担保物権には，質権のほかに抵当権がある。質権は，目的物の占有を質権者に移転する点で抵当権とは異なる。その結果，債務者は目的物を使用できないこととなる。しかし，質権は，抵当権の目的になりえない財産を担保とすることができる。

2　質権の種類

質権は，譲り渡すことができない物をその目的とすることができない（343条）。質権の目的物は，譲渡性のない物・権利以外であればよい。質権の種類には，動産質権，不動産質権，権利質権がある。

3　質権の設定

質権の設定は，債権者にその目的物を引き渡すことによって，その効力を生ずる（344条）。

質権設定契約自体は合意で成立し，質権（物権）の効力は引渡しにかかっている（内田『民法Ⅲ（第3版）』489頁）。

質権者は，質権設定者に，自己に代わって質物の占有をさせることができ

ない（345条）。したがって，占有改定の方法によっては質権の設定を行うことができない。指図による占有移転によって引渡しをすることは認められる。

質権の対抗要件は，質権の種類に従って異なる。動産質権者は，継続して質物を占有しなければ，その質権をもって第三者に対抗することができない（352条）。不動産質権の対抗要件は，抵当権の規定が準用されるので，登記である。債権質権は，債権の類型によって，対抗要件が異なる。指名債権を質権の目的としたときは，指名債権譲渡の対抗要件の規定（467条）に従い，第三債務者に質権の設定を通知し，または第三債務者がこれを承諾しなければ，これをもって第三債務者その他の第三者に対抗することができない。第三債務者以外の第三者に対しては，確定日付ある証書による通知または承諾がなされなければならない。指図債権を質権の目的としたときは，その証書に質権の設定の裏書をしなければ，これをもって第三者に対抗することができない。

動産質権者は，質物を継続して占有しなければ，第三者に対抗できないのであり，動産質権者は，質物の占有を奪われたときは，占有回収の訴えによってのみ，その質物を回復することができる（353条）。したがって，占有の継続が，利害関係を持った第三者のみならず，無権利者をも含めたすべての第三者との関係で，質権の効力存続を主張する要件である（内田『民法Ⅲ（第3版）』492頁）。

同一の動産について数個の質権が設定されたときは，その質権の順位は，設定の前後による。

4　質権の効力

質権は，元本，利息，違約金，質権の実行の費用，質物の保存の費用および債務の不履行または質物の隠れた瑕疵によって生じた損害の賠償を担保する。しかし，設定行為に別段の定めがあるときは，この限りでない。質権の被担保債権の範囲は，抵当権に比較してきわめて広い。

質権は物上代位性を有する（350条が304条を準用）。たとえば，目的物が第三者によって毀損されたために質権設定者が損害賠償請求権を取得したような場合，これらに対して効力が及ぶ。

質権者は，被担保債権の弁済を受けるまでは，質物を留置することができ

る（347条）。動産質権においては，他の債権者は差押えができないので，結果として，優先弁済を得ることが可能になる。しかし，この権利は，留置権とは異なり，自己に対して優先権を有する債権者に対抗することができない。

　質権者は，目的物を留置している間は，善良な管理者の注意をもって，保管しなければならない。設定者の承諾なしに目的物を使用したり，賃貸したり，担保に供したりすることはできない。質権者がこの義務に違反したとき，質権設定者・債務者は，質権の消滅を請求できる。これは形成権である。質権者は，質権が消滅したとき，目的物を設定者に返還しなければならない。

　質権者は，その目的物について他の債権者に先立って，自己の債権の弁済を受ける権利を有する（342条）。優先弁済を受ける方法は，原則として，質権者が，民事執行法の手続に従って質物の競売による換価を行い，その代金から弁済を受けることである。さらに，動産質権者は，その債権の弁済を受けないときは，正当な理由がある場合に限り，鑑定人の評価に従い質物をもって直ちに弁済に充てることを裁判所に請求することができる。正当な理由がある場合とは，競売を行うと費用倒れになる場合等である。

　質権設定者は，設定行為または債務の弁済期前の契約において，質権者に弁済として質物の所有権を取得させ，その他法律に定める方法によらないで質物を処分させることを約することができない（349条）。すなわち，流質契約の禁止である。流質契約は，商行為による質権および営業質屋の質権については認められる。

5　転　質

　質権者は，その権利の存続期間内において，自己の責任で，質物について，転質をすることができる（348条）。転質とは，質物を受け取った債権者が，自分が融資を受けるために，保管している質物を，自分の債務のために質入することである。すなわち，転抵当と同様に，質権者が有している優先弁済権を再利用する制度である。設定者の承諾を経てなされる転質が承諾転質である。承諾を必要としない転質が責任転質である。348条は，判例・学説ともに，責任転質の規定と解する。実務上は責任転質はあまりない。

　責任転質の要件は次のようになる。第1は，転質権の被担保債権額が，原質権の被担保債権額を超過しないことである。第2は，転質権の存続期間は

原質権の存続期間内であること（348条）である。第3は，占有の移転その他質権設定の一般的要件をそなえることである（我妻『民法講義Ⅲ』150頁）。

　責任転質の効果に関しては，転質をしたことによって生じた損失については，不可抗力によるものであっても，その責任を負うことである。たとえば，質物が転質権者のもとで，滅失・毀損した場合である。

第4章 抵　当　権

1　抵当権の意義

　抵当権者は，債務者または第三者が占有を移転しないで債務の担保に供した不動産について，他の債権者に先立って自己の債権の弁済を受ける権利を有する（369条）。

　抵当権は，物的担保の中心であり，担保物の占有を抵当権者に移転する必要はなく，抵当権設定者の下にとどめておくことができる点が特徴である。

　抵当権は，目的物の交換価値によって優先弁済を受けることをその本体とする（我妻『民法講義Ⅲ』224頁）。したがって，目的物の使用収益権や処分権は，抵当権設定者に留保されている。抵当権者は，目的物の交換価値を把握するのみである。抵当権は，質権と同様に約定担保物権である。

　抵当権は，付従性・随伴性・不可分性（372条・296条）および物上代位性（372条・304条）などを有する。

2　抵当権の設定

　抵当権は，当事者間の契約によって設定される。この契約を抵当権設定契約という。質権と異なり，設定の合意のみでよい。契約当事者は債権者（抵当権者）と債務者（抵当権設定者）であるが，抵当権設定者は債務者以外の第三者でもよい。この第三者を物上保証人という。

　抵当権は物権であるから，登記をしなければ第三者に対抗できない（177条）。未登記抵当権は，第三者に対する対抗力はなく，優先弁済的効力は生じないが，競売権はある。

　抵当権の設定が認められるのは，民法上は，不動産，地上権および永小作権についてである。しかし，地上権および永小作権を抵当権の目的とすることはほとんどない。

3 被担保債権

抵当権の被担保債権は金銭債権であることが多い。金銭債権以外の債権は例外的である。被担保債権が無効なときは，抵当権は効力を生じない。

被担保債権の元本は当然に担保される。抵当権者は，利息その他の定期金を請求する権利を有するときは，その満期となった最後の2年分についてのみ，その抵当権を行使することができる（375条1項）。この規定は，抵当権者が債務の不履行によって生じた損害の賠償を請求する権利を有する場合におけるその最後の2年分についても適用される。しかし，利息その他の定期金と通算して2年分を超えることができない（375条2項）。

すなわち，抵当権の被担保債権の範囲は限定されている。その理由は，抵当権においては，後順位抵当権が設定される場合や，一般債権者によって差し押さえられる場合がありうるので，これらの者のために，既存の抵当権によって担保される債権額が想定を超過する額となることを防止する点にある（我妻『民法講義Ⅲ』247頁）。

4 抵当権の及ぶ目的物の範囲

抵当権は，抵当地の上に存する建物を除いて，その目的である不動産（抵当不動産）に付加して一体となっている物に及ぶ（370条）のが原則である。これを付加一体物という。

付合物は，不動産の構成部分になるので，抵当権が及ぶ。たとえば，土地に対する立木や敷石であり，建物に対する増築物である。

抵当権は，抵当権設定当時に存在した従物に及ぶ（最判昭和44年3月28日民集23巻3号699頁）。学説は，抵当権設定後の従物にも，反対特約がない限り，抵当権は及ぶとする。たとえば，土地に抵当権が設定されている場合の，その土地上の取り外しのできる庭石，建物に抵当権が設定されている場合の，その建物の物置，その建物内の畳，ふすま等である（裁判所職員総合研修所『新訂民法概説（3訂補訂版）』138頁）。

抵当権の効力は，従たる権利にも及ぶ。たとえば，債務者が，土地を賃借してその上に建物を所有している場合，建物に設定された抵当権の効力は，借地権にも及ぶ。

抵当権は，その担保する債権について不履行があったときは，その後に生じた抵当不動産の果実に及ぶ（371条）。果実とは天然果実と法定果実の両方を含む。

5 物上代位

抵当権は，目的物の交換価値を把握し，これを優先弁済に充てる権利である。したがって，目的物がその交換価値を具体化した場合には，抵当権はその具体化された交換価値の上に効力を及ぼす。これを担保物権の物上代位性といい，先取特権・質権にも認められる（我妻『民法講義Ⅲ』276頁）。

たとえば，抵当権の目的家屋が焼失して，設定者が保険会社に対して火災保険金請求権を取得したとき，抵当権はこの請求権の上にも及ぶ。抵当権による物上代位は，先取特権の物上代位に関する規定を準用する（372条）。

物上代位の目的物として，先取特権の規定は，目的物の売却，賃貸，滅失または損傷によって債務者が受けるべき金銭その他の物をあげる（304条1項本文）。たとえば，保険金，損害賠償金，土地収用の補償金・清算金などである。

物上代位権行使の要件は，代位物が設定者に払渡しされる前に，または引渡しされる前に，代位物に対する請求権を差し押さえることである。

6 抵当権の優先弁済的効力

抵当権者は，被担保債権について，目的物から優先弁済を受ける権利を有する（369条）。優先弁済権行使の方法としては，従来，担保不動産競売（民事執行法180条1号）のみが認められていた。しかし，平成15年改正により担保不動産収益執行（民事執行法180条2号）も認められた。

担保不動産競売は，抵当不動産を換価して，その代金から抵当権者が優先弁済を受ける手続きであり，抵当権の優先弁済権を実現する典型的な手続きである（内田『民法Ⅲ（第3版）』457頁）。担保不動産収益執行は，不動産から生ずる収益を被担保債権の弁済に充てる方法による不動産担保権の実行をいう。

抵当権者は，登記を有していれば，一般債権者に対して常に優先する。他の抵当権と競合するときは，順位は登記の前後により決定される。

7　法定地上権

　日本においては，土地と建物とが別個の不動産である。したがって，土地または建物のみに抵当権を設定することができる。そこで，民法は，土地およびその上に存する建物が同一の所有者に属する場合において，その土地または建物につき抵当権が設定され，その実行により所有者を異にするに至ったときは，その建物について，地上権が設定されたものとみなす（388条）。これを法定地上権という。法定地上権制度の目的は，利用権と抵当権の調整にある。

　たとえば，Bは土地と土地上の建物の双方を所有していたが，建物について債権者Aのために抵当権を設定したところ，抵当権が実行され，Cが建物を競落した場合に，CはBの土地上に地上権を有することとなる。

　法定地上権は，法律上当然に発生する。地代は，当事者間の協議が調わなければ，当事者の請求により，裁判所が定める。建物に抵当権が設定された場合に，法定地上権の及ぶ土地の範囲は，建物利用に必要な範囲である。

　法定地上権が成立するためには，次の要件が必要である。第1は，抵当権設定当時に土地の上に建物が存在することである。建物は，抵当権設定当時に存在していなければならないし，後に建物が再築された場合でも法定地上権は成立する。第2は，抵当権設定時に土地と建物が同一の所有者に帰属していることである。登記名義まで同一である必要はない。建物が未登記であったり，土地建物のいずれかが前主名義であってもかまわない。抵当権設定時に土地と建物が同一の所有者に帰属していれば，その後，土地建物の所有者が変わってもよい（内田『民法Ⅲ（第3版）』421頁）。第3は，土地または建物に抵当権が設定されたことである。第4は，競売が行われて，土地と建物の所有者が別異に至ることである。

8　第三取得者の地位

(1)　第三取得者の保護

　第三取得者とは，抵当不動産の所有権を取得した者をいう。第三取得者は，債務者が弁済を怠ることにより，いつ抵当権が実行され所有権を喪失するかわからないという不安定な立場に置かれる（内田『民法Ⅲ（第3版）』445頁）。

民法は第三取得者の所有権を保護するために，代価弁済と抵当権消滅請求の制度を規定している。

(2) 代価弁済

代価弁済は，抵当権者の主導の下に，第三取得者のために抵当権を消滅させる制度である。すなわち，抵当不動産について所有権または地上権を買い受けた第三者が，抵当権者の請求に応じてその抵当権者にその代価を弁済したときは，抵当権はその第三者のために消滅する（378条）。

(3) 抵当権消滅請求

抵当権消滅請求は，第三取得者の主導の下に，抵当権を消滅させる制度である。抵当不動産の第三取得者は，抵当権消滅請求の手続きの定めるところにより，抵当権消滅請求をすることができる（379条）。しかし，主たる債務者，保証人およびこれらの者の承継人は，抵当権消滅請求をすることができない。抵当不動産の停止条件付第三取得者は，その停止条件の成否が未定である間は，抵当権消滅請求をすることができない。

抵当不動産の第三取得者は，抵当権の実行としての競売開始決定による差押えの効力が発生する前に，抵当権消滅請求をしなければならない。

9 抵当権侵害に対する効力

抵当権は物権であるので，抵当権の内容が侵害されたときは，それの排除を求める物権的請求権が生じる。抵当不動産が侵害され抵当目的物の価値が減少するときは，物権的請求権としての妨害排除請求が認められる。たとえば，抵当山林の立木を伐採する場合である。しかし，目的物を第三者に用益させることは，抵当権の侵害には当たらない。

抵当権の侵害は，不法行為に基づく損害賠償請求を可能とする。しかし，抵当目的物が損傷されても，残存する価値が被担保債権額を担保するのになお十分である場合には，損害はなく不法行為は成立しない。

金融機関は，抵当権の侵害を想定して，増担保を請求できる旨の特約条項をおくことが多い。

10 抵当権の処分

抵当権の処分には，転抵当，抵当権の譲渡・放棄，抵当権の順位の譲渡・

放棄，抵当権の順位の変更がある。転抵当は抵当権者の投下資本の流動化の要請に応えるものである。抵当権の譲渡・放棄，抵当権の順位の譲渡・放棄，抵当権の順位の変更は，設定者の資金調達促進の要請に応えるものである（内田『民法Ⅲ（第3版）』450頁）。

　転抵当とは，抵当権を他の債権の担保とすることをいう（376条1項）。たとえば，原抵当権者AがBに対して1000万円の抵当権付債権を有する場合に，後にAが転抵当権者Cから800万円を借りて，この抵当権をもってその担保とすることである。AはBの承諾なくして転抵当を設定することが可能である。

　転抵当権の設定は不動産物権変動であるから，対抗要件として登記が必要である。その登記は付記登記による。転抵当権の設定は債務者Bの利害に影響を与えるので，指名債権譲渡の対抗要件の規定（467条）に従い，AからBへの通知またはBの承諾がなければCはBに転抵当権を対抗できない。転抵当権設定の通知または承諾がなされた後は，債務者Bが転抵当権者Cの承諾なしにAに弁済してもCに対抗できない。

　抵当権者は，同一の債務者に対する他の債権者の利益のために，その抵当権のみを譲渡・放棄することができる。抵当権者は，同一の債務者に対する他の債権者の利益のために，その順位のみを譲渡・放棄することができる。

　抵当権の順位は，各抵当権者の合意によって変更することができる。しかし，利害関係を有する者があるときは，その承諾を得なければならない。順位の変更は，その登記をしなければ，その効力を生じない（374条）。

11　共同抵当・根抵当

(1)　共同抵当

　債権者が同一の債権の担保として数個の不動産につき抵当権を有する場合を共同抵当という。たとえば，AがBに対して債権を有しており，その担保のために，Bの土地および土地上の建物に抵当権を取得した場合である。共同抵当では，それぞれの抵当権が同時に設定される必要はない。

　共同抵当において，同時にその代価を配当すべきときは，その各不動産の価額に応じて，その債権の負担を按分する。共同抵当において，ある不動産の代価のみを配当すべきときは，抵当権者は，その代価から債権の全部の弁

済を受けることができる。この場合において，次順位の抵当権者は，その弁済を受ける抵当権者が同時配当の規定に従い他の不動産の代価から弁済を受けるべき金額を限度として，その抵当権者に代位して抵当権を行使することができる（392条）。

(2) 根 抵 当

抵当権は，設定行為で定めるところにより，一定の範囲に属する不特定の債権を極度額の限度において担保するためにも設定することができる（398条の2）。これを根抵当権という。根抵当権の担保すべき不特定の債権の範囲は，債務者との特定の継続的取引契約によって生ずるものその他債務者との一定の種類の取引によって生ずるものに限定して，定めなければならない。根抵当権者は，確定した元本並びに利息その他の定期金および債務の不履行によって生じた損害の賠償の全部について，極度額を限度として，その根抵当権を行使することができる。

12 抵当権の消滅

抵当権は，物権に共通する消滅原因および担保物権に共通する消滅原因によって消滅する。抵当権に特有の消滅原因として，第三取得者が生じた場合は，代価弁済および抵当権消滅請求がある。

民法は，さらに，時効による消滅について規定する。抵当権は，債務者および抵当権設定者に対しては，その担保する債権と同時でなければ，時効によって消滅しない（396条）。これは，消滅における附従性を規定したものである。その趣旨は，債権が消滅時効にかからないのに，抵当権のみが消滅時効にかかるのを防止する点にある。

債務者または抵当権設定者でない者が抵当不動産について取得時効に必要な要件を具備する占有をしたときは，抵当権はこれによって消滅する（397条）。

第5章　非典型担保

1　非典型担保の意義

　民法は，担保物権として，留置権，先取特権，質権，抵当権の4つを規定している。しかし，これらの担保物権のみでは，今日の経済活動の要請に対応できない。

　そこで，実務は，新しい型の物的担保を生み出してきた。民法に規定のないこの担保権を非典型担保物権という。非典型担保物権の特徴は，目的物の所有権を債権者に帰属させる点にあり，譲渡担保，売渡担保，仮登記担保，所有権留保がある。

2　譲渡担保

　広義の譲渡担保とは，担保の目的となる財産を移転することによって信用授受の目的を達する制度をいう（我妻『民法講義Ⅲ』592頁）。広義の譲渡担保には，狭義の譲渡担保（以下では譲渡担保という）と売渡担保とがある。

　譲渡担保は，信用の授受を債権・債務の形式で存続させ，信用を与えた者がその返還を請求する権利を有し，信用を受けた者がこれに応じない場合に，目的物によって満足を得る（我妻『民法講義Ⅲ』592頁）。たとえば，AがBに対して融資を行い，BがAに対して担保として物の所有権を移転する場合である。

　譲渡担保の法律構成には，所有権的構成と担保的構成とがある。判例は，基本的には所有権的構成をとりつつも，担保の実質に即した処理をしている（内田『民法Ⅲ（第3版）』523頁）。なお，譲渡担保は虚偽表示ではない。

　譲渡担保の設定は，当事者間の譲渡担保設定契約による。目的物の使用収益に関しても，当事者間の契約による。多くの場合は，設定者が使用収益の権限を有する。

3　売渡担保

　売渡担保は，売買の形式によって信用の授受を行い，信用を与えた者は，代金の返還を請求する権利を有せず，ただ信用を受けた者がそれを返還して目的物を取り戻しうる（我妻『民法講義Ⅲ』592頁）。たとえば，AのBに対する融資により，BがAに対して担保となる物を売却し，一定期間内にBがAに対して返済すれば，所有権を取り戻しうると約束する場合である。

　売渡担保は，予め所有権を移転する型の非典型担保物権であり，経済的には譲渡担保と同じ機能を有するが，債権関係が残らない。売渡担保は，法的構成としては，もとの契約を解除する形をとるもの（買戻）と，再売買という形をとるもの（再売買一方の予約）がある（内田『民法Ⅲ（第3版）』547頁）。

4　仮登記担保

　仮登記担保とは，履行期に債務の弁済がされない場合に債務者の土地建物の所有権を債権者へ移転することを予約し，この権利を仮登記によって公示する方法による担保をいう。
多くは，代物弁済の予約または停止条件付代物弁済契約という形によるが，売買の予約という形によることもある（我妻他『民法1（第3版）』553頁）。

　譲渡担保は予め所有権を移転する形をとるが，仮登記担保は弁済がされない場合に所有権を移転する形をとる。

　債権者は，清算期間が経過した時の土地等の価額が債権額を超えるときは，債務者に対して清算金支払義務を負う。

5　所有権留保

　所有権留保とは，売主が買主へ目的物の引渡しを行い，代金が完済されるまで目的物の所有権を留保することをいう。所有権留保は，自動車等の割賦販売において利用されることが多い。たとえば，自動車販売店Aが顧客Bに対して代金200万円の自動車を販売するにあたり，支払方法を頭金50万円で毎月10万円ずつ15回払いとし，代金全額弁済までは所有権はAに留保されるとして，頭金支払いと引き換えにBへ自動車を引き渡す場合である。

第4編
債権総論

第1章　債権の目的

1　債権の意義

(1)　債権の内容

　物権とは人の物に対する権利である。債権とは人が人に対して一定の行為を請求する権利である。たとえば，買主が売主に対して目的物の引渡しを請求する権利は債権である。

　債権の目的とは，債権者が債務者に対して為すべきことを請求しうる債務者の行為（給付）をいう。「目的」といったり，「内容」といったりされる。すなわち，債務者がなすべき行為を給付という。物の引渡しを目的とするのが「与える債務」である。債務者の行為そのものを目的とするのが「なす債務」である。「なす債務」には，作為債務と不作為債務とがある。

　法律上保護される給付は，次の要件が必要である。第1は，給付の適法性である。第2は，給付の可能性である。第3は，給付の確定性である。債権は，金銭に見積もることができないものであっても，その目的とすることができる（399条）。債権の目的が金銭的価値のあることを必要としないというのは，債権の目的たる給付によって債権者の財産が増加することも，また債権の目的たる給付が金銭で購うことができるものであることも必要ではないという意味である。したがって，学問上の利益または精神上の利益も債権の目的とすることができる（三藤『債権総論・担保物権〔第1分冊〕』4頁）。

　しかし，債権の目的は無制限ではないのであり，債権の目的は法律の規定および善良の風俗に反することが許されないのはもちろん，当事者に法律上拘束されんとする意思のあることが必要である（三藤『債権総論・担保物権〔第1分冊〕』4頁）。

　債権は，契約，事務管理，不当利得，不法行為によって発生する。

(2)　特定物債権

　特定物とは，当事者がその物の個性に着目して，引渡しの対象と合意した物をいう。たとえば，不動産や絵画である。特定物の引渡を目的とする債権

を特定物債権という。

　債権の目的が特定物の引渡しであるときは，債務者はその引渡しをするまで，善良な管理者の注意をもってその物を保存する必要がある（400条）。善良な管理者の注意義務は，取引上要求される注意義務について，客観的な基準によって決定される。「善良な管理者の注意」は「自己の財産に対するのと同一の注意」より重い注意義務である。

　債権発生時から履行期までの間に目的物の状態に変化が生じても，債権の目的が特定物の引渡しであるときは，弁済をする者はその引渡しをすべき時点での現状でその物を引き渡せばよい。

(3) 種 類 債 権

　種類物とは，債権の目的物を種類と数量のみで指定することができるものをいう。種類債権とは，同種類の物の一定数量の引渡しが目的とされるものをいう。たとえば，白米1キロやビール1ダースである。債務者は，同じ種類の物であるならばどれを引き渡してもよい。

　債権の目的物を種類のみで指定した場合において，法律行為の性質または当事者の意思によってその品質を決定できないときは，債務者は中等の品質の物を給付しなければならない（401条）。中等の品質の物の給付義務を認める401条1項の規定は，有償契約の場合にのみ適用があり，無償行為の場合には同じ種類に属する物なら下等の物でもよい（三藤『債権総論・担保物権〔第1分冊〕』11頁）。

　種類物の売買は，ある時点に達すると，履行の目的物が確定される必要がある。これを種類債権の特定という。すなわち，債権の目的物を種類のみで指定した場合において，債務者が物の給付をするのに必要な行為を完了し，または債権者の同意を得てその給付すべき物を指定したときは，それ以降はその物を債権の目的物とする（401条2項）。

　しかし，特定により元来種類債権であったという性質が全く失われてしまうわけではない。債務者の変更権はその表れといいうる（三藤『債権総論・担保物権〔第1分冊〕』12頁）。

　目的物が特定すると，債務者は特定した物の引渡しが義務となる。そこから，次の効果が生まれる。第1は，善管注意義務である。債務者の保管義務は，特定物と同様に，善管注意義務となる。第2は，目的物が滅失した場合

の債務者の引渡義務の消滅である。第3は，危険負担の債務者から債権者への移転である。第4は，所有権の移転である。

種類債権には，制限種類債権がある。制限種類債権とは，種類物を給付すべき範囲に一定の制限が加えられている場合をいう。たとえば，特定の倉庫の中の小麦5袋という場合である。

(4) 金 銭 債 権

金銭債権とは，一定額の金銭の支払を目的とする債権をいう。「金銭債権は1つの種類債権，しかも種類債権のいわば究極である。金銭は全く個性を持たず単なる価値そのものであり，この点に，金銭債権が一般の種類債権と異なる法的規制を必要とする理由がある。」（三藤『債権総論・担保物権〔第1分冊〕』16頁）。

金銭債権の債務者は，その選択に従い，各種の通貨で弁済をすることができる。しかし，特定の種類の通貨の給付を債権の目的としたときは，この限りでない。債権の目的物である特定の種類の通貨が弁済期に強制通用力を失ったときは，債務者は他の通貨で弁済することができる。外国の通貨の給付を債権の目的とした場合も同様である。

金銭債権の特徴は，次の点にある。第1は，金銭債権は履行不能にはならない。金銭債権では，金銭の滅失は起こり得ないし，金銭の特定もないからである。第2は，金銭給付を目的とする債務不履行についての損害賠償に関しては，特別の規定がある。その損害賠償の額は，法定利率によって定められる。しかし，約定利率が法定利率を超えるときは，約定利率による。損害賠償については，債権者は損害の証明をする必要がない。債務者は不可抗力をもって抗弁とすることができない（419条）。第3は，金銭債権は額面を基準とする。

(5) 利 息 債 権

利息債権とは，利息の支払を目的とする債権である。利息とは，元本の使用料である。すなわち，金銭を借りて使用していることの対価として支払われるものである。

利息は，当事者の合意または法律の規定によって発生する。民法における原則は無利息であり，合意により利息が生じる（587条）。商人間において金銭の消費貸借をしたときは，貸主は当然に利息を請求できる（商法513条1項）。

利息を生ずべき債権について，別段の合意がないときは，その利率は年5分とする（404条）。商行為によって生じた債務に関しては，法定利率は年6分とする（商法514条）。当事者が利率の合意をしている場合は約定利率による。

　利息には，単利と複利（重利）とがある。単利とは，元来の元本に対してのみ利息が付けられるものである。複利とは，利息が元本へ組み入れられて元本の一部を構成し，これに利息を付けるものである。複利は，特約による場合，特約がなくても複利計算による場合，法律上認める場合，がある。たとえば，利息支払が1年分以上延滞した場合に，債権者が催告をしても債務者がその利息を支払わないときは，債権者はこれを元本に組み入れることができる（405条）。

　高い金利は債務者をして過酷な状況に陥れる。そこで，利息を規制するために，利息制限法・出資の受入れ，預り金及び金利等の取締りに関する法律（出資法）・貸金業法が制定されている。

　利息制限法は次のように規定する。金銭を目的とする消費貸借における利息の契約は，その利息が，次に定める利率により計算した金額を超えるときは，その超過部分について無効とする。元本の額が10万円未満の場合は年2割，元本の額が10万円以上100万円未満の場合は年1割8分，元本の額が100万円以上の場合は年1割5分である（利息制限1条）。利息の天引きをした場合に，天引額が債務者の受領額を元本として上に規定する利率により計算した金額を超えるときは，その超過部分は元本の支払に充てたものとみなす（利息制限2条）。以上の規定の適用については，金銭を目的とする消費貸借に関し債権者の受ける元本以外の金銭は，礼金，割引金，手数料，調査料その他いかなる名義をもってするかに関わりなく，利息とみなされる。しかし，契約の締結および債務の弁済の費用はこの限りでない（利息制限3条）。

　金銭を目的とする消費貸借上の債務の不履行による賠償額の予定は，その賠償額の元本に対する割合が上に規定する率（第1条）の1.46倍を超えるときは，その超過部分について無効とする。この規定の適用については，違約金は賠償額の予定とみなす（利息制限4条）。

　出資法は，刑罰を科して高金利の禁止を目的とするものである。出資法は，出資金の受入れの制限について次のように定める。何ぴとも，不特定かつ多

数の者に対し，後日出資の払戻しとして，出資金の全額もしくはこれを超える金額に相当する金銭を支払うべき旨を明示し，または暗黙のうちに示して，出資金の受入れをしてはならない（出資法1条）。出資法は，高金利の処罰について次のように定める。

金銭の貸付を行う者が，年109.5パーセントを超える割合による利息（債務の不履行について予定される賠償額を含む）の契約をしたときは，5年以下の懲役若しくは1000万円以下の罰金に処し，またはこれを併科する。当該割合を超える割合による利息を受領し，またはその支払いを要求した者も同様である。金銭の貸付けを行う者が業として金銭の貸付けを行う場合において，年20パーセントを超える割合による利息の契約をしたときは，5年以下の懲役もしくは1000万円以下の罰金に処し，またはこれを併科する。その貸付けに関し，当該割合を超える割合による利息を受領し，またはその支払いを要求した者も，同様である。金銭の貸付けを行う者が業として金銭の貸付けを行う場合において，年109.5パーセントを超える割合による利息の契約をしたときは，10年以下の懲役もしくは3000万円以下の罰金に処し，またはこれを併科する。その貸付けに関し，当該割合を超える割合による利息を受領し，またはその支払いを要求した者も同様である（出資法5条）。

貸金業法は，サラ金に関する問題に対処するために制定された。貸金業法は，次のように規定する。

貸金業を営む者が業として金銭を目的とする消費貸借の契約において，年109.5パーセントを超える割合による利息の契約をしたときは，当該消費貸借の契約は，無効とする（貸金業法42条1項）。すなわち，出資法に基づく刑事罰に加え，民事上も一切の利息の請求ができなくなるというサンクションを課すことにより違法な超高金利を禁圧しようとする趣旨である（内田『民法Ⅲ（第3版）』68頁）。貸金業者は登録が必要である。

(6) 選択債権

選択債権とは，数個の給付の中から選択によって定まるべき給付を目的とする債権である。種類債権との相違点は，目的物に個性がある点である。給付の性質が同じであってもよいし，また異なっていてもよい。たとえば，甲書か乙書かのどちらかを引き渡すのでもよいし，海外旅行か100万円かでもよい。選択は，選択債権に特有な制度である。種類債権についても選択とい

うことをいうが，本来の意味での選択は種類債権にはあり得ない（三藤『債権総論・担保物権〔第 1 分冊〕』31 頁）。

　債権の目的が数個の給付の中から選択によって定まるときは，その選択権は債務者に属する。債権が弁済期にある場合において，相手方から相当の期間を定めて催告をしても，選択権を有する当事者がその期間内に選択を行わないときは，選択権は相手方へ移転する。第三者が選択をすべき場合には，その選択は債権者または債務者に対する意思表示によって行う。第三者が選択をすることができず，または選択をする意思がないときは，選択権は債務者に移転する。

　選択権は相手方に対する意思表示によって行使する。この意思表示は，相手方の承諾を得なければ撤回できない。選択権は形成権である。選択は債権の発生時にさかのぼって効力を生ずる。

　債権の目的である給付の中に，当初から不能であるもの，または後に不能となったものがあるときは，債権はその残存部分について存在する。選択権のない当事者の過失によって給付が不能となったときは，選択権者は残存部分から選択してもよいし，また，不能となった給付を選択してもよい。

2　債権の目的に関する民法の規定の意義

　民法は債権の目的と題し，特定物債権，種類債権，金銭債権，利息債権，選択債権を規定している。民法は債権の目的の特定性・不特定性の見地より債権の目的を分類して規定したのだと思われる。この見地よりするとき，債権は程度の差をもって連なっており，いずれに属するか疑わしい場合が少なくない（三藤『債権総論・担保物権〔第 1 分冊〕』32 頁）。

第2章　債権の効力

1　債権の効力の概要

　債権は，請求力，給付保持力，訴求力，強制力（執行力）を持つ。請求力は，債権者が債務者に対して，任意の履行を請求しうる効力である。給付保持力は，債務者の履行により，債権者がそれを保持しうる効力である。訴求力は，債権者が判決手続において，債権の実現を求めうる効力である。強制力は，債権者が訴訟において勝訴したときに，その内容を強制執行で実現できる効力である（中田他『民法4』36頁）。

　債権の効力の中で，給付保持力はあるが訴求力がない債務のことを自然債務という。また，訴求力はあるが強制力（執行力）のない債権がある。たとえば，当事者が強制執行をしないと合意をした場合である。判決をもらうことはできるが，執行をすることはできない。金銭債権の場合，執行できないとは，債務者の一般財産が債務の引当になることがない，ということである。そのために，責任なき債務と称される（内田『民法Ⅲ第3版』115頁）。

　債権は債権発生の目的を達成したときに消滅する。そのためには，債務者の債務の履行が必要となる。債務者の債務の履行がなされない場合は，債権者は次のような手段を取りうる。第1は，現実的履行の強制である（414条）。第2は，損害賠償の請求である（415条）。第3は，契約の解除である（541条）。

2　現実的履行の強制

　通常は，債務者は自己の債務を任意に履行する。債務者が自己の債務を任意に履行しない場合において，債権者による自力救済は認められない。その場合，債権者は，国家機関の力によって，債権内容を強制的に実現させることができる。これを現実的履行の強制という。そこでの理念は，債権者の保護と債務者の人格の保護である。その方法は，民法414条および民事執行法に規定されている。現実的履行の強制には，3つの方法はある。

　第1は直接強制である（414条1項，民事執行法43条以下・168条以下）。直

接強制とは，国家機関の力によって，債務者の意思を考慮することなく，債権内容を実現する方法である。すなわち，債務者が任意に債務の履行をしないときは，債権者はその強制履行を裁判所に請求することができる。しかし，債務の性質がこれを許さないときはこの限りでない。物の引渡しを目的とする「与える債務」は直接強制による。つまり，裁判所が債務者から目的物を取り上げて，債権者へ引き渡す方法である。債務者がある行為をすることを内容とする「なす債務」または「なさざる債務」は，直接強制によることはできない。

　第2は代替執行である（414条2項，民事執行法171条）。債務者以外の者に債務内容を実現させ，その費用を債務者から取り立てる方法である。債務の性質が強制履行を許さない場合において，その債務が作為を目的とするときは，債権者は，債務者の費用で第三者にこれをさせることを裁判所に請求することができる。たとえば，庭の樹木を剪定してもらう場合である。

　第3は間接強制である（民事執行法172条）。債務者が履行しなければ，「1日につき一定額を支払え」として，債務者の履行を間接的に強制する方法である。従来，間接強制は直接強制が可能な場合は認められないとされてきた。平成15年の法改正により，直接強制が可能な場合においても，債権者の申立てにより，間接強制が認められるようになった（民事執行法173条）。

　すべての債務が以上の方法により強制できるとはいえない。どの方法による強制も適当ではない債務も存在する。謝罪広告に代替執行が認められるかに関しては，一定の範囲で強制履行が可能であるとし，代替執行が認められている（最大判昭和31年7月4日民集10巻7号785頁）。

3　債務不履行による損害賠償の要件

(1)　債務不履行

　債務不履行とは，債務者が債務の本旨に従った履行をしないことである。債務の本旨に従った履行をしないというのは，法律の規定や契約の内容等からみて適切な履行をしないことである。債務不履行には，履行遅滞，履行不能，不完全履行の3種類がある。

　債務者が本来の債務の履行をしないときは，債権者は現実的履行の強制が可能であるし，双務契約であるならば解除も可能である。しかし，債務の本

来の内容の履行を強制したとしても，また，契約を解除したとしても，それでもなお債権者は相手の不履行によって損害が発生していることがありうる（内田『民法Ⅲ（第3版）』125頁）。

　そこで，民法は債務不履行に起因する損害賠償に関して，415条以下で規定を置いている。すなわち，債務者がその債務の本旨に従った履行をしないときは，債権者はこれによって生じた損害の賠償を請求することができる。債務者の責めに帰すべき事由によって履行をすることができなくなったときも同様である（415条）。債務者に履行を強制できない場合には，債権者は損害賠償だけで満足しなければならない（三藤『債権総論・担保物権〔第1分冊〕119頁』）。

(2) 損害賠償の要件

　債務不履行による損害賠償の要件は次のとおりである。第1は，債務不履行の事実があることである。第2は，債務者に責めに帰すべき事由があることである。第3は，債務不履行と損害との因果関係の存在である。

(3) 債務不履行の事実

　履行遅滞とは，履行期において履行が可能であるのに，履行をしないで履行期を徒過することである。たとえば，絵画の売買契約をしたのに，約束の期日に引渡をしないような場合である。履行遅滞の要件の第1は，履行期に履行が可能なことである。履行が不可能である場合には履行不能となる。第2は，履行期を徒過したことである。いつから遅滞に陥るかについては，履行期の種類によって相違がある。債務の履行について確定期限があるときは，債務者はその期限の到来した時から遅滞の責任を負う。債務の履行について不確定期限があるときは，債務者はその期限の到来したことを知った時から遅滞の責任を負う。債務の履行について期限を定めなかったときは，債務者は履行の請求を受けた時から遅滞の責任を負う（412条）。第3は，債務者が同時履行の抗弁権や留置権を有しないことである。

　履行不能とは，履行が不可能となることである。どのような場合が履行不能かについては，社会通念によって決定される。たとえば，引き渡すべき絵画が火災で滅失した場合，目的物の取引が法律によって禁じられた場合，不動産が第三者へと二重譲渡されて登記された場合等である。

　不完全履行とは，債務の履行として形式的には履行されたが，それが完全

な履行ではないことをいう。一切の債務不履行は，履行遅滞・履行不能でなければすべて「不完全履行」のうちに含まれるかというと，そうではない。例えば，不作為義務違反はそのいずれにも該当しない（三藤『債権総論・担保物権〔第1分冊〕』127頁）。

(4) 責めに帰すべき事由（帰責事由）

民法は，履行不能については，「債務者の責めに帰すべき事由」を要件としているが，それ以外の債務不履行については要件としていない（415条）。しかし，判例・学説は，民法の過失責任主義を根拠に，履行不能以外の債務不履行についても債務者に帰責事由が在ることを要件としている。

帰責事由とは，債務者の故意・過失または信義則上これと同視すべき事由をいう。信義則上これと同視すべき事由とは，履行補助者の過失である。履行補助者とは，従業員や債務者の家族をいう。純粋に個人主義的に考えれば，債務者の責めに帰すべきか否かは，債務者自身について決定されるべきである。しかし，履行補助者の過失につき責任を負うのは，債務の履行につき補助者を使用し，それによって直接に債権者の利益と関係せしめるからである（三藤『債権総論・担保物権〔第1分冊〕』123頁）。

帰責事由に関する立証責任は，信義則上，債務者が負わされる。

(5) 損害発生と因果関係

債務不履行による損害賠償責任が発生する要件として，損害の発生が必要となる。損害は債務不履行によって生じたものであることが必要である。これを事実的因果関係という。

4 債務不履行による損害賠償の効果

(1) 損害賠償の態様

債務不履行による損害賠償は，債務不履行により債権者に生じた損害の賠償，すなわち債務の本旨にしたがった契約が履行されたならば生じたであろうところの財産状態に債権者をおくことである。従来，損害賠償の態様を遅延賠償と填補賠償に区分していた。遅延賠償とは，本来の給付が期限を過ぎてなされたために生じた損害の賠償であり，本来の給付とともに請求ができる。填補賠償とは，本来の給付に代る賠償であり，債権者はそれと並んで本来の給付を請求できない（三藤『債権総論・担保物権〔第1分冊〕』133頁）。

(2) 損害賠償の方法

損害賠償は，別段の意思表示がないときは，金銭をもってその額を定める（417条）。これを金銭賠償の原則という。

損害には，財産的損害と非財産的損害（精神的損害）とがある。精神的損害の賠償を慰謝料という。財産的損害は，積極的損害と消極的損害とがある。積極的損害とは，既存の利益が滅失したり減少したりすることである。たとえば，代わりの物を買うための支出である。消極的損害とは，債務不履行が発生しなければ得られたのに不履行のために得ることができなかった利益である（逸失利益）。たとえば，転売利益を得られなかったことである。非財産的損害については，不法行為と異なり規定がないが，認められる。（内田『民法Ⅲ（第3版）』152頁）。

損害賠償の範囲との関連で，履行利益と信頼利益とがある。履行利益（期待利益）の賠償とは，債務の本旨にしたがった契約が履行されていたならば債権者が得られたであろう利益の賠償である。信頼利益の賠償とは，契約を有効であると信じたことにより生じた損害の賠償である。

(3) 損害賠償の範囲

社会における因果関係は広範に連鎖しうるものであるから，1つの債務不履行を原因として生じる損害は想定外の範囲へと拡大する。そこで，事実的因果関係のある損害を賠償の対象と考えるならば，損害は無限に発生することとなる。そのために，損害賠償の範囲を確定する必要がある。

従来の通説は，賠償すべき損害の範囲は，債務不履行と相当因果関係に立つすべての損害であるとする。相当因果関係に立つ損害とは，当該の債務不履行によって現実に生じた損害のうち，その場合に特有な損害を除き，そのような債務不履行があれば一般に生ずるであろうと認められる損害だけをいう。民法416条は，損害賠償の範囲を定めており，その内容は相当因果関係の範囲と合致する。すなわち，民法416条第1項は相当因果関係の原則を立言し，第2項はその基礎とすべき特別の事情の範囲を示すものである（我妻『民法講義Ⅳ』120頁）。

債務の不履行に対する損害賠償の請求は，これによって通常生ずべき損害の賠償をさせることをその目的とする（416条第1項）。特別の事情によって生じた損害であっても，当事者がその事情を予見し，または予見することが

できたときは，債権者は，その賠償を請求することができる（416条第2項）。

　通常損害は，その種の債務不履行があれば，通常発生すると一般に考えられる損害である。特別損害は，特別の事情によって生じた損害である。たとえば，買主が有利な転売契約を締結していたが，売主が目的物を引き渡さなかったために，転売契約を履行できなかった場合に，転売契約の存在が特別の事情となる。

　特別損害における予見可能性に関して，予見する主体の「当事者」は債務者である。予見可能性を判断する時期は，債務不履行の時を標準とする。特別の事情を債務者が予見しまたは予見しうべきであったことは，債権者が立証の責任を負う。

　損害賠償額算定の基準時については，判例は次の基準による。履行不能に関する基準は5つある。第1に，原則は履行不能時の時価である。第2に，債務者が履行不能時において物価騰貴について予見可能性があれば，債権者は騰貴した価格で請求できる。第3に，債権者が騰貴前に目的物を処分したであろうと予想された場合は除外される。第4に，中間最高価格を基準としうるのは，債権者が転売等により騰貴利益を確実に取得したと予想できることが必要である。第5に，価格がなお騰貴している場合は，債権者が現在において処分するであろうと予想されたことは必要ない（大連判大正15年5月22日民集5巻386頁）。

　履行遅滞については，債権者が解除をした場合は，解除時の時価が基準になる（中田他『民法4』84頁）。

　実務上は，民事訴訟法248条が重要である。すなわち，損害が生じたことが認められる場合において，損害の性質上その額を立証することが極めて困難であるときは，裁判所は，口頭弁論の全趣旨及び証拠調べの結果に基づき，相当な損害額を認定することができる。

(4) 損害賠償額の減額調整

　債務の不履行に関して債権者に過失があったときは，裁判所はこれを考慮して，損害賠償の責任およびその額を定める（418条）。これを過失相殺という。

　債務不履行において，債権者が損害と同時に利益を得た場合は，債権者の利益分は賠償額から控除される。これを損益相殺という。

(5) 損害賠償に関する特則

　金銭債務については，履行不能が生じない。したがって，損害賠償の要件について例外が規定されている。金銭債務の不履行についての損害賠償については，債権者は損害の証明をすることを要しない。債務者は不可抗力をもって抗弁とすることができない。損害賠償額は法定利率によって定められる。しかし，約定利率が法定利率を超えるときは約定利率による（419条）。

　当事者は債務の不履行について損害賠償の額を予定することができる。たとえば，「商品納入について，1日遅れるごとに10万円を支払う」と約定する場合である。この場合，裁判所はその額を増減することができない。賠償額の予定は，履行の請求または解除権の行使を妨げない。違約金は賠償額の予定と推定する（420条）。

　債権者が，損害賠償として，その債権の目的物または権利の価額の全部の支払を受けたときは，債務者はその物または権利について当然に債権者に代位する。債権者が二重に利得を取得することを防止するのが目的である。

5　受領遅滞

　債務の履行においては，債権者の受領を必要とする場合が多い。そこで，民法は受領遅滞という制度を規定した。すなわち，債権者が債務の履行を受けることを拒み，または受けることができないときは，その債権者は，履行の提供があった時から遅滞の責任を負う（413条）。

　民法は，受領遅滞の効果として，債権者が遅滞の責任を負うと規定するのみである。学説は，法定責任説と債務不履行説とがある。法定責任説が判例である。以下において，受領遅滞の要件効果を法定責任説により検討する。

　受領遅滞の要件は，客観的要件と主観的要件とに分けて考えることができる。客観的要件の第1は，履行（弁済）の提供があったことである。第2は，債権者が履行の受領を拒んだこと（受領拒絶），または，受領不能であることである。主観的要件として，帰責事由は不要である。

　受領遅滞の効果は次の通りである。

　第1に，債務不履行責任が生じない。第2に，双務契約において，債権者の同時履行の抗弁権がなくなる。第3に，債務者は目的物引渡しについて注意義務が軽減される。第4に，債務者は増加した保管費用を債権者へ請求し

うる。第5に，債権者へ危険が移転する。第6に，債務者は供託による免責を得ることができる（内田『民法Ⅲ（第3版）』99頁）。

6　債務者の責任財産の保全

(1) 責任財産の意義

　債務者が金銭債務を履行しない場合には，一般債権者は訴えを提起し，勝訴の確定判決を得ることができる。これが債務名義となり，債務者の財産に対して強制執行を行って，債権を回収する。民事執行法はその手続を規定している。

　強制執行の引当てになる債務者の財産を責任財産という。担保に供せられた以外の責任財産はすべての債権者のための引当てであるから，責任財産の総額が債務の総額に対して不足するときは，債権者平等の原則により，一般債権者は個々の債権額に按分比例して弁済を受けることができるのみである。したがって，一般債権者にとって，責任財産が確実に存在し，減少しないことが必要である。すなわち，責任財産の保全が不可欠となる。

　民法は，債務者の責任財産を保全する制度を，2種類規定した。第1は，債権者代位権である。第2は，債権者取消権である。

(2) 債権者代位権

　債権者は，自己の債権を保全するため，債務者に属する権利を行使することができる。しかし，債務者の一身に専属する権利は，行使することができない。債権者は，その債権の期限が到来しない間は，裁判上の代位によらなければ，その権利を行使することができない。しかし，保存行為は，行使することができる（423条）。

　債権者代位権とは，債務者が自己の財産権を行使しない場合に，債権者が自己の債権を保全する目的で，債務者に代わって，債務者の権利を行使して債務者の責任財産を維持する制度である。たとえば，債権者Aは，債務者Bに代わって，Bの債務者Cに対する代金債権を取立てることができる。

　債権者代位権の要件は次の通りである。第1は，債権者が自己の債権を保全する必要性があることである。当初の判例は，債権保全の必要があるとは，債務者の総財産がすべての債権者の債権を充足させるのに不十分であることとしていた。すなわち，債務者の無資力を意味すると理解された。しかし，

その後，判例は債権者のある特定の債権を保全するためにおいても認められるとし，その場合には資力の有無に関係なく代位権の行使が許されるとした。第2は，債務者が自らその権利を行使しないことである。第3は，履行期の到来である。債権者代位権は強制執行の準備をその目的としているために，代位権者の債権は強制執行が可能な弁済期に達していることが原則として必要である。第4は，債務者の一身に専属する権利は代位行使の客体とはならない。ここでの一身専属性は，行使上の一身専属性であって，帰属上の一身専属性ではない。

債権者代位権は，裁判上でも裁判外でも行使できる。しかし，債権者は債権の期限が到来しない間は，裁判上の代位によらなければ権利行使できない。代位権の行使は，債権の保全に必要な範囲内に限られる。

債権者代位権は，他の目的のために転用されることがある。判例は債務者の資力の有無に関わりなく次の事案において代位行使を認めた。土地がAからBへ，BからCへと譲渡されたにもかかわらず，登記が依然としてAのところにある場合に，CがBに対する登記請求権を保全する目的で，BのAに対する登記請求権を代位行使した事例である。また，指名債権がAからBへ，BからCへと譲渡された場合において，CがBのAに対する債権譲渡の通知請求権を代位行使した事例である。さらに，賃借土地の不法占拠者Aに対し，賃借人Cが土地所有者Bに代位してBの土地明渡請求権を代位行使した事例である。

債権者代位権行使の効果は次の点にある。第1は，債務者が債権者から代位権行使について通知を受けたときは，債務者はそれ以後これを妨げる処分行為をなしえない。第2は，債権者代位権が行使されると，効果は直接に債務者に帰属する。

(3) 債権者取消権

債権者は，債務者が債権者を害することを知ってした法律行為の取消しを裁判所に請求することができる（424条）。これを債権者取消権といい，強制執行を行う準備のために責任財産を保全するための制度である。たとえば，債務者Bが自己の唯一の財産である不動産をCへ無償で贈与したために無資力となった場合に，債権者Aはこの贈与が債権者を害する行為であるとして取り消すことにより，債務者Bの責任財産の減少を回復することがで

きる。債権者取消権の法的性質については，形成権説，請求権説，折衷説（通説・判例）等がある。

債権者取消権の要件は，債権者側の要件と債務者側の要件とに分けられる（内田『民法Ⅲ（第3版）』302頁）。債権者側の要件の第1は，被保全債権の種類である。債権者取消権の制度趣旨は債務者の責任財産の保全であるので，本来は金銭債権が予定されている。しかし，判例は，特定物債権を被保全債権とする債権者取消権の行使を認める。要件の第2は，債権者取消権によって保全される債権は詐害行為以前に取得された債権である必要がある。要件の第3は，履行期である。判例・通説は，被保全債権は履行期の到来は不要であるとする。

債務者側の要件は，客観的要件である詐害行為および主観的要件である詐害の意思が必要である。客観的要件は，債務者が債権者を害する法律行為をしたことである。債務者が債権者を害するとは，債務者の一般財産が減少して無資力になることである。資力が以前に比較して不足する場合も含まれる。債権者取消権は，財産権を目的としない法律行為については適用しない。たとえば，婚姻・養子縁組・離婚といった家族法上の行為である。したがって，これらの行為が原因で債務者の財産状態を悪化させた場合でも，取消しの目的とはならない。

主観的要件である詐害の意思とは，債務者が債権者を害することを知っていることである。すなわち，債務者の行為が総債権者に対する弁済のための資力に不足をきたすことを知っていることである。

判例は，詐害行為の成立の可否に関して，客観的要件と主観的要件とを相関的に考慮して判断する。すなわち，一部の債権者への弁済は，原則として詐害行為とはならないが，特定の債権者との通謀が存在する場合は詐害行為となる。不動産の売却は詐害行為になりうる。代物弁済は詐害行為となる。担保権の設定は詐害行為となりうる。平成16年改正破産法は，弁済・担保供与・相当価格での不動産の売却について，明確な判断基準を提示した。

債権者は，債務者が債権者を害することを知ってした法律行為の取消しを裁判所に請求することができるが，しかし，その行為によって利益を受けた者または転得者がその行為または転得の時において債権者を害すべき事実を知らなかったときは，取消しを裁判所に請求できない（424条1項但書）。

債権者取消権の行使は裁判所に請求してこれを行う。すなわち，債権者取消権は訴えによって行使されなければならない。抗弁によって行使することはできない。債権者取消権は反訴で行使することができる。債権者取消権は，債権者が取消しの原因を知った時から2年間行使しないときは，時効によって消滅する。詐害行為の時から20年を経過したときも消滅する。20年は除斥期間と解されている。

　債権者取消権の行使は，すべての債権者の利益のためにその効力を生ずる（425条）。取り戻された財産は，債務者の責任財産として回復され，総債権者の共同担保となる。取消債権者は，自己に引き渡された財産に対して優先権を持たない（遠藤他『民法(4)（第4版増補補訂版）』124頁）。動産や金銭の場合には，取消債権者への引渡しを請求できる。不動産の場合には，取消債権者は自己に登記せよと請求できない。

　取消権行使の範囲に関しては，原則として，取消債権者の債権額を限度として認められる。不動産のように不可分の場合は，全部の取消しを認める。

第3章 多数当事者の債権債務関係

1 多数当事者の債権債務関係の意義

多数当事者の債権債務関係とは，1つの債権・債務の当事者として複数人が存在する場合をいう。民法典は，分割債権・債務，不可分債権・債務，連帯債務の3種類を規定している。これら以外に，理論上，不真正連帯債務という概念も存在する（内田『民法Ⅲ（第3版）』367頁）。

2 分割債権・債務

複数の債権者または債務者がある場合において，別段の意思表示がないときは，各債権者または各債務者は，それぞれ等しい割合で権利を有しまたは義務を負う（427条）。このような債権・債務を分割債権・分割債務という。しかし，給付が分割できない場合，法律の規定がある場合，別段の意思表示のある場合は，分割債権・分割債務とはならない。

金銭債権を共同相続した場合は，法定相続分に従い各相続人に帰属する。金銭債務その他の可分債務を相続した場合は，共同相続人は法定相続分の割合に従い債務を負担する。代金債務や借金債務は，原則として，分割債務となる。

分割債権・債務が成立する場合は，各債権者または債務者は，分割された債権を有し，債務を負う。つまり，各債権・債務は独立したものとなる。1人の債権者または債務者について生じた事由は相対的効力しか有しないために，他の債権者または債務者に影響を与えない。したがって，債務者A・B・Cが債権者Dに対し各1000万円ずつの分割債務を負担する場合に，Aの履行遅滞，DのAに対する債務免除，Aの債務の時効完成による消滅は，B・Cの債務に影響を与えない。

3 不可分債権・債務

債権の目的がその性質上または当事者の意思表示によって不可分である場

合において，数人の債権者があるときは，各債権者はすべての債権者のために履行を請求し，債務者はすべての債権者のために各債権者に対して履行をすることができる（428条）。これを不可分債権という。すなわち，不可分の目的物の給付を請求する債権が複数の者によって所有されている場合である。たとえば，A・B・Cが共同してDから一艇のヨットを購入した場合，買主の1人は売主Dに対して，ヨットの引渡しを単独で請求できる。

しかし，不可分債権者の1人と債務者との間に更改または免除があった場合においても，他の不可分債権者は債務の全部の履行を請求することができる。この場合，その1人の不可分債権者がその権利を失わなければ分与される利益を債務者に償還しなければならない（429条1項）。429条1項に規定する場合のほか，不可分債権者の1人の行為または1人について生じた事由は，他の不可分債権者に影響しない（429条2項）。

不可分の目的物を給付する債務が複数の者によって負担される場合を不可分債務という。不可分債権の規定および連帯債務の規定（434条から440条までの規定を除く）は，数人が不可分債務を負担する場合について準用される（430条）。債権者は債務者の1人に対して全部の履行を請求することができる。A・B・Cが共有する一艇のヨットをDへ売却した場合，買主DはA・B・Cの1人に対して履行を請求できる。

不可分債権・債務は，性質上の不可分債権・債務，および，意思表示による不可分債権・債務がある（428条）。性質上の不可分債務は，共有物の引渡債務や共同賃借人の賃料債務である。

不可分債権が可分債権となったときは，各債権者は自己が権利を有する部分についてのみ履行を請求することができ，不可分債務が可分債務となったときは，各債務者はその負担部分についてのみ履行の責任を負う。

4 連帯債務

(1) 連帯債務の意義

連帯債務とは，数人の債務者が，同一内容の給付に関して，各自が独立して全部の給付をなすべき債務を負い，しかもそのうちの1人の給付があれば他の債務者も債務を免れる多数当事者の債務をいう（我妻『民法講義Ⅳ』401頁）。たとえば，A・B・Cが共同して起業するため資金をDから借りたときに，

その資金の返済につきA・B・Cが連帯債務者となることをDと約束すると，A・B・CはDに対して資金全額の返済に関して連帯債務を負うこととなる。

(2) 連帯債務の性質

連帯債務は，各自独立して全部給付の債務を負うために，債務者の数に応じた独立した債務である。同時に，連帯債務は債務者間に結合関係が存在する。結合関係のない場合が不真正連帯債務である。

連帯債務は，債権の担保または債権の効力の強化がその機能である。連帯債務は，意思表示または法律の規定によって成立する。連帯債務であるか否か不明な場合，判例は容易に連帯債務を推定しない。

(3) 連帯債務の効力

数人が連帯債務を負担するときは，債権者は，その連帯債務者の1人に対し，または同時にもしくは順次にすべての連帯債務者に対し，全部または一部の履行を請求することができる（432条）。保証債務との相違点は，誰かの債務に対する従たる債務ではないということで，附従性・随伴性・補充性はない（内田『民法Ⅲ（第3版）』372頁）。したがって，連帯債務者の1人について法律行為の無効または取消しの原因があっても，他の連帯債務者の債務は，その効力を妨げられない（433条）。

連帯債務の原則は，連帯債務者の1人について生じた事由は，他の連帯債務者に対してその効力を生じない（440条）。これを相対的効力という。しかし，例外があり，これを絶対的効力という。

絶対的効力事由の第1は，弁済，代物弁済，供託であり，これらは債権者へ満足を与えるために，他の債務者に対しても効力を生ずる。第2は，債権者に有利なものとして履行の請求がある。連帯債務者の1人に対する履行の請求は，他の連帯債務者に対しても効力を生ずる。第3は，債権者に不利なもので，債権全部に影響するものとして，更改と混同がある。連帯債務者の1人と債権者との間に更改があったときは，債権はすべての連帯債務者の利益のために消滅する。連帯債務者の1人と債権者との間に混同があったときは，その連帯債務者は弁済をしたものとみなす。第4は，債権者に不利なもので，負担部分に影響するものとして，相殺，免除，時効がある。連帯債務者の1人が債権者に対して債権を有する場合において，その連帯債務者が相殺を援用したときは，債権はすべての連帯債務者の利益のために消滅する。

この債権を有する連帯債務者が相殺を援用しない間は，その連帯債務者の負担部分についてのみ他の連帯債務者が相殺を援用することができる。連帯債務者の1人に対してした債務の免除は，その連帯債務者の負担部分についてのみ，他の連帯債務者の利益のためにもその効力を生ずる。連帯債務者の1人のために時効が完成したときは，その連帯債務者の負担部分については，他の連帯債務者も義務を免れる。

(4) 連帯債務者相互の求償関係

連帯債務者の1人が弁済をし，その他自己の財産をもって共同の免責を得たときは，その連帯債務者は，他の連帯債務者に対して各自の負担部分について求償権を有する（442条1項）。負担部分とは，内部関係において分担し合う債務の割合をいう。共同の免責を得るとは，総債務を消滅または減少させることを意味する。

求償権の範囲は，弁済その他免責があった日以後の法定利息および避けることができなかった費用その他の損害の賠償を包含する。

連帯債務者の1人が債権者から履行の請求を受けたことを他の連帯債務者に通知しないで弁済をし，その他自己の財産をもって共同の免責を得た場合において，他の連帯債務者は，債権者に対抗することができる事由を有していたときは，その負担部分について，その事由をもってその免責を得た連帯債務者に対抗することができる。この場合に，相殺をもってその免責を得た連帯債務者に対抗したときは，過失のある連帯債務者は，債権者に対し，相殺によって消滅すべきであった債務の履行を請求することができる。連帯債務者の1人が弁済をし，その他自己の財産をもって共同の免責を得たことを他の連帯債務者に通知することを怠ったため，他の連帯債務者が善意で弁済をし，その他有償の行為をもって免責を得たときは，その免責を得た連帯債務者は，自己の弁済その他免責のためにした行為を有効であったものとみなすことができる。

連帯債務者の中に償還をする資力のない者があるときは，その償還をすることができない部分は，求償者および他の資力のある者の間で，各自の負担部分に応じて分割して負担する。しかし，求償者に過失があるときは，他の連帯債務者に対して分担を請求することができない。たとえば，Aが600万円を債権者に対して弁済し，BおよびCに対して各200万円を求償したが，

Cが無資力であった。この場合，その負担部分200万円に関しては，AとBとが各自の負担部分に応じて各100万円ずつを負担する。しかし，AがCに求償できなくなった原因が，求償者Aの過失に起因するときは，AはBに分担を請求できない。

連帯債務者の1人が連帯の免除を得た場合において，他の連帯債務者の中に弁済をする資力のない者があるときは，債権者は，その資力のない者が弁済をすることができない部分のうち連帯の免除を得た者が負担すべき部分を負担する。

(5) 不真正連帯債務

数人の債務者が同一内容の債務を負う場合に，数人が同一の損害を各々の立場で填補すべき義務を負担する場合を不真正連帯債務と呼ぶ。たとえば，被用者の加害行為についての被用者自身の損害賠償債務と使用者の損害賠償債務，責任無能力者の監督義務者の損害賠償債務と監督義務者に代わって責任無能力者を監督する者の損害賠償債務，共同不法行為者の損害賠償債務である。

5 保証債務

(1) 保証債務の意義

保証人は，主たる債務者がその債務を履行しないときに，その履行をする責任を負う（446条）。これを保証という。主たる債務とは，保証人によって保証される他人の債務をいう。保証人の債務を保証債務という。保証債務の内容は主たる債務と同一である。

保証は担保としての機能を有するので，次の性質を持つ。第1に，保証債務と主たる債務とは別個の債務である。第2に，保証債務は主たる債務に対して附従性を有している。成立における附従性，内容における附従性，消滅における附従性がある。第3に，保証債務は主たる債務に対して随伴性を有している。第4に，保証債務は主たる債務に対して原則として補充性を有している。補充性の現れとして，催告の抗弁権と検索の抗弁権とが規定されている。

(2) 保証債務の成立

保証債務は，保証人と債権者との間で締結される保証契約によって成立す

る。保証契約は，書面でしなければ，その効力を生じない。

保証人となるには，保証契約を締結する能力を有していればよい。しかし，債務者が，法律によってまたは契約によって，保証人を立てる義務を負う場合には，その保証人は行為能力者であること，および弁済をする資力を有すること，という2要件を具備しなければならない。保証人が資力要件を欠くに至ったときは，債権者は前記2要件を具備する者をもってこれに代えることを請求することができる。債権者が保証人を指名した場合には適用されない。債務者は，前記2要件を具備する保証人を立てることができないときは，他の担保を提供してこれに代えることができる。

保証債務は主たる債務に対して附従性を有しているために，主たる債務が不成立または消滅しているときは，保証債務は効力を有しない。行為能力の制限によって取り消すことができる債務を保証した者は，保証契約の時においてその取消しの原因を知っていたときは，主たる債務の不履行の場合またはその債務の取消しの場合においてこれと同一の目的を有する独立の債務を負担したものと推定される。

(3) 保証債務の効力

主たる債務が履行されないときは，債権者は保証人に対して保証債務の履行を請求しうる。保証債務の内容は，主たる債務と同一である。保証人の負担が債務の目的または態様において主たる債務より重いときは，これを主たる債務の限度に減縮する。

保証債務は，主たる債務を補充するものであるから，保証人は債権者からの請求に対して抗弁権が認められている。第1は，催告の抗弁権である。債権者が保証人に債務の履行を請求したときは，保証人はまず主たる債務者に催告をすべき旨を請求することができる。しかし，主たる債務者が破産手続開始の決定を受けたとき，またはその行方が知れないときは，この限りでない（452条）。第2は，検索の抗弁権である。催告の抗弁権の規定に従い，債権者が主たる債務者に催告をした後であっても，保証人が主たる債務者に弁済をする資力があり，かつ，執行が容易であることを証明したときは，債権者はまず主たる債務者の財産について執行をしなければならない（453条）。これらの抗弁権は，裁判外でも行使しうる。

催告の抗弁権または検索の抗弁権の規定により保証人の請求または証明が

あったにもかかわらず，債権者が催告または執行をすることを懈怠したために主たる債務者から全部の弁済を得られなかったときは，保証人は債権者が直ちに催告または執行をすれば弁済を得ることができた限度においてその義務を免れる。

保証人は，主たる債務者の債権による相殺をもって債権者に対抗することができる（457条2項）。

主たる債務者に関して生じた事由の効力は，原則として保証人に及ぶ。主たる債務者に対する履行の請求その他の事由による時効の中断は，保証人に対しても効力を生ずる（457条1項）。主たる債務者が債権者に対して債務の承認を行った場合は，保証債務にも時効中断の効果が及ぶこととなる。

それとは反対に，保証人に生じた事由は，主たる債務者に影響することはない。

(4) 保証人の求償権

保証人は主たる債務者に代わって債務を弁済するものである。したがって，保証人が弁済した場合は，保証人は主たる債務者に対して弁済額の全額を求償しうる。保証人の求償権については，委任事務処理の費用（650条）と事務管理の費用（702条）の規定を用いて対処することができる。しかし，民法は保証人の類型に対応して詳細な規定を置いた。

主たる債務者から委託を受けて保証人になったときは，完全に求償しうる。主たる債務者から委託を受けないで保証人になったときは，弁済した当時，主たる債務者が利益を受けた限度で求償できる。主たる債務者の意思に反して保証人になったときは，主たる債務者が求償の時点で利益を受けている限度でのみ求償しうる（内田『民法Ⅲ（第3版）』355頁）。

委託を受けた保証人に関しては，一定の場合には求償権の事前行使が可能である（460条）。

(5) 連帯保証など

保証人は，主たる債務者と連帯して債務を負担したときは，催告の抗弁権および検索の抗弁権を有しない（454条）。すなわち，補充性に欠けるものである。これを連帯保証という。

法律実務においては，連帯保証債務であるのが通例であって，単純な保証債務はむしろ稀といえる（裁判所職員総合研修所『新訂民法概説（3訂補訂版）』

204頁）。

　保証人が2人以上いる場合が共同保証である。一定期間に継続的に発生する不特定の債務を担保する保証が根保証または継続的保証である。

第 4 章　債 権 譲 渡

1　債権譲渡の意義

　債権譲渡とは，債権の内容を変えないで契約によって債権を移転させることをいう。たとえば，AはBに対して1000万円の債権を有しているが，A自身が資金を必要とすることとなったために，AがBに対する1000万円の債権をCへ売却することである。現代における債権譲渡は，第1に債権回収の手段として，第2に債権の管理・回収の負担を免れるという目的で，第3に資金調達の手段として機能する（内田『民法Ⅲ（第3版）』203頁）。

　債権譲渡は債権の同一性を保持しながら債権を移転させることであるから，債権は譲渡契約によってもその同一性に変更はない。すなわち，債権に付随する利息債権・違約金債権・保証債権・担保権などの権利や，債権に付着する同時履行・期限猶予などの抗弁権は，譲受人に移転する（遠藤他『民法(4)（第4版増補訂版）』213頁）。

2　指名債権の譲渡

(1)　指名債権の譲渡性

　指名債権とは，債権者の特定した債権をいう。債権は譲り渡すことができる（466条1項）。債権譲渡は譲渡人と譲受人との間の合意のみによって効力を生じるのであり，債務者の承諾は不要である。

　しかし，債権の譲渡性は制限が加えられている。第1は，債権の性質が譲渡を許さないときである。第2は，法律上譲渡が禁止されている場合である。たとえば，扶養請求権，恩給の受給，災害補償を受ける権利等である。第3は，当事者が反対の意思を表示した場合である。しかし，その意思表示は善意の第三者に対抗することができない。

(2)　債権譲渡の対抗要件

　指名債権の譲渡は，譲渡人が債務者に通知をし，または債務者が承諾をしなければ，債務者その他の第三者に対抗することができない（467条1項）。「対

抗する」とは，譲受人が，債務者に対して譲り渡しの事実を主張して，権利の行使ができることをいう。

債務者に対する対抗要件は，譲渡人から債務者への通知または債務者の承諾である。この対抗要件は，債務者が譲渡人と譲受人とに二重払いをする危険を回避するためのものである。債務者に対する通知は，債権が譲渡されたという事実を知らせることである。通知は譲渡人がしなければならない。債務者の行う承諾は，債権が譲渡されたという事実の認識の表明である。承諾の相手方は，譲渡人または譲受人のいずれでもよい。通知または承諾の後は，譲受人は債務者に対して債権を主張できる。通知または承諾のない場合は，債務者が譲渡の事実を知っていても，譲受人は債権の譲り受けを主張できない。債務者の譲渡人への弁済は有効である。

譲渡人が譲渡の通知をしたにとどまるときは，債務者は，その通知を受けるまでに譲渡人に対して生じた事由をもって譲受人に対抗することができる（468条2項）。たとえば，譲渡された債権が無効であるために債権が不存在であること，取消または解除により債権が消滅してしまっていること，弁済等により債権の全部または一部が消滅したこと，同時履行の抗弁権を有したことなどである。

債務者が異議をとどめないで承諾をしたときは，譲渡人に対抗することができた事由があっても，これをもって譲受人に対抗することができない。債務者のこの承諾を異議なき承諾という。この場合に，債務者がその債務を消滅させるために譲渡人に払い渡したものがあるときは，これの返還請求権がある。たとえば，弁済として給付したものである。譲渡人に対して負担した債務があるときはこれを成立しないものとみなすことができる。

上記のように，指名債権譲渡は，譲渡人が債務者に通知し，または債務者が承諾しなければ，債務者その他の第三者に対抗できない（467条1項）が，その通知または承諾は，確定日付のある証書によってしなければ，債務者以外の第三者に対抗することができない（467条2項）。これは債権の二重譲渡の場合の対抗要件に関する規定である。たとえば，Aが自己の債務者Bに対する100万円の債権をCに譲渡し，さらにその100万円の債権をAがDに譲渡した場合に，CとDとの間の優劣を決定するための要件である。民法は，債務者以外の第三者相互の関係について，確定日付のある証書でなさ

れた通知または承諾をもって対抗要件とする。

確定日付ある証書とは，民法施行法5条1項に規定する証書をいう。公正証書等であるが，内容証明郵便の利用が多い。確定日付のある証書でなされた通知または承諾というのは，通知または承諾が確定日付のある証書によってなされたことをいう。

対抗要件についての判例の基準は次のようになる。第1に，確定日付は通知または承諾そのものにあればよい。譲渡された日付ではなく，通知または承諾された日付が問題となる。第2に，確定日付のある通知とない通知とでは，確定日付のある通知が優先する。第3に，確定日付のある通知が複数存在するときは，日時を問題とすることなく，債務者へ到達した先後で決定する。第4に，確定日付のある通知が同時に到達した場合は，各譲受人は債務者に対して債権全額の弁済を請求しうる（内田『民法Ⅲ（第3版）』227頁）。

債務者が対抗要件の劣後する債権者へ弁済した場合に478条（債権の準占有者に対する弁済）の適用があるかに関して，判例は，債務者が劣後譲受人を真の債権者であると信ずるにつき相当の理由があることが必要であるとする。

3　証券的債権の譲渡

証券的債権とは，債権と証券とが結合したものである。債権の行使や譲渡に証券を必要とするものである。民法は，指図債権，記名式所持人払債権，無記名債権を規定する。

指図債権とは，証券に記載の債権者またはその債権者が指図した者が債権者になる債権をいう。記名式所持人払債権とは，特定人または所持人に弁済すべき証券的債権をいう。無記名債権とは，特定の債権者を指定せず，証券の正当な所持人へ弁済すべき証券的債権をいう。たとえば，美術館の入場券や図書券などである。

4　債務引受

債権者の交代を債権譲渡というのに対して，債務者の交代が生ずるのを債務引受という。債務引受は民法に規定がないが，判例・学説は認める。債務引受には，免責的債務引受，併存的債務引受，履行の引受がある。

免責的債務引受とは，債務が同一性を保持しつつ新債務者へ移転し，原債務者が債権関係から離脱する場合をいう。併存的債務引受とは，引受人が原債務者と共に同じ内容の債務を負担する場合をいう。履行の引受とは，債務者は債務者のままで，第三者が債務者に代わって弁済義務を負う場合をいう。
　契約の引受とは，契約から生じた地位を他人に移転することをいう。効果として，契約の取消権や解除権も移転する。

第5章　債権の消滅

1　債権の消滅原因

　債権は給付内容が実現されることにより，その目的を達して消滅する。更に，債権は給付内容の実現が不能となった場合，および，給付内容を実現させる必要がなくなった場合にも消滅する。

　民法は債権の消滅原因として，弁済，代物弁済，供託，相殺，更改，免除，混同を規定している。

2　弁　　済

(1)　弁済の意義

　債権は弁済によって，その目的を達して消滅する。弁済とは債権の内容を実現させる行為である。つまり，弁済は債務の本旨に従った給付がなされることである。金銭の支払のみならず，不動産の引渡しや登記の移転も弁済である。

　弁済と履行とは全く同一物で，履行は債権の効力より観察し，弁済は債権の消滅より観察しているに過ぎない（梅）（三藤『債権総論・担保物権〔第1分冊〕』35頁）。

　弁済は，債務者が債権者に対して弁済の提供を行い，そして債権者がこれを受領することが必要である。

(2)　弁済の提供

　弁済は，まず債務者において弁済の提供をなすことが必要である。弁済の提供とは，債務者が弁済のための準備をして債権者の受領を求めることである。

　弁済の提供は，第1に，債務の本旨に従って為されねばならない。すなわち，処分の権限をもち，また譲渡の能力ある弁済者が，弁済すべき物を，弁済すべき期限に，弁済すべき場所で，原則として債務者の費用で，提供しなければならない（三藤『債権総論・担保物権〔第1分冊〕』39頁）。

債権の目的が特定物の引渡しであるときは，弁済をする者は，その引渡しをすべき時の現状でその物を引き渡せばよい。弁済をした者が弁済として他人の物を引き渡したときは，その弁済をした者は，更に有効な弁済をしなければ，その物を取り戻すことができない。債権者が弁済として受領した物を善意で消費し，または譲り渡したときは，その弁済は有効となり債権は消滅する。この場合に，債権者が第三者から賠償の請求を受けたときは，弁済をした者に対して求償をすることができる。譲渡につき行為能力の制限を受けた所有者が弁済として物の引渡しをした場合に，その弁済を取り消したときは，その所有者は，更に有効な弁済をしなければ，その物を取り戻すことができない。

弁済の時期は契約で決定するが，民法の規定により定まる場合もある。債務の履行について確定期限があるときは，債務者は期限の到来した時から遅滞の責任を負う。不確定期限があるときは，債務者は期限の到来したことを知った時から遅滞の責任を負う。期限を定めなかったときは，債務者は履行の請求を受けた時から遅滞の責任を負う（412条）。

　弁済の場所は合意や慣習で決定される。弁済場所について別段の意思表示がないときは，特定物の引渡しは債権発生の時にその物が存在した場所において行う。特定物の引渡し以外の場合は，債権者の現在の住所において行う。つまり，持参債務となる。

　弁済の費用について別段の意思表示がないときは，その費用は債務者の負担となる。しかし，債権者が弁済の費用を増加させたときは，その増加額は債権者の負担とする。たとえば，債権者が住所の移転を行った場合である。

　弁済の提供は，第2に，現実にしなければならない（493条本文）。これを現実の提供という。現実の提供は，何時でも債権者に引き渡すことができる状態にしておくことである。すなわち，債権者が直ちに受領できる状態にすることである。金銭債務の場合は，債務者が現金を持参することによって現実の提供がなされる。債権者が不在の場合でも，現実の提供があったとされる。一部弁済の提供は，債務の本旨に従って為されたとはいえない。

　債権者があらかじめその受領を拒み，または債務の履行について債権者の行為を要するときは，弁済の準備をしたことを通知してその受領の催告をするだけでよい（493条但書）。これを口頭の提供という。債務の履行について

債権者の行為を要するときとは，引渡債務の履行が取立債務の場合，および，先行して債権者の協力行為がなければ債務者の履行がなしえない場合である。弁済の準備とは，たとえば，現金を金融機関の口座から下ろして自宅の金庫に保管する場合である。

(3) 弁済の提供の効果

弁済の提供の効果は，次のような点である。第1に，弁済の提供の時から，債務者は，債務の不履行によって生ずべき一切の責任を免れる（492条）。損害賠償や強制履行を請求されない。双務契約においては解除されない。第2に，双務契約においては，債権者の同時履行の抗弁権がなくなる。第3に，特定物の引渡しにおける注意義務が軽減される。第4に，増加費用の負担である。第5に，危険の移転である（内田『民法Ⅲ（第3版）』89頁）。

(4) 弁 済 者

債権は債務者の弁済によって消滅するのが通常であるが，債務の弁済は第三者がすることもできる。しかし，債務の性質がこれを許さないとき，または当事者が反対の意思を表示したときは，第三者がすることはできない。利害関係を有しない第三者は，債務者の意思に反して弁済をすることができない。第三者の弁済とは，債務者以外の第三者が弁済することを意味する。

債務の性質が第三者の弁済を許さないときとは，当該債務者が履行しない限り目的を達成できないことをいう。たとえば，ある俳優があるテレビ番組に出演する債務である。

利害関係を有しない第三者とは，債務の弁済に付き法律上の利益を有しない第三者をいう。法律上の利害関係人とは，物上保証人や抵当不動産の第三取得者をいう。親族や友人は事実上の利害関係を有する者に過ぎない。

(5) 弁済受領者

弁済は受領によって完成する。弁済は受領権限を有する者へ行う必要がする。債権者は通常は弁済受領者である。債権者の代理人や受任者は当然に受領権限がある。しかし，一定の場合には，債権者は受領権限を失い，債権者への弁済も無効となることがある（内田『民法Ⅲ（第3版）』38頁）。すなわち，支払の差止めを受けた第三債務者が自己の債権者に弁済をしたときは，差押債権者は，その受けた損害の限度において更に弁済をすべき旨を第三債務者に請求することができる。その場合，第三債務者からその債権者に対す

る求償権の行使を妨げない（481条）。支払の差止めとは，債権の差押えを意味する。

弁済を受領する権限のない者へした弁済は無効である。しかし，一定の場合には，受領権限のない者への弁済が，有効な弁済とされる場合がある。

債権の準占有者に対してした弁済は，その弁済をした者が善意であり，かつ，過失がなかったときに限り，その効力を有する（478条）。債権の準占有者とは，本当は債権者ではないのに，あたかも債権者であるかのような外観を呈する者をいう。債権の準占有者に対する弁済は，弁済者が善意無過失であれば弁済の効力を生じる。たとえば，金融機関が預金証書と届出印を持参して預金払戻を求めた者に対して預金を支払ったが，預金証書と届出印は真の預金者から窃取されたものであったような場合である。債権の準占有者への弁済が有効となれば債権は消滅する。真正の債権者は受領者に不当利得の返還請求または不法行為の損害賠償請求をなしうる。

受取証書の持参人は，弁済を受領する権限があるものとみなす。しかし，弁済をした者がその権限がないことを知っていたとき，または過失によって知らなかったときは，この限りでない（480条）。この弁済が有効となるときは，債務者は債務を免れる。悪意または過失の立証責任は債権者にある。受取証書とは，弁済の受領を証明する文書であり領収書等をいう。

(6) 弁済の充当

債務者が同一の債権者に対して同種の給付を目的とする数個の債務を負担する場合において，また，1個の債務の弁済として数個の給付をすべき場合において，弁済の充当の問題が生ずる。弁済の充当は次の基準による。

第1は，合意による充当である。第2は，債務者が1個または数個の債務について元本のほか利息および費用を支払うべき場合に，弁済をする者がその債務の全部を消滅させるのに足りない給付をしたときは，これを順次に費用，利息および元本に充当しなければならない（491条1項）。第3は，弁済の充当の指定である（488条）。債務者が同一の債権者に対して同種の給付を目的とする数個の債務を負担する場合において，弁済として提供した給付がすべての債務を消滅させるのに足りないときは，弁済をする者は，給付の時に，その弁済を充当すべき債務を指定することができる。弁済をする者が指定をしないときは，弁済を受領する者は，その受領の時に，その弁済を充当

すべき債務を指定することができる。しかし，弁済をする者がその充当に対して直ちに異議を述べたときは，指定がなかったものとなる。これらの場合における弁済の充当の指定は，相手方への意思表示による。第4は，法定充当である（489条）。すなわち，弁済をする者および弁済を受領する者がいずれも弁済の充当の指定をしないときは，次に従いその弁済を充当する。債務の中に弁済期にあるものとないものとがあるときは，弁済期にあるものに先に充当する。すべての債務が弁済期にあるとき，または弁済期にないときは，債務者のために弁済の利益が多いものに先に充当する。債務者のために弁済の利益が相等しいときは，弁済期が先に到来したものまたは先に到来すべきものに先に充当する。これらが相等しい債務の弁済は，各債務の額に応じて充当する。

(7) 弁済受領者の義務

弁済をした者は，弁済を受領した者に対して，受取証書の交付を請求することができる。交付と弁済とは同時履行の関係（533条）に立つ。

債権証書がある場合に，弁済をした者が全部の弁済をしたときは，債権証書の返還を請求できる。債権証書とは債権が成立したことを証明する文書であり，借用証書等をいう。債権証書の返還を請求できるのは，全部の弁済をしたときである。

(8) 弁済による代位

債務の弁済は，第三者もすることができる（474条）。しかし，その債務の性質がこれを許さないとき，または当事者が反対の意思を表示したときは許されない。また，利害関係を有しない第三者は，債務者の意思に反して弁済をすることができない。

第三者による弁済がなされたときは，弁済による代位が生じる。弁済による代位の要件は次のとおりである。第1は，弁済等で債権者を満足させたことである。代物弁済，供託，相殺，混同による場合も含まれる。第2は，弁済者が債務者に求償権を有することである。第3に，その第三者が弁済につき正当な利益を有するか，そうでなければ債権者の承諾があることである。すなわち，弁済をするにつき正当な利益を有しない者は，債権者の承諾を得なければ弁済による代位はできない。これを任意代位という（499条）。しかし，通説はこの承諾要件は合理性がないとする。弁済をするについて正当な

利益を有する者は，弁済によって当然に債権者に代位する。これを法定代位という（500条）。

代位の効果は，任意代位と法定代位とは共通する。債権者に代位した者は，自己の権利に基づいて求償をすることができる範囲内において，債権の効力および担保としてその債権者が有していた一切の権利を行使することができる（501条）。担保としてその債権者が有していた一切の権利とは抵当とか保証とかであるが，代物弁済予約上の権利も含まれる（三藤『債権総論・担保物権〔第1分冊〕』54頁）。

債権の一部について代位弁済があったときは，代位者はその弁済をした価額に応じて，債権者とともにその権利を行使する。

3　代物弁済

債務者が，債権者の承諾を得て，その負担した給付に代えて他の給付をしたときは，その給付は，弁済と同一の効力を有する（482条）。これを代物弁済という。たとえば，BがAから100万円を借金している場合に，BがAの承諾を得て，100万円の代わりに絵画を引き渡すことである。代物弁済は1つの弁済である。従って，代物弁済の法律的性質は，普通の弁済と同じく，給付の法律的性質によって決定されると解すべきである（三藤『債権総論・担保物権〔第1分冊〕』71頁）。

代物弁済の要件は次の通りである。第1は，債権が存在することである。第2は，本来の給付と異なる給付をなすことである。第3は，給付が本来の弁済に代えてなされたことである。第4は，債権者の承諾があることである。代物弁済の効果は弁済と同一である。

代物弁済の予約とは，AがBにお金を貸す場合に，期限までにBの弁済がないときはBが所有する絵画の所有権をAに移転するという合意をすることをいう。

4　供　　託

(1)　弁済供託の意義

供託は，弁済のためにする供託（弁済供託），担保のためにする供託（保証供託），保管のための供託（保管供託）などに分類される。供託の中で弁済供

託が最も多い。弁済供託の中では，不動産の賃貸借契約における賃料の供託が圧倒的に多い（三藤『債権総論・担保物権〔第1分冊〕』73頁）。弁済供託は実務において重要な働きをする制度である。

(2) 弁済供託の要件

債権者が弁済の受領を拒絶し，またはこれを受領することができないときは，弁済をすることができる者（以下第4節供託においては「弁済者」という）は，債権者のために弁済の目的物を供託してその債務を免れることができる。弁済者が過失なくして債権者を確知することができないときも同様である（494条）。

したがって，供託原因としては次の事由があげられる。第1は，債権者が弁済の受領を拒絶する場合である。第2は，債権者が弁済を受領できない場合である。第3は，弁済者の過失なくして債権者を確知できない場合である。

(3) 供託の手続

供託の手続については，供託法に規定されている。供託は，債務の履行地の供託所にしなければならない。金銭および有価証券については，供託所は法務局・地方法務局である。供託所について法令に特別の定めがない場合には，裁判所は，弁済者の請求により，供託所の指定および供託物の保管者の選任をしなければならない。供託をした者は，遅滞なく，債権者に供託の通知をする必要がある。

(4) 供託の目的物

供託の目的物は動産・不動産を問わない。実際に多いのは金銭の供託である。食品等は腐敗しやすいので，自助売却をなしうる。すなわち，弁済の目的物が供託に不適切なとき，またはその物について滅失もしくは損傷のおそれがあるときは，弁済者は裁判所の許可を得て，これを競売に付し，その代金を供託することができる。物の保存について過分の費用を必要とするときも同様である。債権額の一部を供託しても供託の効力を生じない。

(5) 供託の効果

供託の基本的な効果は債務の消滅である。

債権者は，供託された物から弁済を受けようとすれば，手続きに従い，供託所から交付を受けることができる。これを供託物引渡請求権という。金銭

第4編　債権総論

の場合は還付請求権という。(裁判所職員総合研修所『新訂民法概説3訂補訂版』188頁)。

供託をした者は，債権者が供託を受諾せず，または供託を有効と宣告した判決が確定しない間は，供託物を取り戻すことができる。これを供託物取戻請求権という。この場合は，供託をしなかったものとみなされる。

5　相　殺

(1)　相殺の意義

2人が相互に同種の目的を有する債務を負担する場合に，双方の債務が弁済期にあるときは，各債務者は，その対当額について相殺によってその債務を免れることができる（505条）。相殺とは，債権者と債務者とが相互に同種の債権・債務を有する場合に，一方的意思表示によって，対立する両債権を対当額において消滅させることをいう。たとえば，AはBに対して10万円の債権を有しており，BはAに対して5万円の債権を有している場合に，AまたはBの一方的意思表示によって，5万円の対当額において双方の債権・債務を消滅させることができる。相殺する側の債権を自働債権といい，相殺される側の債権を受働債権という。

相殺の機能は，第1は，事務決済の簡便である。すなわち，意思表示のみで相互に弁済した効果を達成できる。第2は，当事者の公平性の確保である。一方当事者が遅滞なく弁済したにもかかわらず，他方当事者が履行しない場合には，不公平を生じさせるからである。第3は担保的機能である。

(2)　相殺の要件

相殺をするには，両方の債権が相殺をするのに適した状態にあることが必要である。次の4要件を充たしているときは，両債権は相殺適状にある。要件の第1は，両当事者間で，債権が対立して存在していることである（505条1項本文）。第2は，両方の債権が同種の目的を有することである（505条1項本文）。多くの場合は金銭債権である。第3は，両方の債権が弁済期にあることである（505条1項本文）。第4は，両債務が性質上相殺を許さないものではないことである（505条1項但書）。債務の性質が相殺を許さないものとは，行為債務に例が多く，現実に履行されないと意味がない債務である（内田『民法Ⅲ（第3版）』250頁）。

時効によって消滅した債権が，その消滅以前に相殺適状にあった場合には，その債権者は相殺できる（508条）。すでに存在する期待を保護するのが目的である。

(3) 相殺の禁止事由

当事者が相殺しない旨の意思表示をした場合には相殺できない。債権によっては，相殺しない旨の明示の意思表示がなくても，相殺しない旨の合意が認められる場合がある。たとえば，貸主Ａと借主Ｂとの間で諾成的消費貸借契約が締結された場合，Ａは，Ｂに対する別個の債権を自働債権として，消費貸借するという債務と相殺することはできない。それでは諾成的消費貸借契約の意味がないからである（内田『民法Ⅲ（第3版）』251頁）。しかし，その意思表示は善意の第三者に対抗することができない（505条）。

債務が不法行為によって発生したときは，債務者は相殺をもって債権者に対抗できない（509条）。すなわち，債務者である不法行為者からの相殺はできない。たとえば，ＢはＡに対する交通事故により損害を与えたが，しかし，ＢはＡに対して貸金債権を有している場合に，加害者（債務者）Ｂは，被害者（債権者）Ａに対して貸金債権を自働債権として，Ａの損害賠償請求権（受働債権）と相殺できない。その趣旨の第1は，加害者は被害者へ現実に損害を塡補しなければならないという配慮である。第2は，不法行為の誘発を回避するためである。

債権が差押えを禁じたものであるときは，債務者は相殺をもって債権者に対抗できない（510条）。差押禁止債権とは，たとえば扶養請求権をいう。差押禁止債権は，債権者に現実の弁済をしなければならないために，これを受働債権として相殺することはできない。

支払の差止めを受けた第三債務者は，その後に取得した債権による相殺をもって差押債権者に対抗することができない（511条）。

(4) 相殺の方法と効果

相殺は，当事者の一方から相手方に対する意思表示によってなされる。一種の形成権である。相殺適状によって，双方の債権が当然に消滅するわけではない。相殺の意思表示には，条件または期限をつけることはできない（506条）。

相殺の要件があり，すなわち「相殺適状」にあり，相殺の意思表示がある

と，双方の債権はその対当額において消滅する（505条1項本文）。したがって相殺には，弁済と違って一部弁済が許されるのと同じ結果になる（三藤『債権総論・担保物権〔第1分冊〕』96頁）。

相殺は，双方の債務の履行地が異なるときであっても可能である。この場合に，相殺をする当事者は，相手方に対し，これによって生じた損害を賠償しなければならない。

相殺は，双方の債権が相殺適状に達した時にさかのぼってその効力を生ずる（506条）。これを相殺の遡及効という。相殺の遡及効により，相殺適状後については，利息は発生しない。弁済充当の規定は相殺について準用される。これを相殺の充当という。

6 更　改

当事者が債務の要素を変更する契約をしたときは，その債務は更改によって消滅する（513条）。すなわち，債務の要素を変更することにより，旧債権を消滅させ，新債権を成立させる契約を更改という。債務の要素とは，給付の内容，債権者，債務者等をいう。

更改の要件は，消滅すべき債権の存在，新債権の成立，債務の要素の変更である。

7 免　除

債権者が債務者に対して債務を免除する意思を表示したときは，その債権は消滅する（519条）。免除は，債権者の債権を無償で消滅させる一方的意思表示であり，債権の放棄である。免除の効果は債権・債務の消滅である。

8 混　同

債権および債務が同一人に帰属したときは，その債権は消滅する。しかし，その債権が第三者の権利の目的であるときは，債権は消滅しない（520条）。同一債権について債権者の地位と債務者の地位とが同一人に帰することを混同という。たとえば，BがAから100万円を借りていたが，Aが死亡したためにBがその債権を単独相続した場合は，その100万円の債権は消滅する。混同の効果は債権の消滅である。

第5編
契約総論

序章　契約の意義

1　日常生活と契約

　私たちの日常生活は，社会的分業によっており，商品交換により成立している。商品という財産の取引は契約という法的手段を通して行われる。契約とは，人の自由な意思に基づく合意である。契約により，当事者の欲した効果が法律上与えられる。すなわち，当事者間に権利義務を発生させる。

　近代以前の社会は，身分社会であったので，個人の生活関係を自己の意思で決定することができなかった。しかし，近代市民社会は，個人の生活関係を自己の意思で決定することが可能となった。この近代市民社会への発展過程は「身分から契約へ」という言葉で表現されている。

2　契約自由の原則

　資本主義勃興期の資本家は，それまでの封建的な制約から解放された経済活動の自由の拡大を欲した。この自由主義思想の経済学上の表現がアダム・スミスの自由放任思想である。そこでは，自由な競争により富を獲得することのできる社会が目指された。この思想の法学上の表現が契約自由の原則である（内田『民法Ⅱ（第3版）』18頁）。

　契約自由の原則は，所有権絶対の原則，過失責任の原則とともに，近代私法の三大原則のひとつである。契約自由の原則は，締結の自由，相手方選択の自由，内容決定の自由，方式の自由をその内容とする。

　しかし，やがて，自由放任主義は，自由競争の結果として強者の支配による不平等な社会を招来すると認識されるようになる。そこで，経済学では，政府による市場への介入を重視するケインズ理論が生まれる。法の分野でも契約自由が制限されることとなる（内田『民法Ⅱ（第3版）』19頁）。

3　契約自由の原則の制限

　契約締結の自由の制限の第1は，承諾の自由の制限である。電気・ガス・運送等の公益事業，公証人・執行官等の公共的職務，医師・看護師等の公益

的職務は承諾義務がある。第2は，申込の自由の制限である。日本放送協会の放送を受信することのできる受信設備を設置した者は日本放送協会へ契約申込の義務がある（放送法64条1項）。

契約の相手方選択の自由の制限として，労働組合法に不当労働行為が規定されている。

契約内容決定の自由の制限として，普通契約約款の公法的規制がある。約款の作成や変更について，所轄官庁の許可や認可に委ねる規制，および，約款内容をあらかじめ開示させる規制がある。

方式の自由の制限として，小作契約，建設工事請負契約，労働協約等は書面作成が要求される。

4　信義誠実の原則

権利の行使及び義務の履行は，信義に従い誠実に行わなければならない（1条2項）。権利の濫用は許されない（1条3項）。

信義誠実の原則から出てくる問題として事情変更の原則がある。事情変更の原則が適用される要件は次の通りである。第1は，予見しえない事情の変更であること。第2は，事情変更が当事者の責に帰すことができない事由に基づくこと。第3は，契約の内容を維持し強制することが信義則に反することである。効果は，解除と契約内容の改訂である。

5　契約締結上の過失

契約成立の過程において，一方当事者が過失により相手方に損害を与えた場合，その者は賠償責任を負う。これを契約締結上の過失という。損害賠償の範囲は，相手方がその契約を有効と信じたことによって生じた損害，すなわち信頼利益である。たとえば，目的物の調査見分費用や融資のための利息等である。

6　契約の種類

契約は，種々の観点からの分類が可能である。

第1の分類は，典型契約と非典型契約である。民法が規定する13種類の契約を典型契約という。贈与・売買・交換・消費貸借・使用貸借・賃貸借・

雇用・請負・委任・寄託・組合・終身定期金・和解である。民法に規定されていない契約を非典型契約という。たとえば，出版契約，出演契約，放送契約，専属契約，広告契約，宿泊契約等である。

　第2の分類は，双務契約と片務契約である。双務契約とは，契約の当事者が相互に対価的な関係を有する債務を負担する契約をいう。たとえば，売買である。片務契約とは，一方の当事者のみが債務を負う契約である。たとえば，贈与である。両者を区別する実益は，同時履行の抗弁権（533条）や危険負担（534条以下）などが双務契約に適用される点にある。

　第3の分類は，有償契約と無償契約である。有償契約とは，契約の当事者が，相互に対価的意義を有する給付をする契約である。たとえば，売買・賃貸借・請負等である。贈与・使用貸借は無償契約である。両者の区別の実益は，売買の規定が売買以外の有償契約について準用されることにある。

　第4の分類は，諾成契約と要物契約である。諾成契約とは，当事者の合意のみで成立する契約をいう。たとえば，売買・賃貸借・雇用などである。要物契約とは，契約成立のために目的物を受け取ることが必要な契約をいい，単なる合意のみでは成立しない。たとえば，消費貸借・使用貸借・寄託である。

　第5の分類は，要式契約と不要式契約である。要式契約とは，契約の成立に一定の方式を要する契約である。たとえば，遺言である。不要式契約とは，契約の成立に一定の方式を要しない契約である。契約はほとんど不要式契約である。

　第6の分類は，付合契約と非付合契約である。付合契約とは，契約の一方当事者が作成した契約条件を他方当事者が承認せざるをえない契約をいう。作成された契約条項を約款という。たとえば，水道・ガス・電気等の供給契約や鉄道・バス等の運送契約である。非付合契約とは，両当事者の交渉によって内容を決定する契約をいう。

第1章　契約の成立

1　契約成立の要件

　契約は，当事者の相対する意思表示の合致によって成立する。たとえば，AがBに対して「甲土地を5000万円で売りたい」と述べ，それを受けてBがAに「甲土地を5000万円で買いましょう」と述べ，AとBとの意思表示が合致することにより売買契約が成立する。先に提示される意思表示を申込みという。申込みに応じて，契約を成立させる旨の意思表示を承諾という。契約締結にあたって，契約書が作成される場合が多い。しかし，契約書は，契約成立およびその内容の証拠であって，契約成立の要件ではない。

　契約が成立するための要件は，意思表示の客観的な内容の一致（客観的一致），および当事者が相手方と契約締結の意図のもとに意思表示をしたこと（主観的一致）である。契約の当事者が相互に申込みを行い，その申込内容が合致していた場合を交叉申込という。交叉申込においては，意思表示が客観的にも主観的にも合致しており，契約の成立が認められる。

　申込者の意思表示または取引上の慣習により承諾の通知を必要としない場合には，契約は，承諾の意思表示と認めるべき事実があった時に成立する。たとえば，客から客席確保の申込を受けたレストランが特定のテーブルを準備した場合など，承諾の意思表示と認めるべき事実があれば契約が成立する。

2　申　込　み

(1)　申込みと申込みの誘引

　申込みとは，一方当事者が申出を行い，それに対して相手方が承諾すれば直ちに契約が成立する意思表示をいう。申込みの相手方は不特定多数人であってもよい。土地や建物などを販売する旨の広告は申込である。

　求人広告やマンション賃貸広告は，申込みではなく申込みの誘引である。申込みにおいては，相手方が承諾すれば，直ちに契約が成立する。これに対して，申込みの誘引は，求人広告やマンション賃貸広告に対し，相手方がこ

れに応じて意思表示をすることが申込みとなり，誘引者の承諾がなければ契約が成立しない。すなわち，申込みの誘因は相手方から申込みをさせようとする意思の通知である。

(2) 申込みの効力発生時期

申込みの効力発生時期については規定がない。したがって，意思表示の効力発生に関する一般原則により，通知が相手方に到達した時から申込みの効力を生ずる（97条1項）。申込発信後到達前に，申込者が死亡し，または行為能力を喪失したときであっても，そのためにその効力を妨げられない（97条2項）。

(3) 申込みの拘束力

承諾の期間を定めてした契約の申込みは，その期間中拘束力を有しており，撤回することができない。申込者が期間内に承諾の通知を受けなかったときは，その申込みはその効力を失う（521条）。承諾の期間を定めないで隔地者に対してした申込みは，申込者が承諾の通知を受けるに相当な期間を経過するまでは，撤回することができない（524条）。相当な期間が経過すると撤回することができ，その撤回によって申込は効力を失う。この相当期間は個別具体的に決定される。

(4) 申込みの承諾適格

申込みに対していつまで承諾しうるかの問題を申込みの承諾適格という。承諾期間の定めのある申込みは，その期間内に限って承諾が可能である。承諾期間の定めのない申込みは，民法には規定がない。取引慣行と信義則に従って，相当の期間経過後申込みは承諾適格を失う。対話者間では，相手方が直ちに承諾をしなければ，申込みの承諾適格はなくなる。相手方が申込みを拒絶した時も，申込みは承諾適格を失う。

3　承　　諾

承諾とは，申込に応じて同意することにより契約を成立させる意思表示である。これによって契約が成立する。

承諾の内容は，申込みの内容と一致することが必要である。承諾者が，申込みに条件を付し，その他変更を加えて承諾したときは，その申込みの拒絶であるとともに，新たな申込とみなす（528条）。

承諾は，申込みが効力を有している期間内になされることを要する。期間の経過後に到達した承諾は，新たな申込みとみなすことができる（523条）。承諾は，申込者に表示されることを要するが，表示は黙示的であってもよい。

申込みは承諾適格を生じさせるのみであるから，申込の受領者には返答義務は生じない。

契約の成立時期については，隔地者間の契約は承諾の通知を発した時に成立する（526条1項）。すなわち，発信主義をとっている。ただし，電子契約法は承諾の通知が相手方へ到達した時点と変更した。

承諾の期間を定めてした契約の申込みは，申込者が期間内に承諾の通知を受けなかったときは，契約は成立しない（521条2項）。しかし，民法526条1項は発信主義をとっている。問題はこの両規定の相互関係をどのように理解するかにある。通説は，承諾の不到達を解除条件として承諾の発信により契約が成立する，と解する（内田『民法Ⅱ（第3版）』39頁）。

4 懸賞広告

(1) 懸賞広告

ある行為をした者に一定の報酬を与える旨を広告した者は，その行為をした者に対してその報酬を与える義務を負う（529条）。懸賞論文募集の広告や逃亡した犬の捜索者に謝礼金を与える旨の広告を，懸賞広告という。広告した者を懸賞広告者という。懸賞広告の法的性質には契約説と単独行為説とがある。

懸賞広告者は，指定行為を完了する者がない間は，前に行った広告と同一の方法によって，広告を撤回できる。しかし，その広告の中で撤回をしないと表示したときは，撤回できない。

広告に定めた行為をした者が数人あるときは，最初にその行為をした者のみが報酬を受ける権利を有する。数人が同時にその行為をした場合には，各自が等しい割合で報酬を受ける権利を有する。しかし，報酬がその性質上分割に適しないとき，または広告において1人のみがこれを受けるものとしたときは，抽選でこれを受ける者を定める（磯本「懸賞広告」遠藤編『注解法律学全集14民法Ⅴ』94頁）。

(2) 優等懸賞広告

広告に定めた行為をした者が数人ある場合において、その優等者のみに報酬を与えるべきときは、その広告は、応募の期間を定めたときに限り、その効力を有する (532条)。これを優等懸賞広告という。優等とは、応募者中の相対的優等を意味する。

応募者中いずれの者の行為が優等であるかは、広告の中で定めた者が判定し、広告の中で判定をする者を定めなかったときは懸賞広告者が判定する。応募者は、判定に対して異議を述べることができない(磯本「優等懸賞広告」遠藤編『注解法律学全集14民法Ⅴ』106頁)。

第 2 章　契約の効力

1　双務契約上の債務における牽連性

(1)　双務契約における 2 つの債務

契約が効力を生ずるためには，第 1 に実現が可能であること，第 2 に確定できるものであること，第 3 に適法であることが必要である。

契約が成立しそれが効力を生じると，契約当事者間に債権債務関係が生まれる。たとえば，売買契約においては，売主は目的物の引き渡し債務を負い，買主は代金支払い債務を負う。債務者が任意に債務の履行をしないときは，債権者は，その強制履行を裁判所に請求することができる（414 条）。

契約の効力をめぐる問題点は，双務契約における両当事者の債務の関係である。双務契約とは，契約当事者がそれぞれ相手方に対して債務を負う契約である。それぞれの債務は相互に対価関係にあり，この関係を牽連関係という。双務契約においては 2 つの債務が密接な関係にあり，それは 3 つの場面に表れる。

(2)　成立上の牽連関係

第 1 は，成立上の牽連関係である。成立上の牽連関係とは，2 つの債務のうち一方の債務の履行が不能であるために（原始的不能）成立しないとき，他方の債務も成立しないことをいう。その結果，契約も成立しない。たとえば，甲建物の売買契約が締結されたが，甲建物は契約の前日に火災で消失していた場合である。民法上の規定は存在しないが，当然のこととされる。

(3)　履行上の牽連関係

第 2 は，履行上の牽連関係である。2 つの債務が対価関係に立つ場合は，それらの債務は相互に密接な関係を有しており，一方の債務が履行されるので他方の債務も履行されるという関係に立つ。したがって，双方の債務は，原則として同時に履行されるべきものであり，双務契約の当事者の一方は，相手方が債務の履行を提供するまでは，自己の債務の履行を拒絶しうる。これを履行上の牽連関係という。たとえば，買主が代金の支払いをすることな

く，売主に対して目的物の引渡を請求した場合，売主は買主が代金を支払うまでは目的物を給付しないと主張できる。民法は履行上の牽連関係を同時履行の抗弁権として規定している。

(4) 存続上の牽連関係

第3は，存続上の牽連関係である。双務契約から生じた2つの債務は，相互に密接な関係を有している。そのため，双務契約から生じた一方の債務が債務者の責めに帰すべからざる事由によって後発的に不能を生じた場合，他方の債務もまた消滅するかの問題が生じる。民法はこれを危険負担として規定する。

2 同時履行の抗弁権

(1) 同時履行の抗弁権の意義

双務契約の当事者の一方は，相手方がその債務の履行を提供するまでは，自己の債務の履行を拒むことができる。しかし，相手方の債務が弁済期にないときはこの限りでない（533条）。これを同時履行の抗弁権という。

同時履行の抗弁権の制度趣旨は，当事者間の公平を図り，紛争を未然に防止する点にある。同時履行の抗弁権は，債務者において自己の債務の履行の拒絶を認めるために，留置権（295条以下）と類似する。

(2) 同時履行の抗弁権の要件

同時履行の抗弁権の要件は次の3点である。第1の要件は，1個の双務契約から生じた対立する債務が存在することである。第2の要件は，1個の双務契約から生じた両債務がともに弁済期に達していることである。一方の債務者において先履行義務がある場合は，同時履行の抗弁権はない。しかし，先履行を認めることが信義則に反する場合は，先履行義務者は履行を拒みうる。これを不安の抗弁という。たとえば，売主が目的物を引き渡してから半年後に買主が代金を支払うという売買契約において，買主の財産状態が契約締結後に悪化した場合，売主は先履行義務者ではあるが先履行する必要はない。第3の要件は，相手方が自己の債務の履行またはその提供をしないで履行を請求してきたことである。

(3) 同時履行の抗弁権の効力

同時履行の抗弁権の効力として，履行の期日を経過しても違法性がないの

であり，同時履行の抗弁権を有する債務者は履行遅滞にならない。それゆえ，損害賠償義務は発生しない。履行の提供をせずに催告をしても解除権は生じない。

同時履行の抗弁権が行使されると，裁判所は被告に対し原告の給付と引換えに給付せよと判決をする。これを引換給付判決という。

3 危 険 負 担

(1) 危険負担の意義

双務契約上の一方の債務が債務者の責に帰すべからざる事由によって消滅した場合に，他方の債務も消滅するかという問題が危険負担の問題である。たとえば，A所有の甲家屋について，AとBとが売買契約を締結した後，甲家屋がAの過失なくして滅失したため，Aの引渡債務は不能となるが，Bの代金債務は存続するかである。

第1の見解は債務者主義である。Bの代金債務は消滅するのであり，Aの債務消滅の危険を債務者自身（売主）が負担するものである。第2の見解は債権者主義である。Bの代金債務は存続するのであり，Aの債務消滅の危険を債権者B（買主）が負担するものである。

(2) 債務者主義

民法は，債務者主義を原則としている。当事者双方の責めに帰することができない事由によって債務を履行することができなくなったときは，債務者は，反対給付を受ける権利を有しない（536条1項）。債務者主義の原則が適用されるのは，債権者主義の適用される場合を除いたすべての双務契約である。たとえば，タレントAはBテレビ局の番組に出演する契約を結んでいたが不可抗力により出演が不可能となった場合，Aは出演債務を免れるが，報酬請求権を失う。

債権者の責めに帰すべき事由によって債務を履行することができなくなったときは，債務者は，反対給付を受ける権利を失わない。たとえば，Bテレビ局の労働争議により，Aがテレビ出演できなくなった場合は，債務者は報酬請求権を失わない。この場合において，自己の債務を免れたことによって利益を得たときは，これを債権者に償還しなければならない。

(3) 債権者主義

民法は，債務者主義を原則としているが，特定物については債権者主義をとっている。特定物に関する物権の設定または移転を双務契約の目的とした場合は，その物が債務者の責任に帰することができない事由によって滅失し，または損傷したときは，その滅失または損傷は，債権者の負担となる（534条）。したがって，家屋の売買契約において売主は買主に対して代金債権を失わない。不特定物に関する契約については，その物が確定した時から，債権者の負担となる。

債権者主義においては，一方債務は消滅するが他方債務は存続するのであり，その妥当性には疑問がある（我妻他『民法2 第3版』243頁）。公平の観点から，存続上においても牽連関係を認めて，債務者主義を採用するのが適切とされる。学説では，民法534条の適用範囲を制限的に解釈する。

不特定物の場合は，同種の物が存在するので，危険負担の問題を生じない。

4 第三者のためにする契約

契約により当事者の一方が第三者に対してある給付をすることを約束したときは，その第三者は，債務者に対して直接にその給付を請求する権利を取得する。第三者の権利は，その第三者が債務者に対して契約の利益を享受する意思を表示した時に発生する（537条）。これを，第三者のためにする契約という。たとえば，AがBにA所有の土地を売り，代金をAが受け取らずに，BよりCに直接支払うことをAとBで約束する場合である。

Aを要約者，Bを諾約者，Cを受益者という。要約者と諾約者との関係は補償関係と呼ばれる。要約者と第三者との関係は対価関係と呼ばれる。第三者のためにする契約は，たとえば，信託契約において第三者を受益者として信託の利益を享受させる場合において用いられる。

第三者のためにする契約の成立要件は次の点である。第1は，要約者と諾約者の間に有効な契約が成立することである。第2は，第三者に直接権利を取得させることが契約内容であることである。第三者に取得させる権利は，通常は債権である。

第 3 章　契約の解除

1　解除の意義

(1)　意　　義
　解除とは，契約締結後に，一方当事者の意思表示により，成立した契約の効力を消滅させて，契約がはじめからなかったと同様の法律効果を生じさせることである。すなわち，契約から生じた法律効果が遡及的に消滅することを意味する。

(2)　解除の実益
　解除は一方当事者が債務を履行しない場合に相手方の救済手段として実益がある。たとえば，売主が目的物の引渡しを拒絶しているとき，買主は履行の請求および債務不履行を理由とする損害賠償請求が可能となる。しかも，これらを強制履行の手段によって実現しうる。しかし，そうしても，買主は自己の債務の履行義務を免れるわけではない。そこで，買主は契約を解除して，自己の債務を消滅させ，既払いの代金があれば返還を求め，未払いのときは支払い義務を免れて，同様の目的物を別の者から購入することの方が適切なことが多い（我妻他『民法2（第3版）』252頁）。

(3)　告　　知
　解除と類似の制度として告知がある。賃貸借・雇用・委任・組合のような継続的契約は，契約関係を解消する場合，その効果は将来に向かって消滅する。その点で，売買・贈与・交換などの一時的契約における解除とは異なる。継続的契約の解消を告知または解約告知と呼ぶ。民法はこの区別を行っていないために，規定の内容によって告知か解除かを判断する必要がある。

2　法定解除権

　契約解除権は，約定解除権と法定解除権とがある。約定解除権とは当事者が合意によって留保した解除権である。法定解除権とは法律の規定によって生じる解除権である。法定解除権には，個々の契約に特別な規定と，すべて

第5編　契約総論

の契約に共通する規定（債務不履行に関する541条〜543条）とがある。

債務不履行は，履行遅滞，履行不能，不完全履行の3類型に分類されており，解除権の発生する要件もそれぞれ異なっている。

付随的債務の不履行の場合には，原則として，解除は許されない。

3　法定解除権の発生

(1)　履行遅滞による解除

当事者の一方が債務を履行しない場合において，相手方が相当の期間を定めて履行の催告をしたが期間内に履行がないときは，相手方は契約の解除をすることができる（541条）。

履行遅滞による解除権が発生するためには次の要件が必要である。

第1の要件は，履行期の徒過である。確定期限あるときは期限の到来した時である（412条1項）。不確定期限あるときは債務者がその期限の到来したことを知った時である（412条2項）。期限を定めなかったときは履行の請求を受けた時である（412条3項）。

第2の要件は，債権者が相当の期間を定めて催告したことである。催告とは履行の請求である。もう一度履行の機会を与える趣旨である。相当期間については，履行の準備をすることまで考慮して期間設定をする必要はない。判例は，相当期間が不相当であっても相当期間の経過で解除権が発生するとする。催告を要しないで直ちに契約を解除することができるというような特約は有効である。催告は，債務の同一性が認識できる程度の表示でよい。

第3の要件は，履行しないことの違法性である。債務者が同時履行の抗弁権を有する場合には，債権者は自己の債務の履行の提供をしなければ，債務者を遅滞に陥れることはできない。

第4の要件は，債務者の責任に帰すべき事由である。学説は，民法541条に規定のない要件として，債務者の責任に帰すべき事由を要求する。責に帰すべき事由は，債務者の故意・過失より広く，信義則上，債務者の故意・過失と同視すべき事由も包含される。

契約の性質または当事者の意思表示により，特定の日時または一定の期間内に履行をしなければ契約をした目的を達することができない場合において，

当事者の一方が履行をしないでその時期を経過したときは，相手方は催告をすることなく，直ちにその契約の解除をすることができる（542条）。これを定期行為の履行遅滞という。定期行為とは，履行の時期が重要な意味をもっている契約である。たとえば，結婚式の引出物などの給付契約である。履行期に遅れた履行は債権者にとって無価値であり，さらに催告させることは無意味だからである。

(2) **履行不能による解除**

履行の全部または一部が不能となったときは，債権者は，契約の解除をすることができる。しかし，その債務の不履行が債務者の責めに帰することができない事由によるものであるときは，この限りでない（543条）。これを履行不能による解除という。債務者の責に帰すべき事由によって履行が不能となったときは，債権者は催告なしで直ちに契約解除ができる。たとえば，建物の売主が過失によってその建物を焼失させた結果，買主に引き渡すことができなくなった場合である。

履行不能による解除が発生するためには次の要件が必要である。第1は，履行の不能である。不能の判断は社会の取引観念による。第2は，債務者の帰責事由である。不能という性質からして，催告を必要としないし，履行期の到来も不要である。

(3) **不完全履行による解除**

不完全履行とは，一応債務の履行としてはなされているが，その給付が債務の本旨に従わない不完全なものである。不完全履行については，民法には規定がない。たとえば，納品された自動車のオプション部品が違っていたというような場合である。

追完が可能な場合は，債権者は相当の期間を定めて完全なものの給付を催告し，期間内に追完なされなければ契約解除ができる。追完を許さない場合は，債権者は催告をする必要がなく直ちに契約を解除することができる。

4　解除権の行使

契約または法律の規定により当事者の一方が解除権を有するときは，その解除は，相手方に対する意思表示によってする。意思表示の方法は，裁判上または裁判外，そして，明示または黙示を問わない。解除の意思表示は撤回

することができない（540条）。相手方の利益を害するおそれがあるからである。

当事者の一方が数人ある場合には，契約の解除は，その全員からまたはその全員に対してのみ，することができる。解除権が当事者のうちの1人について消滅したときは，他の者についても消滅する（544条）。これを解除権の不可分性という。当事者全員の特約でこの規定を排除できる。

5 解除の効果

(1) 原状回復義務

当事者の一方がその解除権を行使したときは，各当事者は，その相手方を原状に復させる義務を負う（民法545条1項）。この義務を原状回復義務という。

解除の効果の理論的な説明方法として2つがある。第1は，直接効果説であり，契約が解除されると，契約上の債権および債務ははじめにさかのぼって消滅し，当事者は契約を締結しなかった状態に戻るとするものである。第2は，間接効果説であり，解除の効果として，契約上の債権および債務が消滅するのではなく，当事者に原状回復の債権・債務関係を発生させるものであるとする。判例は直接効果説に立つ。

解除により，双方の未履行の債務は消滅する。すでに履行がなされた債務については，相互に返還義務がある。目的物が引き渡されているときは，その物の返還義務がある。金銭を返還するときは，その受領の時から利息を付さなければならない（545条2項）。解除によって両当事者の負担する原状回復義務は同時履行の関係に立つ（546条・533条）。解除権の行使は，損害賠償の請求を妨げない（545条3項）。損害賠償の範囲は，民法416条の一般原則による。原則として解除時の時価を基準とする。

(2) 契約の解除と第三者

売主Aが買主Bとの間で目的物の売買契約を締結し，Bが目的物を第三者Cに譲渡した後に，Aが売買契約を解除した場合において，CはAに目的物を返還しなければならないか。解除前の第三者については，その権利を害することはできない（545条1項但書）。悪意の第三者も保護される。判例は第三者が保護されるためには対抗要件が必要とする。解除後の第三者は，対抗関係として処理される。

6 法定解除権の消滅

　解除権の行使について期間の定めがないときは，相手方は，解除権を有する者に対し，相当の期間を定めて，その期間内に解除をするかどうかを確答すべき旨の催告をすることができる。この場合において，その期間内に解除の通知を受けないときは，解除権は，消滅する（547条）。

　解除権を有する者が自己の行為もしくは過失によって契約の目的物を著しく損傷し，もしくは返還不可能となったとき，または加工もしくは改造によってこれを他の種類の物に変えたときは，解除権は，消滅する。契約の目的物が解除権を有する者の行為または過失によらないで滅失し，または損傷したときは，解除権は消滅しない（548条）。行為または過失とは，故意または過失の意味である。

　判例は，解除権も一般の債権と同様に行使可能時から10年の消滅時効にかかるとしている（内田『民法Ⅱ（第3版）』103頁）。

第6編
契約各論

序章　典型契約と非典型契約

　社会で行われる財産取引は，契約という法的方法を通して行われる。その契約の種類は多様である。そのうちの多く利用される契約について類型化されており，典型契約または有名契約という（来栖『契約法』736頁）。典型契約は民法典に規定されており，贈与，売買，交換，消費貸借，使用貸借，賃貸借，雇用，請負，委任，寄託，組合，終身定期金，和解の13種類である。

　典型契約は，次の4種類に分類が可能である。第1は財産権移転型であり，贈与，売買，交換である。第2は貸借型であり，消費貸借，使用貸借，賃貸借である。第3は労務供給型であり，雇用，請負，委任，寄託である。第4はその他であり，組合，終身定期金，和解である。

　典型契約以外のものを非典型契約または無名契約という。たとえば，サッカーチームの専属契約，小説の出版契約，放送への出演契約などがある。

第1章 贈　　与

1　贈与の意義

　贈与契約は，当事者の一方が自己の財産を無償で相手方に与える意思を表示し，相手方が受諾をすることによって成立する（549条）。すなわち，贈与とは贈与者が受贈者へ対価なしで財産を与える契約である。たとえば，誕生日のプレゼントである。

　贈与契約は，無償契約，片務契約，諾成契約とされている。

2　贈与の成立

　贈与は契約であるから，契約成立のためには贈与者と受贈者の合意が必要である。贈与契約には方式は不要であり，公正証書などは要しない（来栖『契約法』245頁）。しかし，書面によらない贈与は，各当事者が撤回することができる（550条）。この規定の趣旨は，贈与の意思を明確にし，軽率な贈与をいましめ，紛争の発生を防止する点にある。書面は贈与者の意思が表示されているものであればよい。

　書面によらない贈与でも，履行の終わった部分については撤回できない。履行とは，動産は引渡しである。不動産は登記でも引渡しでもよい。

3　贈与の効力

　贈与者は，財産権移転義務がある。目的物の引渡義務，不動産における登記への協力義務，受贈者のために対抗要件をそなえさせる義務を負う。

　贈与者は，贈与の目的である物または権利の瑕疵または不存在について，その責任を負わない。しかし，贈与者がその瑕疵または不存在を知りながら受贈者に告げなかったときは，責任を負う（551条）。損害賠償の範囲は，通説は，信頼利益に限られるとする。

　書面による贈与においても，撤回が認められる場合がある。受贈者の忘恩行為および贈与者の財政状況の悪化である。

4　特殊の贈与

　定期給付を目的とする贈与は，贈与者または受贈者の死亡により，その効力は消滅する。これを定期贈与という。定期贈与は，たとえば，AがBに毎月一定額の学資を在学中与えるとする契約である。

　負担付贈与とは，贈与契約の一部として受贈者に一定の給付義務を負担させる契約である。たとえば，AがBに家屋を贈与すると同時に，Bに対し贈与された家屋の一部をAに無償で使用させる義務を負わせる場合である。受贈者が負担を履行しないときは，贈与者は，契約を解除できる。

　死因贈与とは，贈与者の死亡によって効力を生ずる贈与である。たとえば，AがBに対して，Aが死んだ暁には不動産を与えると約束するような場合である。死因贈与には遺贈に関する規定を準用する（554条）。

第 2 章　売買・交換

1　売買の意義

　売買は，当事者の一方がある財産権を相手方に移転することを約し，相手方がこれに対してその代金を支払うことを約することによって成立する契約である（555 条）。売買は，資本主義経済の根幹をなす契約であり，経済的にも法律的にもきわめて重要な地位を占めている。

　売買契約は，第 1 に諾成契約である。売主と買主との合意のみによって成立する。財産権移転や金銭交付などは必要でない。契約書の作成は要件ではない。契約の付随的事項についての合意がなくても売買は成立する。第 2 に双務契約である。契約の成立により，財産権移転債務と代金支払債務が生じる。第 3 に有償契約である。売買は，財産権と代金とを交換する契約である。その点で，同じ有償契約であっても，当事者が互いに金銭の所有権以外の財産権を移転することを約する交換とは異なる。売買に関する規定は，売買以外の有償契約について準用される。

　法律上は売買の範疇に含まれる契約であっても，実際の取引形態は多様である。売買の目的物が，不動産と動産とでは，適用される法規が異なる。商人間の売買であるか否かによって，適用される法律が民法の場合と商法の場合とがある。事業者と消費者との間の売買においては，消費者の権利の保護のための規制が存在する。売買取引においては，取引慣行の支配する部分がある。売買には，継続的契約と単独契約とがあり，継続的契約は基本契約と個別契約から構成されている（来栖『契約法』130 頁）。売買の態様として訪問販売や通信販売などもある。

　売買契約は，売主と買主との合意のみによって成立するが，しかし，自動販売機で飲物を買う場合には売買の目的物と代金とが直接交換される。このような売買を現実売買という。

2 売買契約の成立

(1) 売買の合意

売買とは，一方当事者が財産権を相手方に移転することを約し，相手方が代金を支払うことを約することによって，成立する契約である。財産権は，動産・不動産の所有権，貸金債権・賃借権などの債権，無体財産権など，財産的価値のある権利をいう。財産権の移転の対価は，金銭に限る。

(2) 売買の予約

売買の一方の予約は，相手方が売買を完結する意思を表示した時から，売買の効力を生ずる。意思表示について期間を定めなかったときは，予約者は，相手方に対し，相当の期間を定めて，その期間内に売買を完結するかどうかを確答すべき旨の催告をすることができる。相手方がその期間内に確答をしないときは，売買の一方の予約はその効力を失う（556条）。

すなわち，売買の一方の予約とは，売主または買主の一方のみが本契約を成立させる意思表示の権利（予約完結権）を有しており，この権利に基づき，相手方に対して，本契約を成立させるという意思表示（予約完結権の意思表示）をすれば，相手方の承諾を待つことなく，一方的に売買が成立するという約束をするものである。

(3) 手　付

手付とは，契約の締結の際に当事者の一方から他方に対して支払われる金銭その他の有価物をいう。不動産の売買や賃貸借において，授受されることが多い。売買の場合，代金の1割から2割であることが多い。

手付には3種類がある。第1は証約手付であり，契約を締結したという証拠として交付される手付である。第2は解約手付であり，約定解除権の留保のために交付される手付である。第3は違約手付であり，相手方が債務を履行しないときに，手付を受領した者が没収する手付である。違約手付は，損害賠償額の予定としての性質を持ち，損害賠償額が手付に限定されるものと，違約罰として没収される趣旨で交付されるもので，損害が発生した場合にはさらに損害賠償を請求できるものとがある（来栖『契約法』34頁）。

民法は解約手付と推定する。すなわち，買主が売主に手付を交付したときは，当事者の一方が契約の履行に着手するまでは，買主はその手付を放棄し，

売主はその倍額を償還して、契約の解除をすることができる（557条1項）。

解約手付が交付された場合には、履行に着手するまでは解除できる。自ら履行に着手した当事者は、相手方が履行に着手しないうちは、解除できる。557条1項は、履行に着手した当事者の不測の損害を防止するための規定である。解約手付による解除は、損害賠償を行う必要はない。

(4) 売買契約に関する費用

売買契約に関する費用は、当事者双方が等しい割合で負担する。

3　売買の効力

(1) 売主の義務

売買契約の成立により、売主は、売買の目的物である財産権を買主に移転する義務を負う。他人の有する権利を売買したときでも契約は有効である。占有の移転、対抗要件具備への協力、必要書類の交付も売主の義務である。未だ引き渡されていない売買の目的物が果実を生じたときは、その果実は売主に帰属する（575条）。

(2) 売主の担保責任

売主の担保責任とは、売買の目的物が数量、性能、品質等において不完全であるために、買主が意図した目的を達成できない場合に、買主を保護するために、売主に対して課した特別の責任をいう。すなわち、代金と目的物の間の対価関係に破たんが生じた場合に、これを是正して、売主と買主の間の公平を確保しようとする制度である。したがって、売主が無過失でも、売主は担保責任を負う（裁判所職員総合研修所『新訂民法概説（3訂補訂版）』239頁）。

担保責任には、権利の瑕疵についての責任と物の瑕疵についての責任とがある。たとえば、買った物が売主の所有物ではなかったために買主が所有権を取得できない場合や、買った物に欠陥があって買主が使用できない場合である。

このような場合には、買主は売主に対して、代金減額請求権、損害賠償請求権、契約解除権を用いて、責任の追及が可能となる。

(3) 売買の目的たる権利が他人に帰属する場合

権利が他人に帰属する場合とは、AがBにC所有の土地を売ったが、Cには譲渡の意思がない場合である。また、BがAから甲土地を買ってCに

売る契約をしたが，AからBへの登記が済まないうちにAが甲土地をDに売って登記を完了してしまった場合である。

　他人の物を売買契約の目的とした場合でもその売買契約は有効といえる。民法560条はそれを前提とした規定である。しかし，他人の権利を売買の目的としたときは，売主はその権利を取得した上で買主へ移転する義務を負う（560条）。

　その場合に，売主がその売却した権利を取得した上で買主へ移転することができないときは，買主は契約の解除ができる。この場合に，契約時にその権利が売主に属しないことを知っていたときは，損害賠償の請求ができない（561条）。

　すなわち，善意の買主の場合は，契約解除および損害賠償請求ができる。悪意の買主の場合は，契約解除のみができる。権利行使の期間制限はない。

(4) 権利の一部が他人に属する場合

　権利の一部が他人に属する場合とは，たとえば，購入した土地の一部が他人の所有地であった場合や，購入した土地が他人との共有地であった場合である。

　売買の目的である権利の一部が他人に属するために，売主がこれを買主に移転することができないときは，買主は不足部分の割合に応じて代金の減額請求ができる。残存する部分のみであれば買主がこれを買わなかったときは，善意の買主は，契約の解除ができる。代金減額請求または契約解除は，善意の買主が損害賠償の請求をすることを妨げない（563条）。

　すなわち，善意の買主の場合は，代金減額請求，解除および損害賠償請求ができる。悪意の買主の場合は代金減額請求ができる。権利行使は，善意の買主は事実を知ったときから1年以内である。悪意の買主は契約時から1年以内である。

(5) 数量の不足または物の一部滅失する場合

　数量が不足する場合とは，土地を1平方メートルあたり20万円で計算して100平方メートルを買ったが，実測してみたら90平方メートルであった場合である。

　売買の目的たる権利の一部が他人に属する場合の規定は，数量を指示して売買をした物に不足がある場合または物の一部が契約の時に既に滅失してい

た場合において，買主がその不足又は滅失を知らなかったときについて準用される（565条）。すなわち，善意の買主は代金減額請求，損害賠償請求および解除ができる。権利行使は，数量不足を知ったときから1年以内である。悪意の買主はこれらの権利を有しない。

　数量指示売買とは，当事者において目的物の実際に有する数量を確保するため，その一定の面積，容量，重量等を売主が契約において表示し，かつ，数量を基礎として代金額が定められた売買をいう。したがって，数量が契約書に記載されている場合であっても，登記簿上の面積を移記したように目的物を特定するための表示であるときは数量指示売買とはいえない。

　数量が指示されたものよりも超過していた場合は，売主は代金の増額請求はできない（最判平成13年11月27日民集55巻6号1380頁）。

(6) 利用権による制限がある場合

　利用権による制限がある場合とは，家を建てるために土地を買ったところ，その土地が登記した賃借権の目的となっていたような場合である。つまり，対抗力ある他人の権利によって目的物の利用が制限されている場合である。

　売買の目的物が地上権，永小作権，地役権，留置権または質権の目的である場合において，買主がこれを知らず，かつ，そのために契約をした目的を達することができないときは，買主は，契約の解除をすることができる。この場合に，契約の解除をすることができないときは，損害賠償の請求のみをすることができる。売買の目的である不動産のために存在すると称した地役権が存在しなかった場合およびその不動産について登記をした賃貸借があった場合についても同様である（566条）。

　すなわち，善意の買主は，契約解除および損害賠償請求ができる。権利行使は，買主が事実を知った時から1年以内である。悪意の買主はこれらの権利を有しない。

(7) 担保権による制限がある場合

　担保権による制限がある場合とは，たとえば，AがBから甲土地を買ったところ，BはCに対する債務の担保のために甲土地に対して抵当権を設定しており，そして，Bが債務を弁済できなくなったために，Cが抵当権を実行したような場合である。

　売買の目的不動産に抵当権などが付いていても，売主に責任は生じない。

しかし，売買の目的である不動産について存した先取特権または抵当権の行使により買主がその所有権を失ったときは，買主は，契約の解除をすることができる（567条1項）。買主は，費用を支出してその所有権を保存したときは，売主に対し，その費用の償還を請求することができる（567条2項）。以上の場合において，買主は，損害を受けたときは，その賠償を請求することができる（567条3項）。

すなわち，担保権実行により買主が所有権を失う場合は，善意・悪意を問わず，買主は解除と損害賠償請求ができる。なぜならば，売主は当然に担保権を消滅させるべきだからである。買主が所有権を保全する場合は，善意・悪意を問わず，費用償還と損害賠償の請求ができる。権利行使は期間制限がない。

(8) **物に隠れた瑕疵があった場合**

物に隠れた瑕疵があった場合とは，たとえば建物を買ったら土台が白蟻に食われていて腐食していた場合や，動物を買ったら病気であった場合である。

売買の目的物に隠れた瑕疵があったときは，利用権による制限のある場合の規定を準用する。すなわち，善意の買主は，契約解除および損害賠償請求ができる。しかし，強制競売の場合は，この限りでない（570条）。

瑕疵とは，同種の物が通常有している品質や性能が欠けていることをいう。隠れたるとは，買主が知らず，注意しても知りえないことをいう。したがって，買主には瑕疵について善意・無過失が要求される。権利行使は，事実を知った時から1年以内である。

570条に規定された目的物とは，特定物に限られるのか否かは問題である。すなわち，売主が瑕疵担保責任を負うのは，特定物の売買に限るのか，それとも不特定物の売買にも適用があるのかの問題である。判例は，瑕疵担保責任の規定による権利のみしか行使できなくなるのは，買主が瑕疵の存在を認識した上で目的物を履行として認容し受領したときであるとする（最判昭和36年12月15日民集15巻11号2852頁）。

(9) **買主の義務**

買主は代金を支払う義務を負う。代金支払いの時期や場所に関しては，当事者の特約による。しかし，特約のない場合には，代金の支払い時期は目的物の引渡しと同じ時期と推定される。

引き渡されていない売買の目的物が果実を生じたときは，その果実は売主に帰属する。買主は，引渡しの日から，代金の利息を支払う義務を負う。しかし，代金の支払いについて期限があるときは，その期限が到来するまでは，利息を支払うことを要しない。売買の目的について権利を主張する者があるために，買主がその買い受けた権利を失うおそれがあるときは，買主は危険の限度に応じて代金の支払いを拒むことができる。しかし，売主が担保を供したときは代金の支払いを拒むことができない。買い受けた不動産について抵当権の登記があるときは，買主は，抵当権消滅請求の手続が終わるまで，その代金の支払いを拒むことができる。

判例は，買主の目的物の受領義務を肯定する。

4 特定商取引法

通常の取引は常設の店舗で行われる。しかし，訪問販売では，購入者はセールスマンの突然の訪問を受けて，強引な販売により，不公正な取引を強いられる危険がある。そこで消費者トラブルが生じやすい特定の取引を対象に，購入者の利益を保護するために制定されたのが特定商取引法（旧訪問販売法）である。

特定商取引とは，訪問販売，通信販売および電話勧誘販売に係る取引，連鎖販売取引，特定継続的役務提供に係る取引並びに業務提供誘引販売取引をいう。

特定商取引法は次のような規制を規定する。氏名等の明示，再勧誘の禁止，書面の交付，不実なことを告げる行為の禁止，契約の申込みの撤回（クーリング・オフ），過量販売の禁止，契約の解除などに伴う損害賠償等の額の制限などである。

5 交 換

交換は，当事者が互いに金銭の所有権以外の財産権を移転することを約することによって成立する契約である（586条）。交換は，有償・双務・諾成契約である。社会生活において交換が機能する範囲は狭い。交換が一定の役割を果たす例として，土地収用法上の替地などがある。

第3章　消費貸借

1　消費貸借の意義

　消費貸借は、当事者の一方が種類、品質および数量の同じ物をもって返還をすることを約して相手方から金銭その他の物を受け取ることによって、その効力を生ずる（587条）。

　民法典は、物を貸借する契約として消費貸借・使用貸借・賃貸借を規定している。消費貸借の借主は、目的物の所有権を取得し、これを消費したうえで同種・同等・同量の物を返還する。使用貸借および賃貸借は、目的物の所有権が貸主に留保され、借主は借りたその物を返還する。

　消費貸借は、要物契約である（来栖『契約法』252頁）。また、借主だけが債務を負う片務契約である。借主が利息を支払わないときは無償契約であるが、利息を支払うときは有償契約である。

　消費貸借の代表例は、金銭の貸借である。金銭の貸借には、個人の少額の消費者金融、個人の住宅ローン、企業の資金調達のための銀行からの借入等がある。金銭の貸借には特別法が制定されており、借主保護を目的として利息制限法・出資の受入れ、預り金及び金利等の取締りに関する法律（出資法）・貸金業法がある。

2　消費貸借の成立

　消費貸借は、相手方から金銭その他の物を受け取ることによって、その効力を生ずる。消費貸借の目的物は、金銭その他の代替物である。

　消費貸借は、物を受け取ることによって、その効力を生ずる。つまり、要物契約である。消費貸借を要物契約とすることは社会経済の実態と合わないために、その要物性の緩和が図られている。判例は、公正証書作成後に金銭が授受された場合にも、債務名義としての効力を認める。また、判例は、目的物の授受前に設定された抵当権を有効としている。民法は、消費貸借の予約（来栖『契約法』256頁）を認めており（589条）、利息付きの消費貸借につ

いては，諾成的消費貸借の有効性が認められる。

3 消費貸借の効力

　利息付きの消費貸借において，物に隠れた瑕疵があったときは，貸主は，瑕疵がない物に代えなければならない。それとともに，損害賠償責任を負う。無利息の消費貸借においては，貸主が瑕疵を知りながら借主に告げなかったときは，同様の責任を負う。

　借主が貸主から受け取った物と種類，品質及び数量の同じ物をもって返還をすることができなくなったときは，その時における物の価額を償還すればよい。

4 消費貸借の終了

　返還時期の定めが有る場合には，約定の時期に消費貸借は終了する。債務の履行について確定期限があるときは，債務者は，その期限の到来した時から遅滞の責任を負う。不確定期限があるときは，債務者は，その期限の到来したことを知った時から遅滞の責任を負う。当事者が返還の時期を定めなかったときは，貸主は相当の期間を定めて返還の催告をすることができる。借主はいつでも返還をすることができる。

5 準消費貸借

　消費貸借によらないで金銭その他の物を給付する義務を負う者がある場合において，当事者がその物を消費貸借の目的とすることを約したときは，消費貸借は，これによって成立したものとみなす（588条）。これを準消費貸借という。たとえば，AがBから商品を買ったが，Aは代金を支払わないで，これを借金とする場合である。

第6節　割賦販売法

(1) 消費者信用

　消費貸借は，広い意味で信用を与える行為の一類型である（来栖『契約法』160頁）。消費者信用の類型には2つある。第1は，消費貸借である消費者ローンである。第2は，商品の売買契約と信用供与の結びついたクレジット販売

である（内田『民法Ⅱ（第3版）』256頁）。

　割賦販売法の適用を受ける取引は5種類である。第1は，割賦販売である（割賦販売法2条1項1号）。割賦販売とは，購入者から商品若しくは権利の代金を，または役務の提供を受ける者から役務の対価を2カ月以上の期間にわたり，かつ，3回以上に分割して受領することを条件として，指定商品もしくは指定権利を販売し，または指定役務を提供することをいう。指定商品とは，定型的な条件で販売するのに適する商品であって政令で定めるものをいう。化粧品などの消耗品も含まれるが，自動車は適用除外である。指定権利とは，スポーツクラブの会員権などをいう。指定役務とは，英会話学校などである。割賦販売の方法により販売された指定商品の所有権は，割賦金の全部の支払の義務が履行される時までは，割賦販売業者に留保されたものと推定される（7条）。買主が売却または質入れしたときは横領罪（刑法252条）となる（内田『民法Ⅱ（第3版）』257頁）。

　第2は，ローン提携販売である（割賦販売法2条2項）。ローン提携販売とは，販売業者からの商品購入と金融機関からの融資が1組となった販売形態で，販売業者またはその委託を受けた者が購入者の債務の保証人となる。指定商品，指定権利，指定役務が対象となる。ローン提携販売は，買主の利点として，割賦販売と比較して金利の負担が少なくて済み，かつ，返済方法が銀行口座自動引き落としによるので簡便である。売主の利点として，売掛代金の効率的活用が可能であり，かつ，債権管理や集金業務が必要でなくなる。信用を供与する銀行などの利点として，売主が顧客の信用を調査するので煩雑さがなくなる上に，売主の保証によりリスクを回避できる。実際には，販売店が保証する代わりに，信販会社が金融機関に対して保証することが多い（内田『民法Ⅱ（第3版）』258頁）。

　第3は，信用購入あっせん（割賦販売法2条3，4項）である。信用購入あっせんとは，クレジットカードを用いた取引や信販会社などが個別の商品購入契約ごとに信用を与える取引などである。信用購入あっせんには，包括信用購入あっせんと個別信用購入あっせんとがある。包括信用購入あっせんの代表的なものは，あらかじめクレジットカードを発行しておくものである。個別信用購入あっせんは，個別商品ごとに立替払いが行われるものである。信用購入あっせんとローン提携販売の相違点は，加盟店契約の有無にある。ロー

ン提携販売は，金融業者が顧客である債務者に担保を要求し，販売業者が購入者の債務を保証する。そのためには販売業者に信用が不可欠である。信用購入あっせんは，販売業者が加盟店となることが認められれば，債務を保証する必要がないし，消費者の不払いの危険は信用購入あっせん業者が負担する。このため，零細な小売業者でも，分割払い方式で消費者へ商品やサービスを売ることが可能となる。販売業者は保証をしないので，購入者の信用調査を自分で行う必要がない（内田『民法Ⅱ（第3版）』259頁）。

第4は，前払式特定取引（割賦販売法2条6項）である。前払式特定取引は，毎月一定額の金銭を会費等の名目で支払い，サービスを受けるなどの取引である。冠婚葬祭互助会やデパート・化粧品メーカの友の会である。消費者が先に対価を支払う点で，前払式割賦販売と共通する。

第5は，前払式割賦販売（割賦販売法11条）である。指定商品を引き渡すに先立って購入者から2回以上にわたり，その代金の全部または一部を受領する割賦販売である。

(2) 抗弁の対抗（接続）

売買契約において商品に瑕疵があると，買主は代金支払を拒絶できる（民法571条，同時履行の抗弁権）。売買契約が錯誤無効または詐欺で取消されると，買主は代金支払を拒否できる。しかし，信用購入あっせんでは，売買と立替払契約とが別個になされているために，買主の売主に対する抗弁が信販会社に対して主張できるかが問題である。現在では，信用購入あっせんにおいても，またローン提携販売においても，抗弁の接続が認められている（内田『民法Ⅱ（第3版）』264頁）。

第4章　使用貸借

1　使用貸借の意義と成立

　使用貸借は，当事者の一方が無償で使用および収益をした後に返還をすることを約して相手方から物を受け取ることによって成立する契約である（593条）。すなわち，貸主が借主に無償で貸すことにして目的物を引き渡し，借主が使用および収益したのち返還するという契約である。たとえば，友人との間で自転車の貸し借りをする場合である。

　使用貸借は，無償契約，片務契約，要物契約である。使用貸借の社会的機能は大きくはない。

2　使用貸借の効力

　借主は，契約またはその目的物の性質によって定まった用法に従い，使用および収益をしなければならない。借主が契約の本旨に違反する使用および収益を行い貸主に損害を与えたときは，貸主は借主に損害賠償請求ができる。また，貸主は契約の解除をすることもできる。

　借主は，貸主の承諾を得なければ，第三者に借用物の使用または収益をさせることができない。借主が違反したときは，貸主は契約の解除をすることができる。

　借主は，善管注意義務をもって目的物を保管する義務がある（400条）。

　借主は，使用貸借の終了した場合には，借用物を原状に復して，これに附属させた物を収去しなければならない。

3　使用貸借の終了

　借主は，契約に定めた時期に，借用物の返還をしなければならない。当事者が返還時期を定めなかったときは，借主は，契約目的に従い使用および収益を終わった時に，返還をしなければならない（来栖『契約法』394頁）。しかし，その使用および収益を終わる前であっても，使用および収益をするのに足りる期間を経過したときは，貸主は，直ちに返還を請求することができ

る。当事者が返還の時期並びに使用および収益の目的を定めなかったときは，貸主は，いつでも返還を請求することができる。

　使用貸借は借主の死亡によって終了する。

第5章 賃　貸　借

1　賃貸借の意義

　賃貸借は，当事者の一方がある物の使用および収益を相手方にさせることを約し，相手方がこれに対してその賃料を支払うことを約することによって成立する（601条）。賃貸人が賃借人にある物の使用および収益をさせ，これに対し賃借人が使用および収益の対価を支払う契約である。たとえば，AがBに土地を貸し，BがAに賃料を払う場合である。社会的機能としては不動産の賃貸借が重要であるが，レンタル事業やリース事業もある。

　賃貸借契約は，有償契約，双務契約，諾成契約である。

2　賃貸借の成立

(1)　諾成契約

　賃貸借は，当事者の一方が使用および収益をさせることを約し，相手方が賃料を支払うことを約することによって成立する。つまり，諾成契約である。不動産賃貸借であっても，原則的に，契約書は必要とはしない。賃貸借の対象は物であるから，動産でも不動産でもよい。

　不動産の賃貸借契約の成立に際しては，敷金や権利金と呼ばれる金銭の授受が行われる実態がある。

(2)　敷　金

　敷金は，契約期間中に賃借人が賃貸人に負担する賃料債務その他一切の債務の担保のために，差し入れられた金銭である。契約終了後に賃借人の債務を控除してなお残額がある場合には，その残額につき返還される。

　判例は，敷金返還請求権は賃借人が賃貸物を返還した時に発生するとする。そのため，敷金の返還と家屋の明渡しとは同時履行の関係に立たない。

　判例は，賃貸人が交代した場合，敷金は当然新賃貸人へ承継されるとする。賃借人が交代した場合は，特段の事情がない限り承継されないとする（遠藤・磯本「敷金の性質・土地賃借権の移転と敷金の承継」遠藤編『判例ハンドブック

債権（第2版）』152頁）。

　敷引特約とは，居住用建物の賃貸借契約において，契約終了時に敷金の一定額が返還されない旨の特約をいう。消費者契約である居住用建物の賃貸借契約に付された敷引特約は，当該建物に生ずる通常損耗等の補修費用として通常想定される額，賃料の額，礼金等他の一時金の授受の有無およびその額等に照らし，敷引金の額が高額すぎる場合には，特段の事情のない限り，消費者契約法10条により無効となる（最判平成23年3月24日民集65巻2号903頁）。

(3) 権　利　金

　賃借人から賃貸人に対して交付される敷金以外の金銭に権利金がある。権利金はその性質に応じて通常3種類がある。場所的利益の対価，賃料の一部の一括前払い，賃借権に譲渡性を認める対価である（内田『民法Ⅱ（第3版）』190頁）。判例は，返還請求を原則として認めない。

礼金は，借家権を設定するにあたり授受される謝礼金である。保証金には，新築建物の賃貸借において，賃借人が建築協力金として支払うものがある。

(4) 賃貸借の存続期間

　賃貸借の存続期間は，20年を超えることができない。契約でこれより長い期間を定めたときであっても20年に縮減される。賃貸借の存続期間は更新することができるが，その期間は更新の時から20年を超えることができない。

3　賃貸借の効力

(1) 賃貸人の義務

　賃貸人は賃借人に物を使用および収益させる義務がある。すなわち，賃借人が物を使用および収益する目的を実現するために最も適した状態とするすべての義務をいう。建物の賃貸人はその建物を賃借人に引き渡すべき義務を負う。第三者がその建物の使用および収益を妨害するときは，その妨害を排除すべき義務を負う。たとえば，前の賃借人を建物から退去させる義務がある。

　賃貸人は，賃貸物の使用および収益に必要な修繕を行う義務を負う。賃貸人が賃貸物の保存に必要な行為をしようとするときは，賃借人は拒絶できな

い。賃貸人が修繕義務を履行しない場合には，その分賃借人は賃料義務の履行を拒絶できると考えられる。特約があるときは，賃貸人は修繕義務を負わない。

　賃借人は，賃借物に関して賃貸人が負担すべき必要費を支出したときは，賃貸人に対し直ちにその償還を請求できる。必要費とは，通常の用法に適する状態に保存するための費用である。たとえば，台所の水道が故障したので修繕をした費用をいう。賃借人が賃借物に関して有益費を支出したときは，賃貸人は，賃貸借の終了時に，目的物の価格の増加が現存している限り，その選択に従い，支出された費用または増加額のどちらかを償還をしなければならない。たとえば，玄関に防犯灯を設置した費用をいう。ただし，賃貸人が請求すれば，裁判所はその償還について相当の期限を与えることができる。

(2) 賃借人の義務

　賃借人は賃貸人に対して賃料を支払う義務がある。賃料支払義務は，賃借人の義務の核心部分である。賃料支払時期に特約がないときは後払いが認められる。賃借物の一部滅失の場合には賃借人は賃料の減額を請求できるし，目的不達成の場合には契約の解除ができる。

　賃借人は，賃貸人の承諾を得なければ，その賃借権を譲り渡し，または賃借物を転貸することができない（612条1項）。いわゆる又貸しの禁止である。賃借権の譲渡とは，賃借人の地位の移転をいう。賃借物の転貸とは，賃貸借の目的物を転貸することである。賃借人が違反して第三者に賃借物の使用または収益をさせたときは，賃貸人は契約の解除ができる（612条2項）。賃貸人が契約解除するには，賃借人が第三者に賃借物の使用または収益をさせることが要件である。しかし，判例は，賃借人が賃貸人の承諾なしに賃借物を第三者に使用または収益させても，その行為が背信行為と認めるに足りない特段の事情がある場合には，賃貸人の解除権は発生しないとする。賃貸人の承諾を得て賃借権が譲渡された場合，賃借人の契約上の地位は譲受人に移転し，譲渡人は賃貸借関係から離脱する。賃借人が適法に賃借物を転貸したときは，転借人は賃貸人に対して直接に義務を負う。この場合においては，賃料の前払いをもって賃貸人に対抗することができない（613条）。

　賃借人は，賃借物を返還するまで，善良な管理者の注意をもって，その物を保存しなければならない（400条）。また，契約またはその賃借物の性質に

よって定まった使用または収益をしなければならない。

返還に際して，賃借人は目的物を現状に復してこれに附属させた物を収去する権利を有する。しかし，収去は賃借人の義務でもある。

4 賃貸借の終了

当事者が賃貸借の期間を定めたときは，期間の満了によって終了する。当事者が賃貸借の期間を定めなかったときは，各当事者はいつでも解約の申入れをすることができる。

一定の事由により，当事者は賃貸借を解除できる。賃貸借の解除をした場合には，その解除は，将来に向かってのみその効力を生ずる（620条）。たとえば，賃借権の無断譲渡または無断転貸，賃料不払，保管義務違反などである（来栖『契約法』362頁）。

賃借人の債務不履行・義務違反に対しては催告して契約解除しうる。しかし，形式的な不履行の事実に基づいて解除が認められるとするならば，些細な違約を理由として解除が行われることにもなる。そこで，判例は，未だ信頼関係が破壊したと認められない場合には，解除権の行使は認められないとする。その結果，信頼関係が破壊された場合は，催告をすることなく解除をなしうると解される。

賃貸人が賃借人に対して目的物を使用および収益させるという義務が，目的物の滅失その他によって履行不能となった場合には，賃貸借は終了する。たとえば，賃貸した家屋が火災によって滅失した場合である。

混同の場合も賃貸借は終了する。たとえば相続である。

5 賃借権の脆弱さ

債権である賃借権の効力は，物権に比較して弱い。主として，次の3点である。第1に，賃借権には対抗力がないために，不動産が譲渡された場合，新所有者に賃借権を対抗できない。第2に，賃貸借は存続期間が短い。第3に，賃借権は賃借人が自由に譲渡または転貸できないために，無断譲渡転貸は解除事由となる。

そのため，不動産賃貸借については，借地借家法によって修正がされている。借地借家法において，借地権とは，建物の所有を目的とする地上権およ

び土地の賃借権をいう（借地借家法2条1号）。借地権者とは借地権を有する者をいう。借地権設定者とは借地権者に対して借地権を設定している者をいう。

6　建物所有のための土地の賃貸借の特別法

(1)　存続期間

借地権の存続期間は，30年とする。契約でより長い期間を定めたときはその期間とする。合意更新する場合においては，更新の日から10年であり，最初の更新にあっては20年である。これより長い期間を定めたときはその期間とする。

借地権者が契約更新を請求したときは，建物がある場合に限り，従前の契約と同一の条件で契約を更新したものとみなす。しかし，借地権設定者が遅滞なく異議を述べたときは，この限りでない。借地権者が土地の使用を継続するときも，建物がある場合に限り，同様である。

更新に際して更新料を請求する場合が多い（遠藤・磯本「更新料支払義務の不履行」遠藤編『判例ハンドブック債権（第2版）』155頁）。更新料は，賃料の補充ないし前払い，賃貸借契約を継続するための対価等の趣旨を含む複合的な性質を有している。賃貸借契約書に一義的かつ具体的に記載された更新料条項は，更新料の額が賃料の額，賃貸借契約が更新される期間等に照らして高額に過ぎるなどの特段の事情がない限り，消費者契約法10条にいう「民法第1条第2項に規定する基本原則に反して消費者の利益を一方的に害するもの」には該当しない（最判平成23年7月15日民集65巻5号2269頁）。

異議は，正当の事由があると認められる場合でなければ，述べることができない。すなわち，①借地権設定者及び借地権者が土地の使用を必要とする事情，②借地に関する従前の経過，③土地の利用状況，④借地権設定者が財産上の給付をする旨の申出，が考慮すべき要素である（借地借家法6条）。

借地権の存続期間が満了する前に建物の滅失があった場合，借地権者が残存期間を超えて存続すべき建物を築造したときは，築造につき借地権設定者の承諾がある場合に限り，20年間存続する。しかし，残存期間がこれより長いとき，または当事者がこれより長い期間を定めたときは，その期間による。借地権者が借地権設定者に対し残存期間を超えて存続すべき建物を新た

に築造する旨を通知した場合，借地権設定者がその通知を受けた後2カ月以内に異議を述べなかったときは，建物築造につき借地権設定者の承諾があったものとみなす。しかし，契約の更新の後に通知があった場合においては，この限りでない。

　以上の規定に反する特約で借地権者に不利なものは無効である。

(2)　借地権の対抗力

　甲土地の所有者Bは，Aに対して，甲土地を建物所有のために賃貸した。その後，Bは甲土地を第三者Cへ売却した。売買は賃貸借を破るという原則に従えば，CはAに対して，地上建物の収去，土地の明渡しを請求することができることとなる。そこで，民法は賃借人の保護のために，不動産の賃貸借はこれを登記したときは，その後その不動産について物権を取得した者に対しても，その効力を生じる（605条）と規定する。しかし，登記は共同で申請しなければならず，賃貸人は賃貸借の登記の申請に協力する義務は負わない。したがって，民法を以てしては，賃借人を保護することは困難となる。そこで，特別法である借地借家法は，「借地権は，その登記がなくても，土地の上に借地権者が登記されている建物を所有するときは，これをもって第三者に対抗することができる」（借地借家法10条1項）とする。

(3)　地代増減請求権

　地代または土地の借賃（地代等）が，土地に対する租税その他の公課の増減により，土地の価格の上昇若しくは低下その他の経済事情の変動により，または近傍の類似の土地の地代等に比較して不相当となったときは，当事者は将来に向かって地代等の額の増減を請求できる。しかし，一定の期間，地代等を増額しない旨の特約がある場合には，それに従う。地代増減請求権は形成権である。請求したときから増減の効果が発生する。

　地代等の増額について当事者間に協議が調わないときは，その請求を受けた者は，増額を正当とする裁判が確定するまでは，相当と認める額の地代等を支払えばよい。債務不履行責任は負わない。しかし，裁判が確定した場合，既に支払った額に不足があるときは，その不足額に年1割の割合による支払期後の利息を付して支払わなければならない。

　地代等の減額について当事者間に協議が調わないときは，その請求を受けた者は，減額を正当とする裁判が確定するまでは，相当と認める額の地代等

の支払を請求することができる。しかし，裁判が確定した場合，既に支払を受けた額が正当とされた地代等の額を超えるときは，その超過額に年1割の割合による受領の時からの利息を付してこれを返還しなければならない（借地借家法11条）。

(4) 建物買取請求権

借地権の存続期間が満了した場合において，契約の更新がないときは，借地権者は借地権設定者に対し，建物その他借地権者が権原により土地に附属させた物を時価で買い取るべきことを請求することができる（借地借家法13条1項）。これを建物買取請求権という。建物買取請求権は形成権と解されており，権利を行使することにより当然に売買契約が成立する。この規定に反する特約で借地権者に不利なものは無効である。

(5) 借地条件の変更

借地借家法は，借地条件の変更等に関して，非訟事件として裁判所が後見的に関与することにより，当事者双方の利益を調節する方法を採用している。借地非訟事件に関しては，借地非訟事件手続規則に細則がある。

建物の種類，構造，規模または用途を制限する借地条件がある場合において，法令による土地利用の規制の変更，付近の土地の利用状況の変化その他の事情の変更により現に借地権を設定するにおいてはその借地条件と異なる建物の所有を目的とすることが相当であるにもかかわらず，借地条件の変更につき当事者間に協議が調わないときは，裁判所は，当事者の申立てにより，その借地条件を変更することができる（借地借家法17条1項）。

裁判所は，裁判をする場合において，当事者間の利益の衡平を図るため必要があるときは，他の借地条件を変更し，財産上の給付を命じ，その他相当の処分をすることができる。裁判所は，裁判をするには，借地権の残存期間，土地の状況，借地に関する従前の経過その他一切の事情を考慮しなければならない。

(6) 増改築の許可

増改築を制限する借地条件がある場合において，土地の通常の利用上相当とすべき増改築について当事者間に協議が調わないときは，裁判所は借地権者の申立てにより，その増改築についての借地権設定者の承諾に代わる許可を与えることができる（借地借家法17条2項）。

裁判所は，裁判をする場合において，当事者間の利益の衡平を図るため必要があるときは，他の借地条件を変更し，財産上の給付を命じ，その他相当の処分をすることができる。

裁判所は，裁判をするには，借地権の残存期間，土地の状況，借地に関する従前の経過その他一切の事情を考慮しなければならない

(7) 土地賃借権の譲渡または転貸の許可

賃借人は，賃貸人の承諾が無ければ，その賃借権を譲り渡し，または賃借物を転貸することができない。賃借人の違反に対して賃貸人は契約解除できる（612条）。しかし，建物所有を目的とする借地では，譲渡また転貸を制限する必要性は認められない。

したがって，借地権者が賃借権の目的である土地の上の建物を第三者に譲渡しようとする場合において，その第三者が賃借権を取得し，または転借をしても借地権設定者に不利となるおそれがないにもかかわらず，借地権設定者がその賃借権の譲渡または転貸を承諾しないときは，裁判所は借地権者の申立てにより借地権設定者の承諾に代わる許可を与えることができる。この場合，当事者間の利益の衡平を図るため必要があるときは，賃借権の譲渡若しくは転貸を条件とする借地条件の変更を命じ，またはその許可を財産上の給付に係らしめることができる（借地借家法19条1項）。

裁判所は，裁判をするには，賃借権の残存期間，借地に関する従前の経過，賃借権の譲渡または転貸を必要とする事情その他一切の事情を考慮しなければならない。

(8) 定期借地権等

更新のない借地権を定期借地権といい，3種類がある。第1は，一般定期借地権である（借地借家法22条）。存続期間を50年以上として借地権を設定する場合においては，契約の更新および建物の築造による存続期間の延長がなく，ならびに買取りの請求をしないこととする旨を定めることができる。

第2は，事業用定期借地権（借地借家法23条）である。専ら事業の用に供する建物の所有を目的とする場合に限定される。居住用の建物は認められない。存続期間は10年以上50年未満の期間である。存続期間を30年以上50年未満として借地権を設定する場合においては，契約の更新および建物の築造による存続期間の延長がなく，建物買取請求権を排除する特約が認められ

る。存続期間を10年以上30年未満として借地権を設定する場合には，更新の保護などのない事業用定期借地権の設定ができる。事業用定期借地権の設定を目的とする契約は，公正証書による必要がある。

　第3は，建物譲渡特約付借地権（借地借家法24条）である。借地権を設定する場合においては，借地権を消滅させるため，その設定後30年以上を経過した日に借地権の目的である土地の上の建物を借地権設定者に相当の対価で譲渡する旨を定めることができる。

7　建物の賃貸借に関する特別法

(1)　存続期間

　期間を1年未満とする建物の賃貸借は，期間の定めがない建物の賃貸借とみなす（借地借家法29条）。

　建物の賃貸借について期間の定めがある場合において，当事者が期間の満了の1年前から6カ月前までの間に相手方に対して更新をしない旨の通知または条件を変更しなければ更新をしない旨の通知をしなかったときは，従前の契約と同一の条件で契約を更新したものとみなす。しかし，その期間は定めがないものとする。通知をした場合であっても，建物の賃貸借の期間が満了した後建物の賃借人が使用を継続する場合において，建物の賃貸人が遅滞なく異議を述べなかったときも同様とする（借地借家法26条）。

　建物の賃貸人が賃貸借の解約の申入れをした場合においては，建物の賃貸借は，解約の申入れの日から6月を経過することによって終了する（借地借家法27条）。

　建物の賃貸人による更新拒絶の通知または建物の賃貸借の解約の申入れは，建物の賃貸人および賃借人が建物の使用を必要とする事情のほか，建物の賃貸借に関する従前の経過，建物の利用状況および建物の現況ならびに建物の賃貸人が建物の明渡しの条件としてまたは建物の明渡しと引換えに建物の賃借人に対して財産上の給付をする旨の申出をした場合におけるその申出を考慮して，正当の事由があると認められる場合でなければ，することができない（借地借家法28条）。つまり，更新拒絶や解約申入れには正当事由が必要である。

　以上の規定に反する特約で建物の賃借人に不利なものは，無効とする。

(2) 建物賃貸借の対抗力

甲建物の所有者Bは，Aに対して，甲建物を賃貸した。その後，Bは甲建物を第三者Cへ売却した。売買は賃貸借を破るという原則に従えば，CはAに対して，建物の明渡しを請求できることとなる。そこで，民法は賃借人の保護のために，不動産の賃貸借はこれを登記したときは，その後その不動産について物権を取得した者に対しても，その効力を生じる（605条）と規定する。しかし，登記は共同で申請しなければならず，賃貸人は賃貸借の登記の申請に協力する義務は負わない。したがって，民法を以てしては，賃借人を保護することは困難となる。そこで，特別法である借地借家法は，「建物の賃貸借は，その登記がなくても，建物の引き渡しがあったときは，その後その建物について物権を取得した者に対し，その効力を生ずる」（借地借家法31条）とする。この規定に反する特約で建物の賃借人に不利なものは無効である。建物には，一戸建ての建物のみならず，その一部も含まれる。

建物の所有権移転に伴い賃貸人たる地位に承継があった場合には，旧賃貸人に差し入れられた敷金は新賃貸人に承継される（最判昭44年7月17日民集23巻8号1610頁）。

(3) 借賃増減請求権

建物の借賃が，土地もしくは建物に対する租税その他の負担の増減により，土地もしくは建物の価格の上昇もしくは低下その他の経済事情の変動により，または近傍の同種の建物の借賃に比較して不相当となったときは，契約条件にかかわりなく，当事者は将来に向かって建物の借賃の額の増減を請求することができる。ただし，一定の期間建物の借賃を増額しない旨の特約がある場合には，それに従う。

建物の借賃の増額について当事者間で協議が調整できないときは，その請求を受けた者は，増額を正当とする裁判が確定するまでは，相当と認める額の建物の借賃を支払うことで足りる。しかし，その裁判が確定した場合において，既に支払った額に不足があるときは，不足額に年1割の割合による支払期後の利息を付けて支払わなければならない。

建物の借賃の減額について当事者間で協議が調整できないときは，その請求を受けた者は，減額を正当とする裁判が確定するまでは，相当と認める額の建物の借賃の支払いを請求することができる。しかし，その裁判が確定し

た場合において，既に支払いを受けた額が正当とされた建物の借賃の額を超えるときは，その超過額に年1割の割合による受領の時からの利息を付けて返還しなければならない（借地借家法32条）。

(4) 造作買取請求権

建物の賃貸人の同意を得て建物に付加した造作がある場合には，建物の賃借人は，建物の賃貸借が期間の満了または解約の申入れによって終了するときに，建物の賃貸人に対し，その造作を時価で買い取るべきことを請求することができる（借地借家法33条）。建物の賃貸人から買い受けた造作についても認められる。

造作買取請求権は形成権である。したがって，権利を行使することにより当然に売買契約が成立する。この規定は任意規定とされている。

(5) 建物賃貸借終了の場合における転借人の保護

賃借人Bが賃貸人Aの承諾を得て第三者Cに賃借建物を適法に転貸している場合，A・B間の賃貸借が終了すればCは建物使用をAに対抗できなくなる。そこで，建物の転貸借がされている場合において，建物の賃貸借が期間の満了または解約の申入れによって終了するときは，建物の賃貸人は，建物の転借人にその旨の通知をしなければ，その終了を建物の転借人に対抗することができない。建物の賃貸人が通知をしたときは，建物の転貸借は，その通知がされた日から6カ月を経過することによって終了する（借地借家法34条）。

A・B間の賃貸借が合意解除された場合，判例によれば，特段の理由がある場合でない限り，Cに対して解除の効果を対抗することができない。A・B間の賃貸借がBの債務不履行により解除された場合，判例によれば，AはCに対して解除の効果を対抗できる。

(6) 借地上の建物の賃借人の保護

土地所有者Aから借地権の設定を受けたBが借地上に建物を建ててCにその建物を賃貸している場合には，借家人Cは建物を使用するのみならず，その敷地をも使用する。しかし，Bの借地権が消滅すれば，Cは敷地の使用の根拠を喪失する。その結果，AはBに対して建物収去・土地明渡しを請求しうるのみならず，AはCに対して建物収去・土地明渡しを請求しうる。

そこで，借地権の目的である土地の上の建物につき賃貸借がされている場

合において，借地権の存続期間の満了によって建物の賃借人が土地を明け渡すべきときは，建物の賃借人が借地権の存続期間が満了することをその1年前までに知らなかった場合に限り，裁判所は，建物の賃借人の請求により，建物の賃借人がこれを知った日から1年を超えない範囲内において，土地の明渡しにつき相当の期限を許与することができる。裁判所が期限の許与をしたときは，建物の賃貸借は，その期限が到来することによって終了する（借地借家法35条）。

(7) 居住用建物の賃貸借の承継

居住用建物の賃借人が相続人なしに死亡した場合において，その当時婚姻または縁組の届出をしていないが，建物の賃借人と事実上夫婦または養親子と同様の関係にあった同居者があるときは，その同居者は建物の賃借人の権利義務を承継する。その場合には，建物の賃貸借関係に基づいて生じた債権または債務は，承継者に帰属する（借地借家法36条）。

相続人がいる場合は，判例は，相続人の承継した賃借権を援用して賃貸人に対し居住の権利を主張しうるとする。

(8) サブリース契約

サブリース契約とは，たとえば企業等がオフィスビルを建築し，これを不動産会社が一括借り上げを行い，第三者へオフィスとして転貸する契約をいう。判例は，サブリース契約であっても，建物賃貸借契約にあたり，これに借地借家法の適用があるという以上，賃料増減請求に関する借地借家法32条の適用があるとする（最判平成15年10月21日民集57巻9号1213頁）。

第6章　雇　　用

　他人の労働力を使用するための契約には，雇傭，請負，委任，寄託がある。
　雇傭とは，労務に服することを約し，報酬を与えることを約することによって成立する契約である（632条）。雇傭は，有償契約，双務契約，諾成契約である。
　今日，民法の雇用の規定は，労働法により大きく修正されている。

第7章 請　負

1　請負の意義

　請負は，当事者の一方がある仕事を完成することを約し，相手方がその仕事の結果に対してその報酬を支払うことを約することによって成立する（632条）。当事者の一方を請負人といい，相手方を注文者という。請負は，有償契約，双務契約，諾成契約である。

　請負の例として，建設工事請負契約や自動車修理契約等がある。

2　請負の成立

　請負は，当事者の一方が仕事完成を約束し，相手方が報酬支払を約束することにより成立する。建設業法は，工事請負契約に関して契約書の作成を要求している。しかし，請負においては，契約書の作成は要件ではない。

　雇用と請負とは区別される。雇用は，労務に服すること自体が目的である。請負は，仕事の完成それ自体が目的である。したがって，請負人がいくら労務に従事しても，仕事を完成しなければ，請負人は債務を履行したことにはならない（来栖『契約法』452頁）。

3　請負の効力

　請負人は，請負契約により，仕事完成義務を負う。請負人が仕事に着手しないとき，または，期日までに仕事を完成しないときには，注文者は債務不履行を理由に（541条・543条）契約を解除できる。

　請負人は仕事完成が目的であるから，請負人は自分で完成しないで，第三者に請け負わせることができる。それゆえ，下請負人を使用することができる。

　請負人が仕事を完成した後は，注文者に完成物を引渡す義務がある。この引渡義務に関して，完成物の所有権の帰属と移転の時期が問題となる。判例は，所有権の帰属を材料の提供者を基準として，次のように判断している。

注文者が材料の全部または主要な部分を供給した場合には，原始的に注文者に所有権が帰属する。請負人が材料の全部の材料を供給した場合には，所有権は請負人が取得し，引渡しによって注文者に移転する。請負人が材料を供給しても，特約があれば竣工と同時に注文者の所有物となる。

注文者と請負人のいずれの責任にも帰しえない事由によって損害が発生した場合，どちらの負担とされるか。たとえば，請負の目的物が天災などの不可抗力によって滅失または損傷した場合である。仕事完成が可能な場合は，請負人が増加費用を負担して完成義務がある。仕事完成が不能な場合は，契約は消滅する。しかし危険は請負人の負担である（536条1項）（我妻他『民法2（第3版）』359頁）。

請負人の担保責任として，注文者の瑕疵修補請求権，損害賠償請求権，契約解除権がある。仕事の目的物に瑕疵があるときは，注文者は請負人に対し，相当の期間を定めて瑕疵の修補を請求できる。しかし，瑕疵が重要でない場合において，その修補に過分の費用を要するときは請求できない。注文者は，瑕疵の修補に代えて，またはその修補とともに，損害賠償の請求ができる。損害賠償の支払いは未払報酬の支払いと同時履行である（634条）。仕事の目的物に瑕疵があり，そのために契約目的を達成できないときは，注文者は契約の解除ができる。しかし，建物その他の土地の工作物については解除できない（635条）。原状回復は請負人に多額の負担を課すからである。仕事の目的物の瑕疵が注文者の供した材料の性質又は注文者の与えた指図を原因として発生したときは，以上の規定は適用されない。

瑕疵修補または損害賠償請求および契約解除は，仕事の目的物の引渡時から1年以内にしなければならない。仕事の目的物の引渡しを要しない場合には，期間は仕事が終了した時から起算する。建物その他の土地の工作物の請負人は，その工作物または地盤の瑕疵について，引渡しの後5年間その担保の責任を負う。しかし，石造，土造，れんが造，コンクリート造，金属造その他これらに類する構造の工作物は10年とする。請負人は，担保の責任を負わない旨の特約をしたときでも，知りながら告げなかった事実については責任を免れることができない。

注文者の義務は，報酬支払義務，協力義務，受領義務である。

4 請負の終了

　請負人が仕事を完成しない間は，注文者はいつでも契約の解除をすることができる（遠藤・磯本「請負契約の解除と報酬請求権」遠藤編『判例ハンドブック債権（第2版）』159頁）。しかし，損害を賠償しなければならない。注文者が不要となった仕事を完成させる利益がないからである。

　注文者が破産手続開始の決定を受けたときは，請負人または破産管財人は契約の解除ができる。この場合，請負人は既に行った仕事の報酬およびその中に含まれていない費用について，破産財団の配当に加入できる。

第8章 委　　任

1　委任の意義と成立

　委任は，当事者の一方（委任者）が法律行為をすることを相手方に委託し，相手方（受任者）がこれを承諾することによって成立する契約である（643条）。委任の規定は準委任に準用される（656条）。たとえば，弁護士への訴訟の委託，医師との診療契約，不動産鑑定士への鑑定の委託などである。委任および準委任は，広く事務を委託する契約である。

　商法に規定された仲立営業（商法543条以下）や問屋営業（商551条以下）などは準委任および委任の一種であり，民法の委任規定に対する特別法である。

　委任は，片務契約，無償契約，諾成契約である。しかし，報酬を支払う場合は，双務契約，有償契約，諾成契約である。

　委任と雇用の相違点は，委任は自己の裁量で事務処理を行う点である。委任と請負の相違点は，委任は仕事の完成を目的とはしていない点である（来栖『契約法』505頁）。

　委任契約に際しては，通常は，委任状が交付される。

2　委任の効力

(1)　受任者の義務

　受任者は，委任の本旨に従い，善良な管理者の注意をもって，委任事務を処理する義務を負う（644条）。これを善管注意義務という。すなわち，受任者が従事する職業，その社会的・経済的地位にある者に対して一般に期待される水準の注意義務である。注意義務の程度は，委任が有償であるか無償であるかによって区別されていない。判例は，委任の報酬が多寡にかかわらず受任者は善管注意義務を負うとする。

　委任は，受任者に対する委任者の信頼が契約の基礎にある。したがって，受任者は自分で事務を処理しなければならない。しかし，本人の許諾を得た

とき，またはやむを得ない事情があるときは，任意代理の規定を類推適用して復委任ができる。

受任者には付随的義務がある。受任者は，委任者の請求があれば，いつでも委任事務の処理の状況を報告し，委任終了後は，遅滞なくその経過及び結果を報告しなければならない。受任者は，委任事務処理にあたって受け取った金銭等を委任者に引き渡す必要がある。果実も同様である。受任者は，委任者のために受任者名で取得した権利を，委任者に移転する必要がある。受任者は，委任者に引き渡すべき金額またはその利益のために用いるべき金額を受任者のために消費したときは，消費した日以後の利息を支払う必要がある。損害があるときは賠償責任を負う。

(2) **委任者の義務**

委任者の報酬支払義務は特約により生じる。特約がなければ，受任者は委任者に対して，報酬請求ができない（648条）。この規定はローマ法に由来するとされており，今日では有償が原則である。商人が他人のために事務処理をしたときは，当然に相当の報酬を請求できる（商512条）。受任者は，報酬を受ける場合には，委任事務を履行した後でなければ請求できない。委任が受任者の責めに帰することができない事由によって履行の中途で終了したときは，受任者は，既にした履行の割合に応じて報酬を請求できる。

さらに，委任者は有償・無償にかかわらず次の義務を負う。委任事務処理費用は，受任者の請求により，委任者の前払となる。受任者は，委任事務処理費用を支出したときは，委任者に対し，その費用および利息の償還を請求できる。受任者は，委任事務を処理するのに必要と認められる債務を負担したときは，委任者に対し自己に代わって弁済をすることを請求することができる。受任者は，委任事務を処理するため自己に過失なく損害を受けたときは，委任者に対し賠償請求ができる。

3 委任の終了

委任は，各当事者がいつでもその解除をすることができる（651条1項）。任意解除権という。委任は両当事者間の信頼関係を基礎として成立するからである（来栖『契約法』546頁）。この解除は，告知と呼ばれ，将来に向かってのみその効力を生じる（652条・620条）。

しかし，当事者の一方が相手方に不利な時期に委任の解除をしたときは，その当事者の一方は，相手方の損害を賠償しなければならない。たとえば，納税事務の委任を受けた税理士が途中で辞めたために，急いで代わりの税理士に委任したために損害が生じた場合である。ただし，やむを得ない事由があったときはこの　限りでない（651条2項）。
　委任は，委任者または受任者の死亡，委任者または受任者が破産手続開始の決定を受けたこと，受任者が後見開始の審判を受けたことによって終了する。

第9章 寄　　託

1　寄託の意義

　寄託は，当事者の一方（受寄者）が相手方（寄託者）のために保管をすることを約してある物を受け取ることによって成立する契約である（657条）。たとえば，コートをクロークに預ける場合である。

　寄託は，要物契約，無償契約，片務契約である。保管料を支払う場合は，有償契約，双務契約である。有料駐車場は賃貸借である。

　商法は，商人がその営業に関連して寄託を受けた場合について特別の規定をおき（商法593条～596条），物品を倉庫に保管をなすを業とする倉庫営業についても規定する（商法597条～628条）。

2　受寄者の義務

　無償寄託においては，受寄者は自己の財産に対するのと同一の注意をもって，寄託物を保管する義務を負う。有償寄託においては，善良な管理者の注意義務を負う。委任とは異なる点である。

　受寄者は，寄託者の承諾を得なければ，寄託物を使用し，または第三者にこれを保管させることができない。第三者に寄託物を保管させることができる場合については，復代理に関する規定が準用される（来栖『契約法』597頁）。

　受寄者の権利義務については，受任者の権利義務の規定が準用される（665条）。寄託物について権利を主張する第三者が受寄者に対して訴えを提起し，または差押え，仮差押えもしくは仮処分をしたときは，受寄者は，遅滞なくその事実を寄託者に通知しなければならない（660条）。受寄者に特有の義務である。

3　寄託者の義務

　有償寄託においては，寄託者は保管料の支払義務がある。保管料の支払いと保管物の返還とは，同時履行の関係にある。

寄託者は寄託物の性質または瑕疵によって生じた損害を受寄者に賠償する義務がある。たとえば、寄託したバッグの中に可燃性の物が入っており、それが発火したために受寄者に損害を与えた場合である。

4　寄託の終了

寄託が終了すると、受寄者は受託物を寄託者に返還しなければならない。当事者が寄託物の返還の時期を定めたときであっても、寄託者は、いつでもその返還を請求することができる。

当事者が寄託物の返還の時期を定めなかったときは、受寄者は、いつでもその返還をすることができる。返還の時期の定めがあるときは、受寄者は、やむを得ない事由がなければ、その期限前に返還をすることができない。

委任と異なり、当事者の死亡、破産手続開始の決定、後見開始の審判などは終了原因とはなっていない。

5　消費寄託

消費貸借の規定は、受寄者が契約により寄託物を消費することができる場合について準用される（666条）。すなわち、寄託の目的物が代替物である場合に、受寄者がこれを消費し、その後同種・同等・同量の物の返還を約束するものを、消費寄託という。社会的に重要な機能を営んでいる消費寄託は銀行預金である。

しかし、契約に返還の時期を定めなかったときは、寄託者はいつでも返還を請求することができる。この点で、消費貸借と異なる。消費貸借は借主の利益のための契約であるのに対して、消費寄託は寄託者の利益のための契約であるとされているからである（来栖『契約法』615頁）。

銀行預金は、銀行取引約款や慣習によって規律されている。

第10章　組　合

1　組合の意義

　組合契約は，各当事者が出資をして共同の事業を営むことを約することによって成立する。出資は労務をその目的とすることができる（667条）。すなわち，組合契約とは団体を形成する合意である。たとえば，Aは不動産を提供し，Bは1000万円の資金を提供し，Cは顧客に関する労務を提供して，共同の事業を行うことを約束する場合である。組合契約は，大規模建設工事における共同事業体（ジョイント・ベンチャー）において利用される（来栖『契約法』631頁）。組合は，有償契約，双務契約，諾成契約である。

　人の集団として，社団法人と組合とがある。社団法人は法人格を有しており，構成員の意思から独立した団体である。組合は法人格を有しておらず，構成員の共同の意思によって存在する団体である。組合は，あくまでも契約による結合である。単独に権利能力が認められる法人とは異なる。

　労働組合，農業協同組合，消費生活協同組合は，組合という名称が付されているが，特別法によって規制されている。

2　組合の成立

　組合は，組合員である各当事者が出資をして，共同事業を営むことを約束する組合契約によって成立する。単純な契約というよりも，合同行為とされる。

　組合契約は，当事者全員が出資する義務を負う。出資は，金銭，不動産，債権，労務等財産的価値があればよい。事業は，継続的なものでも一時的なものでもよい。また，営利を目的とするものでも，公益を目的とするものでもよい。

　組合契約は，共同の事業を営むものであるから，構成員全員が事業遂行に関与するものでなければならない。利益を分配する場合には全員が配分を受けるものでなければならない。

3　組合の業務執行

(1)　内部的業務執行

　組合の業務執行は，内部的業務執行と対外的業務執行とがある。内部的業務執行の例としては，各組合員からの出資受取りや各組合員への利益分配がある。

　各組合員が業務執行権を有する場合は，業務執行は組合員の過半数で決定する（670条1項）。組合の常務は，各組合員が単独でできる。ただし，その完了前に他の組合員が異議を述べたときはこの限りでない。常務とは，組合の通常の業務である。

　業務の執行は，組合契約でこれを委任できる。委任した者（業務執行者）が複数人あるときは，その過半数で決定する（670条2項）。組合の常務は，各業務執行者が単独で行うことができる。しかし，その完了前に他の業務執行者が異議を述べたときはこの限りでない。

　組合の業務を執行する組合員については，委任に関する第644条から第650条までの規定が準用される。組合契約によって一部の組合員に業務執行を委任したときは，その組合員は，正当な事由がなければ，辞任することができない。業務執行組合員は，正当な事由がある場合に限り，他の組合員の一致によって解任することができる。

　各組合員は，組合の業務執行権限を有しないときでも，組合の業務及び組合財産の状況を検査することができる。

(2)　対外的業務執行

　対外的業務執行とは，組合が外部との間で法律行為をすることをいい，組合代理とよぶ。業務執行者が定められていない場合は，常務については，各組合員は，他の組合員を代理する権限を有する。常務以外の事項については，判例は，670条1項の趣旨から，全組合員の過半数の同意または授権がない限りは，全組合員に効果が及ばないとする。

　業務執行者が定められている場合は，内部的業務執行権を有する者が対外的業務についての代理権も有すると解される。

4　組合の財産関係

組合自体は法人格を有しないために，各組合員の出資その他の組合財産は，総組合員の共有に属する（668条）。しかし，組合員が，組合財産の持分を処分したときは，その処分をもって組合および組合と取引をした第三者に対抗することができない。つまり，持分処分はできない。さらに，組合員は，清算前に組合財産の分割を求めることができない。したがって，組合財産は合有と解されている。

組合の債権は，各組合員の分割債権にならない。組合の債務も，各組合員の分割債務にならない。組合の債務者はその債務と組合員に対する債権とを相殺することができない（677条）。

5　組合員の変動

脱退には，任意脱退と非任意脱退とがある。任意脱退とは，脱退しようとする者の意思による脱退をいう。非任意脱退とは，本人の意思によらない脱退である。組合契約で組合の存続期間を定めなかったときは，各組合員はいつでも脱退できる。しかし，組合に不利な時期に脱退することができない。組合の存続期間を定めた場合であっても，各組合員はやむを得ない事由があるときは脱退できる（来栖『契約法』647頁）。

脱退した組合員と他の組合員との間の計算は，脱退時の組合財産の状況に従って行う。脱退した組合員の持分は，その出資の種類にかかわらず，金銭で払い戻すことができる。業務への支障の回避のためである。

6　組合の解散と精算

組合の消滅を解散という。組合は事業の成功またはその成功の不能によって解散する。やむを得ない事由があるときは，各組合員は組合解散を請求できる。組合が解散すると，清算の手続きに入る。

第6編　契約各論

第11章　終身定期金

　終身定期金契約は，当事者の一方が，自己，相手方または第三者の死亡に至るまで，定期に金銭その他の物を相手方または第三者に給付することを約することによって成立する（689条）。たとえば，AとBとの間で，AはCが死亡するまでCに対して毎年50万円の金銭を贈ると約束する場合である。

第 12 章　和　　解

　和解は，当事者が互いに譲歩をしてその間に存する争いをやめることを約することによって成立する（695 条）。すなわち，双方が譲歩して紛争を止める約束をすることである。たとえば，A が B に 10 万円の返済を請求したのに対し，B は既に返済したとして債務の不存在を主張し，結局 B が A に 5 万円支払うということで合意した場合である。

　和解により，当事者間の法律関係が確定する。これと異なる権利主張をすることは許されなくなる。和解の効力は認定的ではなく，付与的（創設的）である（来栖『契約法』716 頁）。

　示談の多くは和解である。交通事故などにおいて，示談後に予想できない後遺症により損害が増大する場合がある。最高裁は，この示談を有効としつつ，予想できなかった後遺症などその後に発生した損害についての請求権まで放棄した趣旨と解するのは当事者の合理的意思に合致しないと判示する（最判昭 43 年 3 月 15 日民集 22 巻 3 号 587 頁）。

第7編
事務管理・不当利得・不法行為

第1章 事務管理

1 債権の発生原因

　債権は，他人をして将来財貨または労務を給付させることを目的とする権利である（我妻『民法講義Ⅳ』1頁）。
　民法は，債権の発生原因として，契約，事務管理，不当利得，不法行為を規定している。契約は意思表示の合致によって債権が発生する。事務管理，不当利得，不法行為は一定の事実から債権が発生する。

2 事務管理の意義

　義務なく他人のために事務の管理を始めた者は，その事務の性質に従い，最も本人の利益に適合する方法によって，その事務の管理をしなければならない（697条）。義務なくして他人のために事務を管理することを事務管理という。事務の管理を始めた者を管理者という。利益を受ける者を本人という。たとえば，隣人一家が旅行に出かけた間に大型台風が来て，隣人の家のガラスが割れたために，隣人に頼まれてはいないが，隣人のために業者にガラスの入れ替えを依頼する場合である。または，隣人のために自分自身でガラスの入れ替え作業をする場合である。
　人は，自己の事務に関して，他人から干渉を受けるべきではない。しかし，社会生活の相互依存性から，他人の事務への干渉が望ましいとされる場合もある。民法は，一定の要件の下に，権限や義務のない者が他人の事務の管理をすることを認めている。
　特別法は，一定の場合に，積極的に事務管理を推奨している。たとえば，遺失物の拾得者のような事務管理者には報労金である報酬請求権を認めている（遺失物法28条）。

3 事務管理の要件

　第1は，他人の事務を管理することである。事務とは，生活上の全ての仕

事であって，事実行為のみならず，修理のための契約のような法律行為を含む。事務の管理とは，仕事を処理することである。判例は，保存行為・利用行為・改良行為のみならず処分行為をも含むとする。

第2は，他人のためにする意思があることである。他人のためにする意思とは，他人の利益を図る意思をもって事務を管理することをいう。これを事務管理意思という。

第3は，法律上の義務がないことである。管理者が，法律の規定や契約によって，本人に対して事務を管理すべき義務を負うときは，事務管理は成立しない。

第4は，本人の意思および利益に適合することである。管理者は，最も本人の利益に適合する方法で，事務管理をする必要がある。管理者は，本人の意思を知っているときまたは推知できるときは，その意思に従って事務管理をする必要がある。

4 事務管理の効果

(1) 違法性の阻却

事務管理の要件を充足する場合には，その行為によって本人に対して損害を与える結果が発生しても，違法とはならず不法行為は成立しない。民法に規定されていないが，事務管理は債権発生原因であるから，違法性は阻却される。たとえば，炎上中の建物の中から人を救出するために窓ガラスを壊した場合である。

(2) 管理者の義務

管理者には管理継続義務がある。すなわち，管理者は，本人またはその相続人若しくは法定代理人が管理できるに至るまで，事務管理を継続しなければならない。管理途中で中止をすると，損害が拡大するおそれがあるからである。しかし，事務管理の継続が本人の意思に反し，または本人に不利であることが明らかであるときは，事務管理を継続してはならない。

管理者は善管注意義務を負う。しかし，管理者は，本人の身体，名誉または財産に対する急迫の危害を回避するために事務管理をしたときは，悪意または重大な過失があるのでなければ，これによって生じた損害を賠償する責任を負わない。これを緊急事務管理といい，注意義務が軽減される。

管理者は，管理開始の通知義務を負う。さらに，委任の規定が準用されて計算義務を負う。

(3) 本人の義務

管理者は，本人のために有益な費用を支出したときは，本人に対しその償還を請求することができる。本人は管理者が支出した有益な費用を償還しなければならない。管理者が本人のために有益な債務を負担した場合は，本人は管理者に代わってそれを弁済する義務を負う（702条）。有益か否かは管理の時点を基準とする。

事務管理者の報酬請求権については，民法に規定がなく，認められない。

事務管理者の損害については，受任者の委任者に対する賠償請求権（650条3項）のような規定がないので，管理者は本人に対してその賠償を請求できない。しかし，本人の有益な費用の償還義務に転嫁することは可能である。

(4) 事務管理と代理

旅行中の隣人の家の窓ガラスが台風のために破損しているのを発見した管理者が，ガラス店と修繕契約を締結した場合，本人へその効果は帰属するか。管理者が管理者の名で契約した場合は，効果は管理者に帰属し，本人には帰属しない。管理者が本人の名で第三者との間で契約をした場合は，その結果は当然には本人に及ぶ筋合いのものではなく，そのような効果の発生するためには，代理その他別個の法律関係が伴うことを必要とする（最判昭36年11月30日民集15巻10号2629頁）。

(5) 準事務管理

事務管理は，他人のために事務を管理する意思が要件である。自己のために他人の事務を管理する場合が準事務管理である。準事務管理に関しては，日本民法に規定がないために，これを肯定する説と否定する説とがある。無体財産権では，特別の規定を置いている（著作権法114条2項など）。

第2章　不当利得

1　不当利得の意義

　民法は，債権の発生原因として，契約，事務管理，不当利得，不法行為を規定している。
法律上の原因なく他人の財産または労務によって利益を受け，そのために他人に損失を及ぼした者は，その利益の存する限度において，これを返還する義務を負う（703条）。すなわち，「法律上の原因」なしに「他人の財産又は労務」により「利益」を受けている者（受益者）が一方に存在し，他方でそれによって「損失」を被っている他人が存在しているとき，前者から後者に対して利得を返還させる制度を不当利得制度という。たとえば，売買契約が締結されて，買主は売主へ代金を支払ったが，買主の錯誤により売買契約が無効になった場合，売主から買主に代金を返還することを命じる制度が不当利得法である（内田『民法Ⅱ（第3版）』564頁）。

　不当利得は利得者と損失者との間の法律的な行為に基づいて生じる場合が多い。しかし，その法律的な行為自体が不当利得なのではなくて，その行為によって，一方に損失者を生じ，他方に法律上の原因のない利得者を生ずるに至ったという事実が不当利得なのである（遠藤他『民法(7)（第4版）』33頁）。

2　不当利得の要件

　不当利得返還請求権が成立するためには次の要件が必要である。第1は，他人の財産または労務によって利益を受けたことである（受益）。第2は，そのため他人に損失を与えたことである（損失）。第3は，受益と損失との間に因果関係が存在することである。因果関係は社会観念上の因果関係があればよいとするのが通説である。第4は，それにつき，法律上の原因がないことである。

3　不当利得の効果

不当利得の要件を充足すると，損失者から受益者に対する利得の返還請求権が発生する。

善意の受益者は，その利益の存する限度において，これを返還する義務を負う（703条）。これを現存利益という。受益者のもとに原物があるならば，その物を返還する。原物を売却した場合のように原物が受益者のもとにない場合には，売却代金など代償物が残存しておればその額を返還する。利得した金銭または原物に代わる金銭を消費した場合は，現存利益は存在しない。不当利得による受益者の利益は，現存するものと推定される。それゆえ，現存利益の不存在の立証責任は受益者にある。

悪意の受益者は，その受けた利益に利息（法定利息）を付して返還しなければならない。この場合に，なお損害があるときは，その賠償の責任を負う（704条）。

4　特殊の不当利得

(1)　非債弁済

債務の弁済として給付をした者は，その時において債務の存在しないことを知っていたときは，給付したものの返還を請求できない（705条）。不当利得であっても返還しなくてよい。

(2)　期限前の弁済

債務者は，弁済期前に債務の弁済として給付をしたときは，給付したものの返還を請求できない。しかし，債務者が錯誤によってその給付をしたときは，債権者は得た利益を返還しなければならない（706条）。たとえば，弁済期までの利息分である。

(3)　他人債務の弁済

債務者でない者が錯誤によって債務の弁済をした場合において，債権者が善意で証書を滅失させもしくは損傷し，担保を放棄し，または時効によってその債権を失ったときは，その弁済をした者は，返還の請求をすることができない。その結果，債務者の債務は消滅するために，弁済者は債務者に対して求償権を行使することができる（707条）。

5 不法原因給付

(1) 不法原因給付の意義

不法な原因のために給付をした者は，その給付したものの返還を請求することができない（708条）。これを不法原因給付という。たとえば，賭博によって金銭を支払う契約は，公序良俗に違反して無効である（90条）。したがって，これを支払えば不当利得として返還請求が可能となるはずである。しかし，民法は，不法の原因のために給付をした者は，給付した物の返還を請求できないとした。民法90条と民法708条とは，両者相まって，反社会的行為の実現を拒絶する制度である。

(2) 不法原因給付の要件

要件の第1は，不法な原因である。判例は，不法とは公序良俗違反を意味するとする。第2は，不法原因のための給付であることである。第3は，給付がなされたことである。

給付は相手方に利益を与えるものであればよい。たとえば，サービスのような事実上の利益や，物や金銭の交付のような財産権を与えるものである。給付は，受益者に終局的な利益を与える必要がある。妾関係の維持を目的として，既登記不動産を引き渡しただけで，所有権移転登記が行われていない場合は，未だ給付があったとはいえない（最判昭和46年10月28日民集25巻7号1069頁）。

(3) 不法原因給付の効果

不法原因給付の効果は，給付したものの返還を請求することができないことである。しかし，不法な原因が受益者についてのみ存在したときは，返還請求できる（708条但書）。判例は，双方の不法性の比較考量をして，受益者側の不法性が大きい場合には，給付者側に不法性があっても返還請求を認める。

第3章 不法行為

1 不法行為制度

(1) 不法行為の意義

故意または過失によって他人の権利または法律上保護される利益を侵害した者は，これによって生じた損害を賠償する責任を負う（709条）。不法行為は，契約以外では，最も重要な債権発生原因である。不法行為に基づく損害賠償請求は，懲罰を加えることを目的とするものではなく，損害の填補または損害の公平な分担を目的とした制度である（裁判所職員総合研修所『新訂民法概説（3訂補訂版）』267頁）。

(2) 不法行為の責任

不法行為によって民事責任が発生する。同時に刑事責任の成立する場合がある。さらに，行政法による責任が生じる場合もある。民事責任を追及する民事裁判と刑事責任を追及する刑事裁判とは目的を異にしており，別個の裁判所と別異の裁判手続によって行われる。そのため，民事裁判と刑事裁判とでは，事実認定において相違が生まれることがある。

(3) 不法行為法の構造

民法は，不法行為に関して，一般的不法行為と特殊的不法行為とを規定している。一般的不法行為は，不法行為責任の原則を規定している。一般的不法行為は過失責任主義を基礎としており，不法行為責任を追及するためには，原告が被告の過失を立証する必要がある。

特殊的不法行為は，一般的不法行為の成立要件を修正したものである。すなわち，過失の立証責任を転換したり，無過失責任を課したりしている。

不法行為の効果は，原則は損害を賠償する責任を負うことである（内田『民法Ⅱ（第3版）』330頁）。

2　一般的不法行為

(1)　一般的不法行為の要件

　故意または過失によって他人の権利または法律上保護される利益を侵害した者は，これによって生じた損害を賠償する責任を負う（709条）。この規定の中で述べられている要件は次のようなものである。第1は，故意または過失があることである。第2は，責任能力である。第3は，権利または利益の侵害である。第4は，損害の発生である。第5は，因果関係である。第6は，違法性阻却事由のないことである。

　これらの要件の中で，第1，第3，第4，第5の要件は，原告が主張・立証しなければならない。第2および第6の要件は，被告側の抗弁事由である（内田『民法Ⅱ（第3版）』331頁）。

(2)　故意・過失

　不法行為成立の第1の要件は，加害者に故意または過失があることである。加害者に故意または過失がなければ，被害者が損害を受けても，加害者には損害を賠償する義務はない。

　故意と過失の区別は，刑法では重要である。刑法は，原則として，罪を犯す意思がない行為は罰しない（刑法38条1項）。民法709条は，「故意又は過失によって」と規定しており，故意と過失とを区別する意味はないとされている。なぜならば，どちらにしても，損害賠償責任が生じるからである。しかし，アメリカ不法行為法では，故意による不法行為と過失による不法行為とは別の類型である。

　過失とは，日常用語では，不注意を意味する。すなわち，注意を欠くことまたは注意を怠ることである。以前は，過失とは，結果発生を予見できたのに注意しなかったという心理状態と理解された。今日は，過失とは，損害発生の予見可能性が存在するのに，これを回避する行為義務（結果回避義務）を怠ったことと理解されている（内田『民法Ⅱ（第3版）』339頁）。故意とは，結果の発生を認識しながら敢えて行う心理状態をいう。

　民法の特別法である失火責任法は，「民法第709条の規定は失火の場合には之を適用せず。但し失火者に重大なる過失ありたるときは此の限に在らず」と規定する。重過失とは，一般人に求められる注意義務を著しく欠いたこと

である。したがって，軽過失についての責任は負わなくてもよい。借家人が失火で借家を焼失させた場合，借家人はその借家に関して債務不履行責任を負う。近隣の住宅を焼失させた場合には，失火責任法が適用され，責任を負わない。

(3) 権利・利益侵害

不法行為成立の第2の要件は，他人の権利または法律上保護される利益の侵害である。権利または利益侵害の具体例として，次のようなものがある。

第1は，物権の侵害である。所有権の侵害とは，所有権の円満な享有を侵害することである。たとえば，物を盗まれたり，物を壊されたりする場合である。刑事責任として窃盗罪や器物損壊罪が成立する。物権の侵害として，更に，占有権侵害，用益物権侵害，担保物権侵害等がある。

第2は，債権侵害である。債務者自身による債権侵害は債務不履行となる。債務者以外の者による債権侵害は，第三者による債権侵害と称されており，判例が認める。

第3は，人格的利益の侵害である。他人の身体，自由もしくは名誉を侵害した場合，または他人の財産権を侵害した場合のいずれであるかを問わず，不法行為の規定により，損害賠償の責任を負う者は，財産以外の損害に対しても，その賠償をしなければならない（710条）。

他人の生命を侵害した者は，被害者の父母，配偶者および子に対しては，その財産が侵害されなかった場合においても，損害の賠償をしなければならない（711条）。

生命は，人にとって最も重要な法益であり，生命侵害は当然に不法行為が成立する。たとえば，殺人，自動車事故，医療事故である。刑事上は殺人罪，業務上過失致死傷罪等が成立する。身体もまた，人にとって重要な法益であり，身体の侵害は不法行為が成立する。刑法上は傷害罪等が成立する。自由の侵害も不法行為が成立する。たとえば，不当な逮捕や監禁，通行妨害，共同絶交等である。刑法上は逮捕監禁罪等が成立する。

名誉の侵害（毀損）は不法行為が成立する。名誉毀損とは，人の社会的評価を低下させる行為をいい，客観的な社会的評価が被侵害利益である。他人の名誉を毀損した者に対しては，裁判所は，被害者の請求により，損害賠償に代えてまたは損害賠償とともに，名誉を回復するのに適当な処分を命ずる

ことができる（723 条）。法人への名誉毀損も認められる。刑法上は名誉毀損罪が成立する。

　名誉毀損は，今日においては，マス・メディアにおいて多く発生する。そこでは，表現の自由や報道の自由と個人の名誉という保護法益が衝突するために，双方の調整が必要となる。

　判例は，刑法の規定を参考にして，基準を形成している。すなわち，事実の摘示による名誉毀損に関しては，次の事由がある場合には不法行為は成立しない（最判昭和 41 年 6 月 23 日民集 20 巻 5 号 1118 頁）。

　第 1 は，その行為が公共の利害に関する事実に係ることである。第 2 は，もっぱら公益を図る目的に出たことである。第 3 は，摘示された事実が真実であることが証明されたことである。第 3 の事由が充足されなくとも，真実と信ずるについての相当の理由があるときは，故意・過失の要件が欠如する。

　マス・メディアの報道においては，通常は，公共の利害に関する事実の要件，および，公益を図る目的の要件は充足されている。しかし，摘示された事実が真実であることの要件，または，真実と信ずるについての相当の理由があるときの要件に関しては，厳格に認定されている（最判平成 14 年 1 月 29 日判例時報 1778 号 56 頁，最判平成 14 年 3 月 8 日判例時報 1785 号 38 頁）。すなわち，アメリカでは配信サービスの抗弁の法理が認められているが，日本では認められない（内田『民法 II（第 3 版）』372 頁）。

　意見の表明に関しては，公正な評論は名誉毀損とはならない。すなわち，意見の表明は次の事由が存在する場合には，名誉侵害の不法行為の違法性が欠如する（最判平成元年 12 月 21 日民集 43 巻 12 号 2252 頁）。

　第 1 は，公共の利害に関する事実に係わり，かつ，その目的が専ら公益を図るものであることである。第 2 は，前提事実が主要部分について真実であることの証明があったことである。第 3 は，人身攻撃に及ぶなど論評としての域を逸脱したものでないことである。さらに，第 2 の事由は，真実と信ずるについての相当の理由があるときは故意・過失が否定される（内田『民法 II（第 3 版）』372 頁）。

　プライバシーの侵害は不法行為が成立する。日本における最初のプライバシーに関する判決が「宴のあと」事件（東京地判昭和 39 年 9 月 28 日下民集 15 巻 9 号 2317 頁）である。プライバシーとは，私生活をみだりに公開されない

法的保障ないし権利とされてきた。しかし，今日では，自己の情報をコントロールする権利の側面も重要である。

氏名権や肖像権は法的に保護を受ける利益である。他人に自己の氏名を冒用されない権利を氏名権という。他人に自己の肖像をみだりに撮影されない権利を肖像権という。隠し撮りにより被疑者の映像を撮影し放送した放送事業者に肖像権侵害があるとされた（東京地判平成12年10月27日判例タイムズ1053号152頁）。タレントの氏名や肖像に関しては，顧客吸引力の持つ経済的利益が保護される。タレントの氏名および肖像が無断でカレンダーに使用された事件において，差止めと商品廃棄，及び損害賠償請求が認められた（東京高判平成3年9月26日判例時報1400号3頁）。

身分権の侵害は不法行為が成立する。身分権とは，身分上の地位により付与される権利であり，夫婦，親子，兄弟姉妹がその例である。他人の夫と男女関係に入った女性は，その妻に対して不法行為責任を負う。離婚した有責配偶者および内縁の不当破棄者も不法行為責任を負う。

(4) 損　　害

不法行為の要件として，損害の発生が必要である。すなわち，現実の損害の発生を要する。したがって，近道をするために他人の空地を横切ったとしても，現実の被害という意味においての損害は発生していない。

損害には，財産的損害と精神的損害とがある。財産的損害とは，経済的な損失が発生したことである。精神的損害とは，被害者に発生した精神的苦痛や苦悩である。財産的損害は，積極的損害と消極的損害とがある。積極的損害とは，現実に財布から出て行った金銭の損害である。消極的損害とは，不法行為が発生しなければ得られた利益（得べかりし利益）をいう。

(5) 因 果 関 係

不法行為の要件として，因果関係の存在が必要である。因果関係とは，加害者の行為と被害者の損害との間に原因結果関係のあることである。

従来の判例および通説は，賠償されるのは加害行為と相当因果関係にある損害であるとされてきた。しかし，最近の学説は，相当因果関係には3つの問題が含まれるとする。第1は事実的因果関係の問題であり，第2は損害賠償の範囲の問題であり，第3は損害の金銭評価の問題である（平井宜雄『損害賠償法の理論』429頁）。

因果関係の立証責任は，原告である被害者側にある。そのため，医療過誤訴訟，製造物責任訴訟，公害訴訟においては，因果関係の立証の困難性が存在した。

(6) 責任能力

民法は，不法行為責任を負うための要件として，行為者が一定の能力を有することを必要としている。この能力が責任能力である。すなわち，自己の行為が違法なものとして法律上非難されるものであることを弁識しうる能力である。行為の違法性認識能力といってもよい（遠藤ほか『民法(7)（第4版）』122頁）。したがって，責任能力のない者には損害賠償責任を負わせることはない。

未成年者は，他人に損害を加えた場合において，自己の行為の責任を弁識するに足りる知能を備えていなかったときは，その行為について賠償の責任を負わない（712条）。未成年者が不法行為をしたとき，判例は，その者に責任能力の基準を，12歳前後に置いている。

精神上の障害により自己の行為の責任を弁識する能力を欠く状態にある間に他人に損害を加えた者は，その賠償の責任を負わない。しかし，故意または過失によって一時的にその状態を招いたときは，賠償の責任を負う（713条）。

(7) 不法行為責任の成立を阻却する事由

通常ならば不法行為と評価される行為であるが，特別の事情が存在することによって，不法行為が成立しないとされる場合がある。これを，不法行為責任阻却事由といい，加害者（被告）が立証責任を負う。

第1は正当防衛である。他人の不法行為に対し，自己または第三者の権利または法律上保護される利益を防衛するため，やむを得ず加害行為をした者は，損害賠償の責任を負わない（720条1項本文）。たとえば，AがBおよびBの子に襲いかかってきたので，BはBおよびBの子の生命を守るために，やむを得ずAに反撃して大怪我を負わせた場合は，正当防衛が成立するのでBはAに対して損害賠償の責任を負わない。また，AがBおよびBの子に襲いかかってきたので，BはBおよびBの子の生命を守るために，隣家Cの塀を壊して逃げた場合は，正当防衛が成立するのでBはCに対して損害賠償の責任を負わない。この場合，被害者Cは不法行為者Aに対して損害賠償の請求ができる（720条1項但書）。

第2は緊急避難である。他人の物から生じた急迫の危難を避けるためその物を損傷した場合については，損害賠償の責任を負わない（720条2項）。たとえば，BがAの飼犬に襲われたので，その犬を蹴って死なせた場合は，緊急避難が成立するのでBはAに対して損害賠償の責任を負わない。

解釈上，不法行為責任の成立を阻却する事由とされるのが，自力救済，正当業務行為，被害者の承諾等である。

3　特殊的不法行為

(1)　特殊的不法行為の意義

特殊的不法行為とは，一般的不法行為の要件（709条）が修正された不法行為をいう。重要な修正点は，過失の立証責任を転換することにより，過失責任と無過失責任の中間責任とした点である（内田『民法Ⅱ（第3版）』481頁）。民法が規定している特殊的不法行為は，責任無能力者の監督義務者の責任，使用者責任，注文者の責任，工作物責任，動物占有者の責任，共同不法行為である。

(2)　責任無能力者の監督義務者の責任

未成年者が自己の行為を弁識するに足りる知能を備えていなかったときは，その行為について賠償の責任を負わない。精神上の障害により自己の行為の責任を弁識する能力を欠く状態にある間に他人に損害を加えた者は，その賠償の責任を負わない。責任無能力者が責任を負わない場合，責任無能力者を監督する法定の義務を負う者（監督義務者）は，その責任無能力者が第三者に加えた損害を賠償する責任を負う（714条1項）。監督義務者に代わって責任無能力者を監督する者（代理監督者）も損害を賠償する責任を負う（714条2項）。

法定の監督義務者とは，未成年者の場合は親権者や未成年後見人などである。代理監督者とは，法律または法定監督義務者との契約によって，責任無能力者の監督を委託された者あるいは施設をいう。幼稚園や小学校，精神病院については施設自体をいう（内田『民法Ⅱ（第3版）』400頁）。

監督義務者や代理監督者が，その義務を怠らなかったとき，またはその義務を怠らなくても損害が生ずべきであったときは，賠償する責任を負わない。しかし，免責が認められることは少ない。

(3) 使用者責任

　ある事業のために他人を使用する者は，被用者がその事業の執行について第三者に加えた損害を賠償する責任を負う（715条1項）。使用者に代わって事業を監督する者（代理監督者）も，損害を賠償する責任を負う（715条2項）。これを使用者責任という。使用者責任は過失の立証責任を転換しており中間責任である。被用者の加害行為による損害に関して，使用者が責任を負担する根拠は，報償責任および危険責任に求められている。

　使用者責任の第1の要件は，「ある事業のために他人を使用する」ことである。事業とは，仕事を意味しており，営利・非営利および継続的・非継続的を問わない。使用関係は，雇用や委任等の契約によることが多いが，契約関係が存在しなくともよい。しかし，使用者と被用者の間に実質的な指揮監督関係の存在が必要である。有償の関係であることや選任関係のあることは必要としない。請負人は，注文者に対して独立して仕事をするので，注文者との間では使用関係が生じない。しかし，元請負人が下請負人に対して指揮監督をするときは，使用関係が認められる。

　第2の要件は，「事業の執行について」である。被用者が第三者に加えた行為によって使用者が賠償責任を負うのは，被用者の不法行為が使用者の事業の範囲内であることが必要である。使用者の事業の範囲には，使用者の事業と密接に関連する業務が含まれる。被用者の職務の範囲は，客観的に行為の外形から判断される（外形標準説）。判例は，取引行為的不法行為のみならず事実行為的不法行為にも外形標準説を適用した。

　第3の要件は，「第三者に加えた」である。第三者とは，使用者および加害行為をした被用者を除くすべての者をいう。

　第4の要件は，免責事由の不存在である。

　使用者責任を負う者は，使用者と代理監督者である。代理監督者とは，工場長・支店長・現場監督者などをいう。被用者の責任および使用者と代理監督者の責任は不真正連帯債務の関係にある。使用者や代理監督者が損害を賠償したときは，被用者に求償ができる（715条3項）。

(4) 注文者の責任

　注文者は，請負人がその仕事について第三者に加えた損害を賠償する責任を負わない。請負人は注文者に対して，独立して仕事を行うからである。し

かし，注文または指図についてその注文者に過失があったときは責任を負う（716条）。

(5) **工作物責任**

土地の工作物の設置または保存に瑕疵があることによって他人に損害を生じたときは，その工作物の占有者は，被害者に対してその損害を賠償する責任を負う。しかし，占有者が損害の発生を防止するのに必要な注意をしたときは，所有者がその損害を賠償しなければならない（717条）。これを工作物責任という。

工作物責任の第1の要件は，土地の工作物によることである。土地の工作物とは，人工的に土地に接着して設置された設備をいう。たとえば，ブロック塀・道路・水道・電柱・鉄道の踏切などである。第2の要件は，工作物の設置または保存の瑕疵である。瑕疵とは傷のことであり，本来の安全性が欠如することを意味する。第3の要件は，因果関係である。すなわち，損害発生と因果関係のある設置または保存の瑕疵が，土地の工作物に存在する必要がある。第4の要件は，占有者には免責事由のないことである。

責任を負う者は，一次的には占有者である。間接占有者（たとえば賃貸人）も含まれる。二次的には所有者である。無過失責任である。

損害の原因について他にその責任を負う者があるときは，占有者または所有者は，その者に対して求償権を行使することができる（717条3項）。たとえば，事故の原因が請負人の手抜き工事による場合である。

竹木の栽植または支持に瑕疵がある場合は，工作物責任が準用される。

(6) **動物占有者の責任**

動物の占有者は，その動物が他人に加えた損害を賠償する責任を負う。占有者に代わって動物を管理する者も同様である（718条）。

第1の要件は，動物によることである。犬・猫・馬・蛇など，動物の種類を問わない。第2の要件は，動物の加えた損害であることである。犬をけしかけて怪我をさせた飼い主は，709条の責任を負う。第3の要件は，免責事由のないことである。動物の種類及び性質に従い相当の注意をもってその管理をしたときは，責任を負わない。

責任を負担する者は，動物占有者または管理者である。

(7) 共同不法行為

　不法行為の発生において，複数人が関与する場合がある。数人が共同の不法行為によって他人に損害を加えたときは，各自が連帯してその損害を賠償する責任を負う。共同行為者のうちいずれの者がその損害を加えたかを知ることができないときも同様である。行為者を教唆した者および幇助した者は，共同行為者とみなして，各自が連帯してその損害を賠償する責任を負う（719条）。これを共同不法行為という。共同不法行為は，3つの型に分類できる。第1は，複数人間に関連共同性がある場合であり，狭義の共同不法行為といわれる。第2は，加害者が不明の場合である。第3は，教唆者や幇助者がいる場合である。共同不法行為の場合には，各人が全額連帯責任を負うので，責任が加重されることとなる。

　狭義の共同不法行為とは，共同する者の全員が損害の発生について共同している場合である（719条1項前段）。たとえば，A・B・Cが共同して，Aは頭を，Bは腹を，Cは脚を暴行して負傷させた場合である。狭義の共同不法行為の要件は，第1は，各人の行為が独立して不法行為の要件を充たしていることである。すなわち，各人の行為が独立の行為であること，および，各人の行為に故意・過失，違法性，責任能力，因果関係など（判例）が存在することである。第2は，行為者間に関連共同性が存在することである。関連共同に関しては主観的関連共同説と客観的関連共同説（判例）がある。

　加害者不明の共同不法行為とは，共同行為者中の誰が損害を加えたかを知ることができない場合である。たとえば，数人ともみ合っている間に怪我をした場合に，加害者が誰かを知ることができないとき，全員に共同の責任を負わせるものである。被害者に証明の負担を免れさせている。加害者不明の共同不法行為の要件は，第1は共同行為者であること，第2は共同行為者の誰かによって損害が生じたこと，第3は各共同不法行為者に因果関係を除いて一般的不法行為の要件が備わっていることである。

　教唆者や幇助者がいる場合の共同不法行為とは，行為者を教唆した者および幇助した者は共同行為者とみなして，行為者と連帯して損害を賠償する責任を負わせるものである（719条2項）。教唆者とは，他人をそそのかし不法行為を実行する意思を生じさせた者をいう。幇助者とは，不法行為の実行を補助し容易にした者をいう。たとえば，見張りや助言助力をした者である。

共同不法行為者の責任は，各自が連帯して損害を賠償する責任を負うことである。各人の行為が損害発生につき直接の原因を与えていない場合であっても全額連帯責任となる。判例は，不真正連帯債務であるとする。共同不法行為者の1人が賠償をした場合には，責任の割合に応じて，他の共同不法行為者に求償できる。

(8) 国家賠償法

日本国憲法17条は，「何人も，公務員の不法行為により，損害を受けたときは，法律の定めるところにより，国または公共団体に，その賠償を求めることができる」と規定する。これに基づいて制定されたのが，国家賠償法である。国家賠償法は，公務員の公権力の行使に基づく損害，および，公の営造物の設置または管理の瑕疵に基づく損害については，国または公共団体に賠償責任を課している。

国または公共団体の公権力の行使に当たる公務員が，その職務を行うについて，故意または過失によって違法に他人に損害を加えたときは，国または公共団体が，これを賠償する責任がある（国賠法1条）。この責任は，使用者責任（民法715条）と似ているが，しかし国または公共団体の責任が強められている。

要件の第1は，公権力の行使である。第2は，公務員の職務上の行為である。公務員とは，公務員法上の公務員の身分を有する者に限定されない。職務上の行為とは，公務員の職務の執行行為のみならず，職務行為と密接に関連する行為および外形的にみて職務行為と考えられるものをいう。第3は，故意または過失によって違法に損害を与えることである。

公務員の公権力の行使に基づく損害の賠償責任は，国または公共団体にある。その場合において，公務員に故意または重大な過失があったときは，国または公共団体は，その公務員に対して求償権を有する（国賠法1条2項）。この点は使用者責任と異なる。公務員個人には直接の損害賠償責任はない（判例・通説）。

公の営造物の設置または管理に瑕疵があったために他人に損害を生じたときは，国または公共団体は，これを賠償する責任がある（国賠法2条）。この責任は，工作物責任（717条）と同じ趣旨であるが，工作物責任より範囲が広い。

要件の第1は，公の営造物である。たとえば，道路・橋・堤防・下水道・庁舎・公立学校・空港等の施設，官庁用自動車・船舶・航空機・ピストル等の動産，警察犬・皇宮警察馬等の動物，河川・海岸等の自然状態で公共の用に供するもの等である。要件の第2は，設置または管理の瑕疵である。設置または管理の瑕疵とは，客観的基準から見て傷が存在しており，安全性が欠如していることをいう。要件の第3は，損害の発生である。無過失責任である。

公の営造物の設置または管理の瑕疵に基づく損害の賠償責任は，国または公共団体にある。

(9) 自動車損害賠償保障法

自動車損害賠償保障法は，自動車の運行によって人の生命または身体が害された場合における損害賠償を保障する制度を確立することにより，被害者の保護を図ることを目的としている（自賠法1条）。増大する自動車事故における被害者の救済のために，昭和30年に特別法として制定された。自動車損害賠償保障法は危険責任および報償責任に基づいている。

自動車事故においては，加害者に対して次の責任が問われる。第1は，刑法に基づく刑事責任である。第2は，行政法に基づく責任である。たとえば，道路交通法による免許停止や取消である。第3は，民法や自動車損害賠償保障法に基づく民事責任である。

自動車損害賠償保障法は，自動車事故の責任主体，責任要件，そして効果について，民法の特則を置いている（自賠法3条）。その特色は次の3点である（内田『民法Ⅱ（第3版）』506頁）。

第1に，責任主体は，「自己のために自動車を運行の用に供する者」（運行供用者）である。運行とは，走行に限られないので，荷下ろしや駐車中も含まれる。運行供用者とは運行支配を有する者をいう。判例における運行供用者の例は次のようなものである。被用者の無断運転においては，保有者は運行供用者である。自動車を友人へ一時的に貸した場合は，貸主は運行供用者である。子の所有する自動車の購入費や維持費を負担する親は運行供用者である。レンタカー業者は運行供用者である。

第2に，責任を負う対象は，「他人の生命又は身体を害した」場合の損害である。物的損害は，709条が適用となる。

第3に，運行供用者は，次の3つの免責事由をすべて証明しない限り責任を免れない。すなわち，①自己および運転者が自動車の運行に関して注意を怠らなかったこと，②被害者または運転者以外の第三者に故意または過失があったこと，③自動車に構造上の欠陥または機能の障害がなかったことである。

自賠法3条は，立証責任を転換しており，免責される要件は非常に厳しく，運転者に過失がなくても免責されなという意味では，無過失責任の一種である（内田『民法Ⅱ（第3版）』506頁）。

自動車損害賠償保障法は，強制保険制度を採用している。すなわち，自動車は，自動車損害賠償責任保険または自動車損害賠償責任共済の契約が締結されているものでなければ，運行の用に供してはならない（自賠法5条）。損害賠償義務の履行を実効あらしめるためである。被保険者は保有者である。

(10) 製造物責任法

製造物責任法は，製造物の欠陥により人の生命，身体または財産に損害が発生した場合の損害賠償について定める民法の特別法である。

製造物責任の要件の第1は，製造物による被害である。製造物とは，製造または加工された動産をいう。不動産やサービスには適用されない。第2は，製造物に欠陥があったことである。欠陥とは，その製造物が通常有すべき安全性を欠いていることである。第3は，製造業者等が他人の生命，身体または財産を侵害したことである。製造業者等とは，製造業者，加工業者，輸入業者，表示製造業者，実質的製造業者である。

製造業者等の免責事由として，開発危険の抗弁および部品・原材料製造業者の抗弁がある。

4　不法行為の効果

(1)　賠償の方法

不法行為は，契約，事務管理，不当利得と共に，債権発生原因の1つである。不法行為が成立すると，その効果として，被害者の加害者に対する損害賠償請求権が発生する（709条）。

損害賠償の方法には，金銭賠償と原状回復とがある。民法は，金銭賠償を原則としている（722条1項による417条の準用）。

金銭賠償が原則であるから，法律の規定または特約がないかぎり，原状回復を請求することはできない。しかし，民法は名誉毀損の場合は原状回復を認める。すなわち，他人の名誉を毀損した者に対しては，裁判所は被害者の請求により損害賠償に代えて，または損害賠償とともに，名誉を回復するのに適当な処分を命ずることができる（723条）。名誉を回復するのに適当な処分としては，謝罪広告の掲載という方法がある。謝罪広告を被告側が掲載しない場合には，代替執行（民法414条2項，民事執行法171条）が使われる。すなわち，新聞紙上に謝罪広告を掲載して，その費用を被告から取る方法である。謝罪広告の強制は憲法19条違反ではない（最大判昭和31年7月4日民集10巻7号785頁）。

　侵害行為が現在行われている場合または侵害が将来生ずべき場合には，行為の予防を求める差止請求が可能である。民法に規定は無いが，判例はこれを認める。最高裁は，「名誉を違法に侵害された者は，損害賠償（710条）又は名誉回復のための処分（723条）を求めることができるほか，人格権としての名誉権に基づき，加害者に対し，現に行われている侵害行為を排除し，又は将来生ずべき侵害を予防するため，侵害行為の差止めを求めることができるものと解するのが相当である。けだし，名誉は生命，身体とともに極めて重大な保護法益であり，人格権としての名誉権は，物権の場合と同様に排他性を有する権利というべきであるからである」と述べる（最大判昭和61年6月11日民集40巻4号872頁）。

(2)　損害賠償請求権者

　不法行為によって被害を受けた本人自身は，当然に損害賠償請求権を有する。被害者が法人である場合も同様である（東京地判平成12年2月21日判例タイムズ1064号179頁）。

　胎児は，損害賠償の請求権については，既に生まれたものとみなされる（721条）。しかし，これは胎児の時点で損害賠償請求権の行使を認めたものではない。また，胎児の時点で法定代理人はいない。

　他人の生命を侵害した者は，被害者の父母，配偶者および子に対しては，その財産権が侵害されなかった場合においても，損害の賠償をしなければならない（711条）。すなわち，被害者の父母，配偶者，子は，財産的損害のみならず精神的損害の賠償請求権を取得する。

損害賠償請求権の発生時期は，原則として，現実に損害が発生したときである。

(3) 損害賠償の範囲

加害行為と事実的因果関係に立つ損害は無限に拡大する。このような損害のすべてを加害者に賠償させるのは妥当性を欠くために，一定の範囲に限定する必要がある。債務不履行に関しては民法416条の規定があるが，不法行為に関しては規定が置かれていない。判例は，民法416条は相当因果関係を規定したものであり，債務不履行のみならず，不法行為にも類推適用されるとした（大連判大正15年5月22日民集5巻386頁・富貴丸事件）。

すなわち，加害行為の結果として通常生ずべき損害（通常損害），および，特別の事情に起因する損害（特別損害）であっても予見可能性が存在するときは賠償すべきこととなる。

近時，賠償の範囲は，保護範囲の判断によって決定されるべきであるとする学説が提唱されている。

(4) 損害の金銭的評価

損害は財産的損害と非財産的損害（主として精神的損害）とがある。財産的損害には積極的損害（現実損害）と消極的損害（得べかりし利益の喪失）がある。

物損の金銭的評価の基準時は次の通りである（大連判大正15年5月22日民集5巻386頁・富貴丸事件）。第1に，不法行為時の交換価値が基準になる。第2に，被害者が騰貴した価格の利益を取得することができたという特別の事情があり，かつ加害者が予見可能であれば，その騰貴した価格による。

物の滅失の場合は，通常，滅失時の交換価格である。物の損傷の場合は，修理料金および代替物の賃借料金である。

損害賠償額の立証に関しては，実務においては，債務不履行の場合と同様に，民事訴訟法248条（損害額の認定）が重要な意味を持つ。

(5) 賠償額の減額調整

損害賠償の方法の規定（417条）は，不法行為による損害賠償について準用される。被害者に過失があった場合は，裁判所はこれを考慮して，損害賠償の額を定めることができる（722条2項）。すなわち，損害賠償額を決定するに際して，当事者の公平を図るために，被害者に過失があったときはこれ

が斟酌される。これを過失相殺という。

不法行為の被害者が，損害を受けた同一の原因によって利益を受けている場合には，この利益の額を損害額から控除して賠償額を算定する。これを損益相殺という。たとえば，死亡による逸失利益を算定する場合，生存していたならば得られたであろう利益から，死亡した者の生活費が控除される。民法には規定はないが当然のことであるために，不法行為のみならず債務不履行による損害賠償においても行われる。

(6) 損害賠償請求権の時効

不法行為による損害賠償の請求権は，被害者またはその法定代理人が損害および加害者を知った時から3年間行使しないときは，時効によって消滅する。不法行為の時から20年を経過したときも同様である（724条）。

3年に関しては時効期間であり，20年に関しては除斥期間である。被害者が損害を知った時とは，被害者が損害の発生を現実に認識した時をいう。

第8編
親 族 法

第8編 親族法

第1章　親族法の意義

1　家族法

(1)　家族法の構成

　人の集まりを社会という。国家，都道府県，大学，サークル，家庭はすべて社会である。私たちの生活の核心を構成する社会が家族・家庭であり，そこにおける関係が家族関係である。この家族関係における国家のルールが家族法である。

　家族法の中で，家族・家庭において紛争が生じた場合に解決の基準を与えるのが親族法である。人の死亡に伴う財産関係の変動に基準を与えるのが相続法である。

　民法の親族（第4編）は，総則，婚姻，親子，親権，後見，保佐及び補助，扶養を規定する。

(2)　日本の家族法

　日本においては明治維新において近代社会が成立した。明治憲法下で明治31年に明治民法が公布された。明治民法は，家，戸主，親族会の制度を設けており，戸主が家族を統率するという家父長制的家族法であった。

　第2次世界大戦後，憲法改正作業と民法改正作業とが平行的に行われた。日本国憲法は，昭和21年に公布され，昭和22年に施行された。「民法の一部を改正する法律」は昭和22年に公布され，昭和23年に施行された。これにより日本において近代的家族法が成立した。

2　氏名と戸籍

(1)　氏　名

　氏とは，姓名のうち，姓を法律では氏という。氏の取得においては，親子同氏が原則であり，それは社会生活における便宜のためである。

　嫡出である子は，父母の氏を称する。子の出生前に父母が離婚したときは，離婚の際における父母の氏を称する。嫡出でない子は，母の氏を称する。

従来の氏とは異なる新しい氏を取得することを氏の変動という。婚姻により氏は変動する。夫婦は，婚姻の際に定めるところに従い，夫または妻の氏を称する。

　父と母の離婚，父または母の一方の死亡による他方の復氏，父または母の再婚による氏の変動，父の認知等を原因として，子が父または母と氏を異にすることとなる。この場合には，子は，家庭裁判所の許可を得て，届け出ることによって，その父または母の氏を称することができる。子が15歳未満であるときは，その法定代理人が，これに代わってすることができる。氏を改めた未成年の子は，成年に達した時から1年以内に届け出ることによって，従前の氏に復することができる。

　身分の変動と関連しない氏の変更は認められない。しかし，やむを得ない事由が存在する場合は，家庭裁判所の許可により認められる。たとえば，難解，難読，珍奇な氏である。変更の効果は同一戸籍内の者のみに及ぶ。

　子の名は，命名行為によって決定される。命名は，父母などの出生届出義務者によってなされる。名の変更は，正当な事由があり，家庭裁判所の許可があれば認められる。たとえば，難解，難読，珍奇，同一地域内に同姓同名の者がいる等の場合である。

(2) 戸　　籍

　戸籍制度とは，個人の身分法上の事実または法律関係を登録し公証する制度をいう。現行の戸籍法では，戸籍は家族を単位として編製されている。婚姻により新しい戸籍が編製され，出生した子は親の戸籍に入る。戸籍の記載は，原則的に，当事者の届出によりなされる。

第2章　親　　族

　親族とは，血縁関係の存在する者，養子縁組関係の存在する者，および，婚姻を通じてつながりのある者をいう。民法は，6親等内の血族，配偶者，3親等内の姻族を親族とする（725条）。

　血族とは血のつながりのある者をいう。たとえば，父母と子，祖父母と孫，兄弟姉妹，いとこ同士である。姻族とは，婚姻を通してつながりのある者をいう。たとえば，配偶者の父母，配偶者の兄弟姉妹である。

　配偶者とは，婚姻の相手方をいう。たとえば，夫にとっては妻であり，妻にとっては夫である。

　直系血族とは，血族関係において，血統が上下に一直線で示されている関係をいう。たとえば，父母と子，祖父母と孫である。傍系血族とは，血統が共同始祖から分かれている関係をいう。たとえば，兄弟姉妹，いとこ同士である。

　尊属とは，自分より前の世代に属する者をいう。卑属とは，自分より後の世代に属する者をいう。

　親等とは，親族関係の遠近を示す単位である。親等は，親族間の世代数を数えて，これを定める。傍系親族の親等を定めるには，その1人またはその配偶者から同一の祖先にさかのぼり，その祖先から他の1人に下るまでの世代数による。夫婦は0親等，親子は1親等，祖父母と孫は2親等，兄弟姉妹は2親等，いとこ同士は4親等である。

第3章 婚　　姻

1　婚姻の意義

　婚姻とは，日常用語では結婚といい，夫婦になることである。婚姻については，日本国憲法24条が，「婚姻は，両性の合意のみに基いて成立する」と規定する。これは，親の意思などによって婚姻が決められることがないことを意味する。

　婚姻に先立って婚約が行われるのが社会的慣行である。婚約の成立により，当事者間に法律関係が生じる。婚約は将来婚姻しようという合意によって成立する。エンゲージ・リングの交換や結納などの方式は不要である。同棲は必ずしも婚約成立とはみられない。婚約の効果として，婚約者は婚姻を成立させる義務を相互に負うこととなる。

　婚約は法的強制に馴染まないので，一方的な解消も認められる。たとえば，相手方の不貞，相手方と第三者の事実上の婚姻，相手方の暴行・暴力や侮辱行為，相手方の社会常識を逸脱した行動，相手方による一方的な挙式日の延期，相手方の経済的破綻，相手方が婚約後に親との同居を持ち出した場合等である。

　しかし，不当な婚約の破棄に対しては，債務不履行として損害賠償請求ができる。不当な婚約の破棄とは，家風に合わない，姓名判断等による相性や方位が悪い，血統が悪いといった理由によるものである。財産的損害として，結納披露宴費用，婚姻準備費用，挙式等のキャンセル料，退職による損害などがある。さらに，慰謝料を請求できる。

　結納は，婚約成立を確認する目的で贈与される金銭等である。婚姻が成立しなかった場合には，結納を受領した者は不当利得として返還義務を負う。婚姻解消ないし婚姻不成立につき責任がある結納授与者は返還を請求できない（遠藤他『民法(8)（第4版増補訂版）』64頁）。

2 婚姻の成立

(1) 婚姻成立の要件

婚姻の成立については，2つの制度があるとされる。第1は，事実婚主義であり，婚姻の儀式あるいは婚姻共同生活の存在によって，法律上の婚姻が成立したとみる制度である。第2は，法律婚主義であり，法定の婚姻手続きの完了により婚姻が成立したとみる制度である。多くの国家は法律婚主義を採用しており，日本も同様である。

婚姻が成立するためには，実質的要件と形式的要件とが必要である。実質的要件とは，婚姻の意思であり，民法はさらに婚姻障害事由を規定する。形式的要件とは婚姻の届出である。

(2) 実質的要件

婚姻の意思とは，婚姻をする意思であり，無条件で無期限の夫婦共同生活を送る意思である。人違いその他の事由によって，当事者間に婚姻をする意思がないときは，婚姻は無効である（742条）。たとえば，次男と婚姻したにもかかわらず，父親が長男との婚姻届を提出した場合である。また，当事者間に無条件で無期限の夫婦共同生活をおくる意思を欠く場合も無効である。たとえば，仮装結婚や婚姻期間を定める場合である（最判昭和44年10月31日民集23巻10号1894頁）。

(3) 形式的要件

婚姻は，戸籍法の定めるところにより届け出ることによって，その効力を生ずる。届出は，当事者双方および成年の証人2人以上が署名した書面で，またはこれらの者から口頭で，しなければならない。婚姻は，当事者が婚姻の届出をしないときは無効である（742条）。結婚式を挙げることは，社会的には重要であるが，法律上は婚姻成立の要件ではない。

外国に在る日本人間で婚姻をするときは，その国に駐在する日本国の大使，公使または領事にその届出をすることができる。

(4) 婚姻障害

婚姻の届出は，その婚姻が法令の規定に違反しないことを認めた後でなければ，受理することができない（740条）。

男性は18歳に，女性は16歳にならなければ，婚姻をすることができない

(731条)。これを婚姻適齢という。誤って受理された場合には，取消原因になる。婚姻適齢の規定に違反した婚姻は，不適齢者が適齢に達したときは，本人以外の者の取消権は消滅する。不適齢者本人は，適齢に達した後，なお3ヶ月間は，その婚姻の取消しを請求することができる。しかし，適齢に達した後に追認したときは，取消権を喪失する。

　未成年の子であっても，婚姻適齢に達すれば婚姻をすることができる。しかし，未成年の子が婚姻をするには，成年に達した者とは異なり，父母の同意を得なければならない。父母の一方が同意しないときは，他の一方の同意のみでよい。父母の一方が知れないとき，死亡したとき，またはその者が自分の意思を表示することができないときも，他の一方の同意のみでよい（737条）。

　配偶者のある者は，重ねて婚姻をすることができない（732条）。重婚とは，婚姻届出のある者が重ねて婚姻届を出す場合である。婚姻の届出は戸籍事務担当者による審査が行われるので，通常は重ねて婚姻届が受理されることはない。しかし，重婚は，離婚後に再婚したがその離婚が無効であった場合や戸籍事務担当者が間違って受理してしまった場合等に生じうる。重婚は取消原因になる。

　直系血族または3親等内の傍系血族の間では，婚姻をすることができない（734条）。直系血族間の婚姻とは，たとえば祖父母と孫である。3親等内の傍系血族の間の婚姻とは，たとえば，おじと姪やおばと甥である。優生学的見地から規定されている。また，直系姻族の間では，婚姻をすることができない。姻族関係が終了した後も，婚姻をすることができない（735条）。倫理的な見地から規定されている。

　女性は，前婚の解消または取消しの日から6カ月を経過した後でなければ，再婚をすることができない。女性が前婚の解消または取消の前から懐胎していた場合には，その出産の日から，再婚禁止期間の規定は適用されない（733条）。立法趣旨は，父性の推定の重複を回避し，父子関係をめぐる紛争の発生を未然に防止することにある。

(5) 婚姻の無効

　人違いその他の事由によって当事者間に婚姻をする意思がないときは，婚姻は無効である（742条1号）。婚約の証として交付した婚姻届を提出しても，

婚姻は無効である（最判昭 34 年 5 月 24 日判時 523 号 42 頁）。婚姻の無効とは、婚姻の効力が始めから発生しないことをいう。判例は当然無効説をとり、裁判所の判決はそのことの確認にすぎない。

婚姻届書作成後に翻意した場合、相手方または戸籍事務担当者に対して明白な翻意の表示がなされなければ、婚姻意思の撤回があったといえない。本人が意識不明の間に受理された婚姻届の効力に関しては、受領の時点で意思能力を失っていても、婚姻は有効である。

当事者が婚姻の届出をしないときは、婚姻は無効である（742 条 2 号）。婚姻は元来不存在である。

(6) 婚姻の取消し

婚姻の取消原因には、公益的観点からの取消しとして、不適齢婚、重婚、近親婚、再婚禁止期間内の婚姻がある。私益的観点からの取消しとして、詐欺または強迫による婚姻がある。婚姻の取消しができるのは、これらの事由のある場合に限定される（743 条）。

公益的観点からの取消しが認められる婚姻は、各当事者、その親族または検察官から、その取消しを家庭裁判所に請求することができる。重婚または再婚禁止期間内の婚姻については、当事者の配偶者または前配偶者も、その取消しを請求することができる（744 条）。詐欺または強迫によって婚姻をした者は、その婚姻の取消しを家庭裁判所に請求することができる。その取消権は、当事者が詐欺を発見し、もしくは強迫を免れた後 3 カ月を経過し、または追認をしたときは消滅する。

婚姻の取消しは、将来に向かってのみその効力を生ずる。婚姻の取消しには遡及効がない。婚姻の時においてその取消しの原因があることを知らなかった当事者が、婚姻によって財産を得たときは、現に利益を受けている限度において、その返還をしなければならない。婚姻の時においてその取消しの原因があることを知っていた当事者は、婚姻によって得た利益の全部を返還しなければならない。この場合において、相手方が善意であったときは、これに対して損害を賠償する責任を負う。

3　婚姻の効果

(1)　婚姻における2つの効果

　日本国憲法は，夫婦および家族に関する事項についても規定する。すなわち，「婚姻は，夫婦が同等の権利を有することを基本として，相互の協力により，維持されなければならない」（24条1項）とし，「家族に関する事項に関しては，法律は，個人の尊厳と両性の本質的平等に立脚して，制定されなければならない」（24条2項）とする。

　民法は，婚姻の効果として，身分上の効果と財産上の効果を規定する。婚姻の効果により，夫婦となった男女は，独身時代とは異なった法的地位におかれる。

(2)　身分上の効果

　婚姻により，氏は共同する。夫婦は，婚姻の際に定めるところに従い，夫または妻の氏を称する（750条）。人の姓名のうち，法律上，姓を氏という。日本では夫婦同姓であり，夫婦別姓は認められない。第三者の氏を称することはできない。外国人との婚姻においては，外国人配偶者の氏を称する場合は，婚姻の日から6カ月以内に届け出ることにより変更しうる。

　夫婦は同居し，互いに協力し扶助しなければならない（752条）。夫婦の同居・協力・扶助義務である。夫婦は，協議によって，同居の場所を決定する。別居の契約は認められない。しかし，配偶者による暴行虐待や生活能力がないときなどは，一時的な別居も認められる。夫婦の同居義務は法的義務であるといっても，裁判に訴えることはできるが強制履行を求めることができない義務である。ただし，離婚原因となる（内田『民法IV（補訂版）』21頁）。

　夫婦は，相互に貞操義務を負う。配偶者に不貞な行為があったとき，夫婦の一方は，離婚の訴えを提起することができる（770条1項1号）。配偶者の一方と不貞を行った第三者は，他方配偶者に対して不法行為責任を負う。

　夫婦間の契約は，婚姻中，いつでも夫婦の一方からこれを取り消すことができる。夫婦間の契約取消権という。しかし，第三者の権利を害することはできない（754条）。この規定の趣旨は，夫婦間の契約の履行に関しては，法による強制を回避する点にある。取り消された場合の効果は遡及し，履行完成後においても回復を求めることができる。本条の合理性には疑問があるた

めに，判例は本条を制限的に解釈する。すなわち，離婚直前になされた贈与契約は，財産分与の合意として扱う（最判昭27年5月6日民集6巻5号506頁）。

　未成年者は，婚姻適齢に達すれば婚姻が可能である。未成年者が婚姻をしたときは，これによって成年に達したものとみなす（753条）。これを成年擬制（婚姻成年）という。婚姻した未成年者が婚姻生活を維持するためには，独立して財産行為を行う必要があるために認められた規定である。従って，未成年者は，親権または後見から離脱する。成年擬制の効果は，民法において適用されるのみであり，公職選挙法，未成年者飲酒禁止法，未成年者喫煙禁止法等においては適用がない。婚姻の解消によっては，成年擬制の効果は消滅しない。

(3) **財産上の効果**

　婚姻生活を維持するためには，経済的基盤である財産が重要となる。婚姻中に生じる夫婦間の財産上の権利義務関係を夫婦財産制という。

　夫婦は，婚姻の届出前に，婚姻中の夫婦財産関係についての契約を締結しうる。これを夫婦財産契約という。夫婦が法定財産制と異なる契約をしたときは，婚姻の届出までにその登記をしなければ，これを夫婦の承継人及び第三者に対抗することができない（756条）。

　しかし，夫婦財産契約は，手続きの煩雑さのために，ほとんど利用されていない。したがって，夫婦が，婚姻の届出前に，その財産について別段の契約をしなかったときは，その財産関係は，法定財産制に定めるところによる（755条）。

　第1は，夫婦間における財産の帰属である。夫婦の一方が婚姻前から有する財産および婚姻中自分の名で得た財産は，その者の特有財産となる。特有財産とは夫婦の一方が単独で有する財産をいう。夫婦のどちらに属するか不明な財産は共有と推定する（762条）。共稼ぎの夫婦が資金を出し合って不動産を一方名義で取得した場合は共有である（最判昭和34年7月14日民集13巻7号1023頁）。

　第2は，婚姻費用の分担である。夫婦は，その資産や収入その他一切の事情を考慮して，婚姻から生ずる費用を分担する（760条）。婚姻から生じる費用とは，夫婦が婚姻生活を行うにつき必要な生計費をいい，衣食住費，子の養育費，医療費，学費等が含まれる。婚姻費用に含まれないものとして，配

偶者各自の職業費や一方配偶者の子の費用がある。分担額は通常は合意で決定される。

　第3は，日常家事に関する債務の連帯責任である。夫婦の一方が，日常の家事に関して第三者と法律行為をしたときは，他の一方は，これによって生じた債務について連帯責任を負う。しかし，第三者に対し責任を負わない旨を予告した場合は，連帯責任を負わない（761条）。日常家事に関して生じた債務とは，日常品の費用，電気ガス料金，家賃，医療費等に関する債務をいう。制度趣旨は，日常家事債務が，夫婦の一方の債務というよりも，共同生活体の債務と考えられる点にある。日常家事債務は夫婦が連帯責任を負うので，夫婦は同一内容の債務を併存的に負担する。

4　婚姻の解消

(1)　婚姻の解消事由

　婚姻の解消とは，有効に生じた婚姻の効果を将来に向かって消滅させることをいう。婚姻は夫婦の一方の死亡および離婚によって解消する。

　条文の規定は存在していないが，死亡により婚姻は解消する。法律上重要であるのは離婚である。厚生労働省平成23年（2011）人口動態統計の年間推計によれば，婚姻件数67万組であり，離婚件数23万5千組である。離婚種類別では，協議離婚が約91％，調停離婚が約8％，審判離婚が約0.1％，裁判離婚が約1％である。

　古代ローマにおいては，離婚は自由であった。しかし，中世になるとキリスト教の影響により離婚は認められなかった。近世になって離婚が認められ始め，今世紀に入り破綻離婚が認められるようになった。

　日本では，離婚がきわめて容易に認められる伝統があった。中国法を継受した大宝律令・養老律令が，妻を追い出すことができる要件を規定していた。たとえば，子供がない，舅姑を大切にしない，おしゃべり，窃盗，嫉妬深い，病気等である。中世においては，男子専権離婚が認められた。江戸時代においては，夫からの離縁状（三下半）による離婚があった。女性は，縁切寺や駆込寺（たとえば鎌倉東慶寺など）へ逃げ込む他なかった（内田『民法Ⅳ（補訂版）』91頁）。

(2) 協議離婚

夫婦は，その協議で，離婚をすることができる（763条）。すなわち，協議離婚は，離婚意思の合致および届出によって成立する。裁判所の関与は不要である。

協議離婚届書の作成後に翻意した場合は，本籍地の市町村長へ不受理申出が可能であり，不受理申出の件数自体は年間約3万件余ある（内田『民法IV（補訂版）』68頁・103頁）。

詐欺または強迫によって離婚をした者は，その取消しを家庭裁判所に対して請求することができる。この取消権は，当事者が詐欺を発見し，若しくは強迫を免れた後3カ月を経過し，または追認をしたときは消滅する（764条・747条）。

(3) 調停離婚

協議離婚が不成立となると，裁判で離婚判決を求めることとなる。しかし，調停前置主義に基づき，訴訟提起前に調停にかけられる（家事事件手続法257条）。これを調停離婚という。

調停は，円満な婚姻関係の再構築を目指しており，夫婦の人間関係を調整する機能を持つ。調停において当事者間に合意が成立し，これを調書に記載したときは，調停が成立したものとし，その記載は，確定判決と同一の効力を有する（家事事件手続法268条）。

家事事件手続法（平成23年5月25日法律第52号）は，家事審判法（昭和22年12月6日法律第152号）に代わって新たに制定されたもので，平成25年1月1日に施行される。

(4) 審判離婚

家庭裁判所は，調停が成立しない場合において相当と認めるときは，当事者双方のために衡平に考慮し，一切の事情を考慮して，職権で事件の解決のため必要な審判（調停に代わる審判）をすることができる（家事事件手続法284条）。これを審判離婚という。たとえば，離婚の気持ちは固まっているが，財産分与や子の監護方法において些細な相違がある点を理由として，調停が成立しない場合である。しかし，2週間以内に異議の申立てがなされると，審判はその効力を失う（家事事件手続法286条）。

(5) 裁判離婚

　離婚協議が成立せず，調停も成立せず，審判が行われないまたは審判に対する異議の申立てがなされた場合において，夫婦の一方は離婚の訴えを提起することができる。すなわち，夫婦の一方は，配偶者に不貞な行為があったとき，配偶者から悪意で遺棄されたとき，配偶者の生死が3年以上明らかでないとき，配偶者が強度の精神病にかかり回復の見込みがないとき，その他婚姻を継続し難い重大な事由があるときに限り，離婚の訴えを提起することができる（770条1項）。民法は離婚原因として，4つの具体的離婚事由と1つの抽象的離婚事由とを規定しており，前者は後者の例である。裁判離婚は，夫婦にとって最終的な離婚方法である。

　不貞行為とは，夫婦の貞操義務違反行為である。悪意の遺棄とは，夫婦の同居・協力・扶助義務に違反する行為である。3年以上生死不明とは，配偶者の生存が明らかでないことである。配偶者の生死が7年間不明のときは失踪宣告が可能であり，婚姻は解消する。強度の精神病とは，統合失調症等の疾患であって，婚姻共同生活を継続できない状態である。加えて，相当期間治療を継続しても回復の見込みがないことが要件である。

　その他婚姻を継続しがたい重大な事由（770条1項5号）は，一般的破綻主義を述べた規定である。具体例として，配偶者が重罪により処刑された場合，配偶者による同居できないほどの暴行や虐待，配偶者の疾病，アルコール中毒や麻薬中毒，著しい性格の不一致，長期の別居等である。

　配偶者の暴行や虐待に関しては，2001年に「配偶者からの暴力の防止及び被害者の保護に関する法律」（DV防止法）が成立し施行された。この法律は，配偶者からの身体的・精神的暴力を犯罪と把握し，被害者からの申立てにより裁判所が迅速に「保護命令」を出して接近禁止や退去を命ずることができる。保護命令に違反した者は，1年以下の懲役または100万円以下の罰金に処する。国および地方公共団体は，配偶者からの暴力の防止と被害者の自立を支援するため，相談，保護，自立支援の体制を整備する責務を有する（内田『民法Ⅳ（補訂版）』121頁）。

　裁判所は，民法770条1項1号から4号までに掲げる事由がある場合であっても，一切の事情を考慮して婚姻の継続を相当と認めるときは，離婚の請求を棄却できる（770条2項）。裁判例は，夫の不貞行為に関して，夫も後悔し

ており婚姻は継続すべきだとした（東京地判昭和30年5月6日家月7巻8号818頁）。また，戦後抑留中に夫が生死不明になった事案に対して，帰還の公算もあり待つべきであるとした（横浜地小田原支部判昭和26年9月29日下民集2巻9号1160頁）。

(6) 有責配偶者からの離婚請求

婚姻の破綻の責任が，離婚請求の相手方にある場合には，無責配偶者から有責配偶者への離婚請求が可能である。たとえば，夫に不貞行為があった場合，妻は夫に対して離婚の訴えを提起することができる。しかし，民法770条1項5号は，一般的破綻主義を述べている。したがって，破綻主義を貫けば，婚姻の破綻という事実の存在により，破綻の原因がどのようなものであれ，離婚は認められることとなる。

最高裁は，妻以外の女性が夫の子を懐胎した後，夫がその女性と同棲し，夫から妻に対して離婚を請求した事案において，次のように判示した。夫が，女性との関係を解消し，妻のもとに帰りくるならば，夫婦関係は円満に継続することができるはずであるから，自ら婚姻の破綻を招いた者は離婚請求をすることができない（最判昭和27年2月19日民集6巻2号110頁・踏んだり蹴ったり判決）。

しかし，最高裁は，昭和62年に判例変更を行った。10年間子のない夫婦が，養子を得たことにより，夫がその養子の母と同棲し，30年を経過して2度目の離婚請求を行ったが，一審および二審とも敗訴した事案である。最高裁は，相当の長期間の別居，未成熟子がいないこと，相手方配偶者が精神的・社会的・経済的に過酷な状態に置かれないことという要件の下に，離婚請求を認めた（最大判昭和62年9月2日民集41巻6号1423頁）。その後，最高裁は平成2年に，8年の別居期間で離婚を認める。

5 婚姻解消の効果

(1) 身分上の効果

配偶者の死亡または離婚により，婚姻の効果は将来に向かって解消する。その結果，身分上の効果および財産上の効果が生じる。死亡と離婚とでは効果が異なる場合がある。

婚姻の解消により，夫婦は再婚が可能となる。未成年者の再婚も親の同意は不要である。ただし，女性は，前婚の解消または取消しの日から6カ月を

経過した後でなければ，再婚をすることができない（733条）。

離婚により姻族関係は終了する。姻族関係終了の意思表示は不要である。夫婦の一方が死亡した場合においては，生存配偶者が姻族関係を終了させる意思表示をしたときに，姻族関係が終了する（728条）。この場合は，戸籍上の届出が必要である。これにより，生存配偶者と義理の父母との扶養関係は消滅する。

夫婦の一方が死亡したときは，生存配偶者は，婚姻前の氏に復することができる（751条）。婚姻によって氏を改めた夫または妻は，離婚によって，婚姻前の氏に復する。婚姻前の氏に復した夫または妻は，離婚の日から3カ月以内に届け出ることによって，離婚の際に称していた氏を称することができる（767条）。

婚姻によって氏を改めた夫または妻が，祭祀財産に関する権利を承継した後，離婚をしたときは，当事者の協議で承継すべき者を定めなければならない。

協議上の離婚をするときは，協議で父母の一方を親権者と決定しなければならない。裁判上の離婚の場合には，裁判所は父母の一方を親権者と定める（819条）。親権は身上監護権と財産管理権とを含む。

親権者とは別に監護権者を決定することができる（766条）。親権と別に監護者を定めると，親権の内の監護権が独立し，親権は財産管理権のみとなる。監護とは養育に関する事務をいう。

父母が協議上の離婚をするときは，子の監護をすべき者，父または母と子との面会およびその他の交流，子の監護に要する費用の分担その他の子の他監護について必要な事項は，その協議で定める。この場合においては，子の利益を最も優先して考慮しなければならない。協議が調わないとき，または協議をすることができないときは，家庭裁判所がこれを定める。家庭裁判所は，必要があると認めるときは，以上の定めを変更し，その他監護について相当な処分を命ずることができる（766条）。この規定は，裁判上の離婚に準用される。

監護権を行使するためには，子を自己の監督下におく必要がある。そのために，監護権に基づく子の引渡請求が認められる。

(2) 財産上の効果

協議上の離婚をした者の一方は，相手方に対して財産の分与の請求をなし得る。協議不調のとき，または協議不能のときは，当事者は家庭裁判所に対して，協議にかわる処分を請求しうる。その場合には，家庭裁判所は一切の事情を考慮して，分与の額および方法を定める（768条）。この規定は，裁判上の離婚に準用される。

財産分与請求権の内容は，次の3点である。第1は，夫婦の財産関係の清算である。婚姻後に形成された財産の分配であるが，場合によっては将来の収入をも加えて分配する。第2は，離婚に伴う損害の賠償である。離婚における有責配偶者に対する不法行為責任についての慰謝料を他方配偶者は請求できる。第3は，離婚後の扶養である。

6 内　　縁

内縁とは，夫婦共同生活の実体は存在するが，しかし婚姻届が提出されていない関係である。事実婚とも称される。つまり，婚姻は，婚姻意思があり，届出がある関係である。内縁は，婚姻意思は有るが，届出がない関係である。同棲は，婚姻意思も届出もない関係である。

内縁は届出がないために，戸籍と結び付く婚姻の効果は認められず，氏の変更，成年擬制，子の嫡出性，相続権などは認められない。しかし，共同生活に基づく効果は認められるのであり，貞操義務，同居協力扶助義務，婚姻費用分担義務，日常家事債務の連帯責任，別産性，財産分与などは類推される（佐藤他『民法Ⅴ（第4版）』36頁）。

今日，内縁を準婚的に取り扱う社会立法がある。たとえば，厚生年金保険法，健康保険法，国家公務員共済組合法，労働基準法，労働基準法施行規則等である。

正当な理由なしに内縁関係を破棄した者は，損害賠償義務を負う。

重婚的内縁とは，一方において婚姻関係が存在し，他方において内縁関係が存在する場合をいう。

第4章 親　　子

1　親子の意義

　親子という用語は，生命科学や医学における概念と法学における概念とでは異なる。法律上の親子関係は，親と子の間に血のつながりのある実親子関係と，血のつながりのない養親子関係とがある。

　厚生労働省平成24年1月1日発表の平成23年（2011）人口動態統計の年間推定によると，出生数105万7000人，死亡126万1000人である。

2　嫡　出　子

(1)　嫡出子の意義

　民法は，実子を嫡出子と非嫡出子とに区分する。嫡出子とは，法律上の婚姻関係にある男女間に生まれた子をいう。非嫡出子とは，法律上の婚姻関係にない男女間に生まれた子をいう。出生の届出は，14日以内にしなければならない。

　実親子関係は，一方から他方が生まれたという関係が存在すれば，法律上当然に成立する（佐藤他『民法Ⅴ（第4版）』57頁）。母子関係は分娩の事実によって明らかである。しかし，父子関係は必ずしも明白ではない場合がある。

(2)　推定される嫡出子

　民法は，妻が婚姻中に懐胎した子は，夫の子と推定する（772条1項）。婚姻の成立の日から200日を経過した後または婚姻の解消もしくは取消しの日から300日以内に生まれた子は，婚姻中に懐胎したものと推定する（772条2項）。これを嫡出推定という。嫡出の推定は，法律上の推定である。したがって，医学的事実の証明等により，嫡出の推定が覆る場合がある。

　嫡出が推定される場合において，夫は，子が嫡出であることを否認することができる（774条）。否認権者は夫のみである。真実の父は否認権者ではない。否認権は，子または親権を行う母に対する嫡出否認の訴えによって行う。親権を行う母がないときは，家庭裁判所は，特別代理人を選任する必要があ

る。胎児に対しては嫡出否認の訴えを提起できない。夫は，子の出生後において嫡出であることを承認したときは，否認権を失う。嫡出否認の訴えは，夫が子の出生を知った時から1年以内に提起しなければならない。嫡出否認の訴えにおいては，原告に立証責任がある。

(3) 推定の及ばない子

妻が夫によって医学的に懐胎が不可能なときは，嫡出推定は及ばない。そのような子を推定の及ばない子という。嫡出推定の排除される例として，事実上の離婚状態，夫の行方不明，夫が海外滞在中，夫が刑務所に収監中等がある。

推定の及ばない子においては，親子関係不存在確認訴訟によって，父子関係を否定できる。親子関係不存在確認訴訟については規定がないが，判例によって認められ，人事訴訟法は人事訴訟にこれが含まれるとする。

(4) 推定されない嫡出子

婚姻成立後200日以内に生まれた子は，条文上は嫡出推定が及ばない。しかし，大審院は，内縁関係が先行する場合には，婚姻成立後200日以内に生まれた子は，当然に嫡出子となると判示した（大連判昭和15年1月23日民集19巻54頁）。このような嫡出子を推定されない嫡出子という。

大審院判決の後，戸籍実務は，婚姻成立200日以内に生まれた子も嫡出子として扱っている。推定されない嫡出子については，親子関係不存在確認訴訟で争うことができる。

(5) 父を定める訴え

再婚禁止期間に違反した婚姻届が誤って受理されると，前婚の推定と後婚の推定とが重複する場合が発生する。たとえば，妻Yは夫Xとの夫婦別居生活の後に離婚した。Yは別居の後Zと同棲し，離婚届を出した1カ月後に婚姻届を提出して受理された。この時点でYは懐胎しており，婚姻届を提出した7カ月後に出産した。この場合，出産はXとの婚姻の解消後約8カ月で300日以内であり，Zとの再婚後約7カ月で200日より後になる。したがって，法律上，XとZの2人が父として推定される。

再婚禁止期間の規定に違反して再婚をした女性が出産した場合において，嫡出推定の規定によりその子の父を定めることができないときは，裁判所がこれを定める（773条）。これは，父を定める訴えと称される。

(6) 人工生殖子

　生命科学および医学における人工生殖（生殖補助医療）の技術の発展により，多くの法律問題が生まれている。生殖補助医療の医学的手法は，人工受精と体外受精である。人工受精は，日本では1949年以降行われており，出生した子は1万人以上であって，その中心医療機関は慶応義塾大学病院である。体外受精は，日本では1983年に東北大学病院で最初の試験管ベビーが出生しており，数千人に達している（大村敦志『家族法（第3版）』217頁以下）。

　夫の精子による人工受精は，AIHである。AIHは，推定される嫡出子となる。夫以外の精子による人工受精は，AIDによる。日本産科婦人科学会は，AIDを認めてきた。AIDは，夫の同意を条件として，推定される嫡出子と扱われる。

　女性が，懐胎・出産をなしうる身体状況でない場合には，代りの女性に懐胎・出産を行ってもらう場合がありうる。これが代理母である。そこで使われる医学的手法は，人工受精または体外受精である。夫の精子を妻以外の女性に医学的に注入して妻の代わりに懐胎・出産する場合を狭義の代理母という。代理母は，妻の承諾がない場合は，婚姻を継続しがたい重大な事由となりうる（内田『民法Ⅳ（補訂版）』208頁）。夫の精子と妻の卵子で体外受精させた受精卵を用いて，妻以外の女性が出産する場合を借り腹という。

　借り腹の場合において，卵子を提供した遺伝上の母と分娩をした母とが異なることとなり，どちらが母親であるかという問題を生じる。最高裁は，次のように判決する。女性が自己以外の女性の卵子を用いた生殖補助医療により子を懐胎し出産した場合における出生した子の母は，現行民法の解釈としては，その子を懐胎し出産した女性と解さざるを得ず，卵子を提供した女性との間で母子関係の成立を認めることはできない（最決平19年3月23日民集61巻2号619頁）。

3　非嫡出子

(1) 非嫡出子の意義

　非嫡出子とは，法律上の婚姻関係にない男女間に生まれた子をいう。母が第1の出生届出義務者である。法律上の婚姻関係にない男女間において子が生まれたときは，認知によらなければ法律上の親子関係は発生しない。嫡出

でない子は，その父または母がこれを認知することができる（779条）。

母子関係は，民法の規定にもかかわらず，母の認知は不要である。分娩の事実によって当然に発生するからである。

父子関係は，父の認知によって発生する。父たるべき者がその自由意思で子を自分の子として認めるのが任意認知である。父たるべき者の意思にかかわらず裁判により父と子の間に親子関係の存在を確定するのが強制認知である（内田『民法Ⅳ（補訂版）』187頁）。

(2) 認　　　知

認知をするには，父または母が未成年者または成年被後見人であっても，その法定代理人の同意は必要ない。

成年の子は，その承諾がなければ，これを認知することができない。父は，胎内に在る子でも，認知することができる。しかし，母の承諾が必要である。父または母は，死亡した子でも，その直系卑属があるときに限り，認知することができる。

任意認知の方式は，戸籍法の規定に従い，届け出ることである。認知は遺言によっても行える。嫡出子出生届による場合，例えば，妻以外の女性との間に生まれた非嫡出子を，妻との間の子として嫡出子出生届を提出した場合，この嫡出子出生届は認知の効力を持つ。代諾養子縁組届による場合，たとえば，父親が未認知の非嫡出子を，いったん他人夫婦の子として届け出た上で，他人夫婦の代諾によって自分の養子とした場合において，判例はその縁組届けについて認知の効力が認められないとした。学説は反対である。

認知をした父または母は，その認知を取り消すことができない（785条）。

認知は認知意思を欠く場合は無効である。また，認知者の意思によらずに，父以外の者が父の氏名を用いて認知届を提出した場合も無効である。任意認知が真実に反する場合は認知が無効であり，子その他の利害関係人は，認知に対して反対の事実を主張することができる（786条）。

(3) 強 制 認 知

子，その直系卑属またはこれらの者の法定代理人は，認知の訴えを提起することができる。被告は父であり，父の死後は検察官である。出訴期間は，父の生存中および父の死後3年以内である。

認知訴訟は，人事訴訟法の規定により，家庭裁判所によって審理される。

したがって，調停前置主義が適用される。認知訴訟においては，父子関係の証明が問題となる。今日ではDNA鑑定が採用される。

(4) 認知の効果

認知は，出生の時にさかのぼってその効力を生ずる。しかし，第三者が既に取得した権利を害することはできない。

認知があると親子関係が生じ，親子関係に認められるすべての効果が一挙に発生する。その最も重要な効果が親権であるが，親権者は父の認知後も母である。認知後も，子は母の氏を称し，母の戸籍に属する。

認知請求権の放棄は無効である（最判昭37年4月10民集16巻4号693頁）。

(5) 準　正

父母の婚姻を原因として，非嫡出子から嫡出子となる制度を準正という。父が認知した子は，その父母の婚姻によって嫡出子の身分を取得する（789条1項）。これを婚姻準正という。婚姻中父母が認知した子は，その認知の時から，嫡出子の身分を取得する（789条2項）。これを認知準正という。これらの規定は，子が既に死亡していた場合について準用される。

4　養　子

(1) 養子の意義

養親子は，人為的親子関係であって，血縁関係のない者の間に親子関係を創設する制度である。養子制度の目的は，家のため養子から，親のため養子となり，子のため養子と変遷した。日本における養子縁組は，年間8万件前後である。未成年養子として家庭裁判所の許可がなされたものは1000件弱で，縁組総数に占める割合は1％台である（内田『民法Ⅳ（補訂版）』249頁）。

普通養子縁組の成立要件は，実質的要件と形式的要件が必要である。実質的要件には，縁組意思の合致である主観的要件とその他の客観的な要件（792条から798条まで）がある。形式的要件は縁組の届出である。

(2) 実質的要件

主観的要件である縁組意思は，真に親子関係を生じさせる意思である。したがって，芸娼妓養子のような場合は縁組意思が欠如するので，その縁組は無効である。縁組意思は，届出の時点で存在しなければならない。

養子となる者が15歳未満であるときは，その法定代理人が代わって，縁

組の承諾をすることができる。これを代諾養子縁組という。法定代理人がその承諾をするには，養子となる者の父母でその監護をすべき者であるものが他にあるときは，その同意を得なければならない（797条）。したがって，養子となる者が15歳未満であるときは，子本人の意思とは関係なく，法定代理人の承諾により養親子関係が生まれる。

　客観的な要件は次のようなものである。成年に達した者は，養子をすることができる（792条）。つまり，養親は成年者でなければならない。尊属または年長者は，これを養子とすることができない（793条）。子が親より年上ということはありえないからである。子は親より1日でも年下であればよい。後見人が被後見人（未成年被後見人および成年被後見人）を養子とするには，家庭裁判所の許可を得なければならない（794条）。配偶者のある者が未成年者を養子とするには，配偶者とともにしなければならない。しかし，配偶者の嫡出である子を養子とする場合または配偶者がその意思を表示することができない場合は，この限りでない（795条）。配偶者のある者が縁組をするには，その配偶者の同意が必要である。しかし，配偶者とともに縁組をする場合または配偶者がその意思を表示することができない場合は，同意は不要である（796条）。未成年者を養子とするには，家庭裁判所の許可が必要である。しかし，自己または配偶者の直系卑属を養子とする場合は，家庭裁判所の許可は不要である（798条）。

(3) 形式的要件

　縁組は届け出ることによって効力を生じる（799条）。婚姻届に関する規定が，縁組に準用されている。

　外国にいる日本人間で縁組をしようとするときは，その国に駐在する日本の大使，公使または領事にその届出をすることができる（801条）。

(4) 縁組の無効および取消

　縁組は，人違いその他の事由によって当事者間に縁組意思が欠如するときは，無効である（802条）。この無効は当然無効であり，裁判は不要である。

　縁組は，民法804条から808条までの規定によらなければ，取り消すことができない。すなわち，養親が未成年者である場合の縁組（804条），養子が尊属または年長者である場合の縁組（805条），後見人と被後見人との間の無許可縁組（806条），配偶者の同意のない縁組等（806条の2），子の監護を

すべき者の同意のない縁組（806条の3），養子が未成年者である場合の無許可縁組（807条），詐欺または強迫による縁組（808条1項）である。縁組取消しの方法は，取消権者が，家庭裁判所に対して，人事訴訟法に基づき，取消しの判決を請求する。

(5) 縁組の効果

養子は，縁組の日から，養親の嫡出子の身分を取得する。養子は，養親の氏を称する。子が養子であるときは，養親の親権に服する。養子と養親およびその血族との間においては，養子縁組の日から，血族間におけるのと同一の親族関係を生ずる。法定血族関係の発生である。

養子と実親およびその親族との間の関係は継続する。

(6) 縁組の解消

離縁には，協議離縁と裁判離縁とがある。協議離縁は，縁組の当事者がその協議で離縁をすることができる（811条）。裁判離縁は，縁組の当事者の一方が，他の一方から悪意で遺棄されたとき，他の一方の生死が3年以上明らかでないとき，その他縁組を継続し難い重大な事由があるときに，離縁の訴えを提起できる（814条）。

養子が15歳未満であるときは，その離縁は，養親と養子の離縁後にその法定代理人となるべき者との協議による。養子の父母が離婚しているときは，その協議でその一方を養子の離縁後に親権者となるべき者と定めなければならない。その協議が調わないとき，または協議をすることができないときは，家庭裁判所は，父もしくは母または養親の請求によって，協議に代わる審判をすることができる。法定代理人となるべき者がないときは，家庭裁判所は，養子の親族その他の利害関係人の請求によって，養子の離縁後にその未成年後見人となるべき者を選任する。

養子およびその配偶者並びに養子の直系卑属およびその配偶者と養親およびその血族との親族関係は，離縁によって終了する。養子は，離縁によって縁組前の氏に復する。

(7) 特別養子縁組

家庭裁判所は，養親となる者の請求により，実方の血族との親族関係が終了する縁組を成立させることができる（817条の2）。これを特別養子縁組という。この制度は，昭和48年の菊田医師事件を契機として，昭和62年に

民法へ入り翌年から施行された。

特別養子縁組は，子の福祉を優先する制度である。そのために，国家の後見的見地からの判断を成立要件とした（内田『民法Ⅳ（補訂版）』273頁）。第1は，夫婦共同縁組である（817条の3）。しかし，連れ子養子は単独養子となる。第2は，養親の年齢である。養親は25歳以上でなければならない（817条の4）。第3は，養子年齢である。縁組請求時に6歳未満でなければならない（817条の5）。第4は，養子となる者の父母の同意である（817条の6）。第5は，子の利益のための特別の必要性である（817条の7）。特別養子縁組は，父母による養子となる者の監護が著しく困難または不適当であることその他特別の事情がある場合において，子の利益のため特に必要があると認めるときに，成立させる。第6は，6カ月の試験養育期間である（817条の8）。

特別養子縁組の効果は，養子縁組一般の効果と同様である。しかし，特別養子縁組が成立すると，実方血族との親族関係が終了する（817条の9）。特別養子縁組を戸籍から直接には検索することができない。

養親による虐待，悪意の遺棄その他養子の利益を著しく害する事由があること，および，実父母が相当の監護をすることができること，のいずれにも該当する場合において，養子の利益のため特に必要があると認めるときは，家庭裁判所は，養子，実父母または検察官の請求により，特別養子縁組の当事者を離縁させることができる。

5 親 権

(1) 親権の意義

親権とは，親が子を監護教育し財産を管理する地位をいう。成年に達しない子は，父母の親権に服する。すなわち，親権に服するのは未成年の子である。婚姻した未成年者は，成年に達したものとみなされるので，親権に服することはない。子が養子であるときは養親の親権に服する。

親権は，父母の婚姻中は，父母が共同して行う。共同親権共同行使の原則という。しかし，父母の一方が親権を行うことができないときは，他の一方が行うので単独親権となる。たとえば，行方不明，長期の旅行中，刑務所に収監中，長期入院療養中，事実上の離婚状態等の場合である。父母の双方が死亡しその他親権を失ったときは，後見が開始する。

父母が協議上の離婚をするときは，協議で一方を親権者と定める必要がある。裁判上の離婚の場合には，裁判所は父母の一方を親権者と決定する。子の出生前に父母が離婚した場合には親権は母が行うが，子の出生後に父母の協議で父を親権者と定めることができる。父が認知した子に対する親権は，父母の協議で父を親権者と定めたときに限り，父が行う。協議が成立しないときまたは協議できないときは，家庭裁判所は父または母の請求によって協議に代わる審判ができる。子の利益のため必要があるときは，家庭裁判所は子の親族の請求によって親権者を他の一方に変更できる（819条）。

(2) 身上監護権

親権の内容は，身上監護権と財産管理権である。親権者は，子の監護および教育をする権利を有し，義務を負う（820条）。これを身上監護権という。身上監護権の具体的内容は，居所指定権，懲戒権，職業許可権，第三者に対する妨害排除権，身分上の行為の代理権である。

親権者は，居所指定権を有する。したがって，住む所を指定できるので，学生寮に入れたり，アパート・マンションに居住させたりすることができる。しかし，子の心身の発達に悪影響を及ぼす怖れのあるところを指定すれば親権の濫用となる（長崎控判大正11年2月6日新聞1954号9頁）。

親権を行う者は，必要な範囲内で自らその子を懲戒し，または家庭裁判所の許可を得て，これを懲戒場に入れることができる（822条）。現在，本条の規定する懲戒場はない。懲戒が必要な範囲を越える場合は親権の濫用になり，傷害罪や暴行罪が成立する（水戸地判昭和34年5月25日家月11巻9号98頁）。

子は，親権を行う者の許可を得なければ，職業を営むことができない。親権を行う者は，営業または職業に耐えられないときには，許可を取り消しまたは制限することができる。職業は，他人に雇われる場合も含まれる。

第三者が親権の行使を妨げるときには，親権者はこれを排除する権利がある。すなわち，第三者が子を不当に自己の支配下に置く場合に，親権者へ子を戻すように請求できる。

身分上の行為は代理に親しまないが，民法は例外を認める。すなわち，認知の訴えを提起すること，親権を行う母が嫡出否認の訴えの被告となること，15歳未満の子の縁組・離縁・縁組の取消，15歳未満の子の氏の変更，親権の代行，相続の承認・放棄である。

(3) 財産管理権

親権の第2の内容が財産管理権である。親権者は，子の財産を管理し，かつ，その財産に関する法律行為についてその子を代表する（824条本文）。財産管理権の内容は，財産の管理と代表である。

管理には，事実行為も法律行為も含まれるのであり，法律行為には処分も含まれる（内田『民法Ⅳ（補訂版）』227頁）。親権を行う者は，自己のためにするのと同一の注意をもって，その管理権を行う必要がある。後見人の注意義務よりも軽減されている。

親権者は，財産に関する法律行為についてその子を代表する。代表とは，代理と同様である。しかし，子の行為を目的とする債務を生ずべき場合には，本人の同意を得なければならない。共同親権共同行使の原則により，法律行為の代理は，父母の共同代理となる。

親権を行う父または母とその子との利益が相反する行為については，親権者は，その子のために特別代理人を選任することを家庭裁判所に請求する必要がある（826条）。利益相反行為に該当するかどうかは，行為の外形から判断される。

(4) 親権の終了

親権は，子の側の事由により終了する。たとえば，子が成年者になること，子の死亡，婚姻による成年擬制である。また，親権は，親権者の側の事由により終了する。たとえば，親権者の死亡，離婚，親権喪失等である。

父または母による虐待または悪意の遺棄があるとき，その他父または母による親権の行使が著しく困難または不適当であることにより，子の利益を著しく害するときは，家庭裁判所は，子，その親族，未成年後見人，未成年後見監督人または検察官の請求により，その父または母について，親権喪失の審判をすることができる（834条）。

親権・管理権の喪失の宣告・取消事件の事件数は，総数が111件であり，認容が21件である（平成21年）。家庭裁判所が親権喪失の審判をした場合は，親権者は身上監護権，財産管理権を喪失する。

父または母による親権の行使が困難または不適当であることにより子の利益を害するときは，家庭裁判所は，子，その親族，未成年後見人，未成年後見監督人または検察官の請求により，その父または母について，親権停止の

審判をすることができる (834 条の 2)。

なお，児童虐待防止法が平成 12 年（2000 年）に制定されている。

第5章 後　　見

1　後見の意義

後見とは，成年被後見人および未成年者の保護の制度である。前者を成年後見といい，後者を未成年後見という。

2　成年後見人

後見は，後見開始の審判があったときに開始する（838条2号）。審判は，本人が精神上の障害により事理を弁識する能力を欠く常況にあるときに，本人，配偶者，4親等内の親族，未成年後見人，未成年後見監督人，保佐人，保佐監督人，補助人，補助監督人または検察官から，家庭裁判所へ請求する（7条）。

後見開始の審判をするときは，家庭裁判所は職権で，成年後見人を選任する。成年後見人が欠けたときは，家庭裁判所は成年被後見人もしくはその親族その他の利害関係人の請求によりまたは職権で，成年後見人を選任する。成年後見人を選任するには，成年被後見人の心身の状態ならびに生活および財産の状況，成年後見人となる者の職業および経歴ならびに成年被後見人との利害関係の有無，成年被後見人の意見その他，いっさいの事情を考慮する必要がある。成年後見人となる者が法人であるときは，その事業の種類および内容ならびにその法人およびその代表者と成年被後見人との利害関係の有無，成年被後見人の意見その他，いっさいの事情を考慮しなければならない（843条）。

3　成年後見人の事務

成年後見人の事務は，詳細に規定されている（853条以下）。第1は，療養看護に関する事務であり，第2は，財産管理に関する事務である。

療養看護は，介護といった事実行為ではなく，契約といった療養看護に関する法律行為である（内田『民法Ⅳ（補訂版）』285頁）。成年後見人は，成年

被後見人の生活，療養看護および財産の管理に関する事務を行うにあたっては，成年被後見人の意思を尊重し，かつ，その心身の状態および生活の状況に配慮する必要がある（858条）。

後見人は，被後見人の財産を管理し，かつ，その財産に関する法律行為について被後見人を代表する（859条）。つまり，財産管理は，事実行為としての財産管理と対外的な代理行為とからなる。成年後見人の代理権は広範な法定代理権であるが，成年被後見人を保護するために制限がある。すなわち，成年被後見人の居住用不動産の処分（859条の3）および利益相反行為（860条）である（内田『民法Ⅳ（補訂版）』286頁）。

4　未成年後見人

未成年後見は，未成年者に対して親権を行う者がないとき，または親権を行う者が管理権を有しないときに，開始する（838条1項）。

未成年後見人を選任方法は2つある。第1は，遺言で未成年後見人を指定することができる。第2は，指定がないときは家庭裁判所が未成年後見人を選任する。未成年後見人が欠けたときも同様である。

未成年後見人は，監護教育権（820条），居所指定権（821条），懲戒権（822条），職業許可権（823条）について，親権を行う者と同一の権利義務を有する。

第6章 扶　　養

　幼年者，老齢者，障害者，傷病者は自分1人の力だけで生活していくことは不可能である。自己の財力や労力では生活できない者に対する援助を扶養という。扶養には，私的扶養と公的扶養とがある。私的扶養は公的扶養よりも優先される。民法は，扶養に関して次のように規定する。

　直系血族および兄弟姉妹は，相互に扶養義務がある。しかし，特別の事情があるときは，家庭裁判所は，3親等内の親族間においても扶養義務を負わせることができる。事情の変更が生じたときは，家庭裁判所は審判を取り消すことができる。

　扶養義務者が複数人ある場合において，扶養をすべき者の順序については，当事者の協議による。しかし，当事者間に協議が調わないとき，または協議が不可能であるときは，家庭裁判所が決定する。扶養権利者が複数人ある場合においては，扶養義務者の資力がその全員を扶養するのに不十分であるときの扶養を受けるべき者の順序についても同様である。

　扶養の程度または方法に関しては，当事者の協議による。しかし，当事者間に協議が調わないとき，または協議が不可能であるときは，扶養権利者の需要，扶養義務者の資力その他，いっさいの事情を総合的に考慮して，家庭裁判所が決定する。

　扶養義務者もしくは扶養権利者の順序または扶養の程度もしくは方法について協議または審判があった後に事情の変更が発生したときは，家庭裁判所はその協議または審判の変更または取消しをすることができる。

　扶養を受ける権利は，処分ができない。扶養請求権は一身専属権である。その趣旨は，生活に困窮する者の最終的な拠り所を確保する点にある。したがって，扶養請求権は相続の対象にならず，差押えも制限されており，相殺の受働債権とすることもできない。

第9編 相　続

第1章　相続の意義および開始

1　相続の意義

　相続とは，人の財産上の地位を，その者の死亡後に，特定の者に承継させることである。死亡した結果相続される者を被相続人といい，財産上の地位を承継する者を相続人という。

　相続の種類は2つある。第1は法定相続である。法定相続は，法律の規定を根拠として効力が生じる。第2は遺言による相続である。遺言による相続は，相続人の最終意思を根拠として効力が生じる。遺言による相続は，法定相続を確認する場合と変更する場合とがある。遺言による相続においては，遺産の一定の割合は遺言によって処分ができない。これを遺留分という。

　相続における問題点は次の点にある。第1は相続開始の時期（何時），第2は相続開始の場所（どこで），第3は相続人（誰が），第4は被相続人（誰を），第5は遺産（何を），第6は相続分（どれだけ）である。

　日本の旧法における相続は，戸主の地位を承継する家督相続であった。第2次世界大戦の後は，日本国憲法の下に民法が全面的に改正され，家督相続が廃止された。

　相続制度の今日的根拠は次の3点である。第1は，被相続人の意思の推測である。第2は，相続人の潜在的共有財産の清算である。第3は，遺族の生活の保障である。さらに加えて，取引の安全の保障も上げられる。

2　相続の開始

　相続は，被相続人の死亡によって開始する（882条）。相続の開始とは，相続によって生まれる法律効果の発生を意味する。相続の開始原因である死亡には，自然死亡と失踪宣告による死亡とがある。

　自然死亡においては，死亡の時期は，戸籍簿に記載された死亡日時をもって確定される。戸籍簿への記載は，死亡届に添付される死亡診断書，事故死においては検案書，死体が見つからない場合においては，官公署の死亡報告

（認定死亡）に基づいてなされる。

　失踪宣告においては，家庭裁判所は，利害関係人の請求により，失踪の宣告をすることができる。たとえば，不在者の生死が7年間明らかでないとき（普通失踪），戦地に臨んだ者，沈没した船舶の中に在った者，その他危難に遭遇した者の生死が，それぞれ，戦争が止んだ後，船舶が沈没した後またはその他の危難が去った後1年間明らかでないとき（特別失踪）である（30条）。

　普通失踪の宣告を受けた者は失踪期間が満了した時に，特別失踪の宣告を受けた者はその危難が去った時に，死亡したものとみなされる。

　相続は，被相続人の住所において開始する（883条）。これは相続に関する訴訟の管轄を決定するための規定である。

　相続財産に関する費用は，その財産の中から支弁する。たとえば，相続財産に対する公租・公課である。しかし，相続人の過失によるものはこの限りでない。

第2章 相続人

1 相続人の範囲および順位

相続人となることができるのは，血族および配偶者である。姻族は相続人とはならない。血族相続人は多数存在するので，民法は順位を付けている。

第1順位は，子（887条1項）またはその代襲者（887条2・3項）である。第2順位は，直系尊属である（889条1項）。第3順位は，兄弟姉妹（889条1項）またはその代襲者である（889条2項）。

被相続人の配偶者は常に相続人となる。配偶者は，血族相続人があるときは，その者と同順位となる（890条）。判例や通説は，内縁の配偶者は含まれないとする。第三者の取引の安全を考慮するからである。

第1順位の血族相続人は，被相続人の子である。複数の子は同順位である。子には嫡出子と非嫡出子とがあり，法定相続分が異なる。

第2順位の血族相続人は，直系尊属である。たとえば，父母や祖父母などである。複数の直系尊属は同順位である。親等の異なる者の間では，その近い者を優先する。祖父母の孫に対する相続は本位相続である。

第3順位の血族相続人は，兄弟姉妹である。複数の兄弟姉妹は同順位である。兄弟姉妹には全血の兄弟姉妹と半血の兄弟姉妹とがあり，法定相続分が異なる。

相続は，相続開始の時点において，相続人が存在していなければならない。これを，相続における同時存在の原則という。その例外が胎児の扱いであり，胎児は相続については既に生まれたものとみなす。

2 代襲相続

被相続人の子が，相続の開始以前に死亡したとき，または相続人の欠格事由に該当し，もしくは廃除によって，その相続権を失ったときは，その者の子が代襲して相続人となる。これを代襲相続という。この規定は，被相続人の兄弟姉妹の場合について準用される。直系尊属および配偶者に代襲相続は

認められない。

　制度趣旨は，本来相続人となるべき者が相続をしていたら，その直系卑属がそれを承継することができたであろうという期待利益を保護する点にある。

　代襲相続人は，子の子および兄弟姉妹の子である。したがって，甥や姪も代襲相続人となりうる。

　代襲相続の効果は，代襲者が被代襲者の相続順位に上がって，被代襲者の相続分を受けることになる。すなわち，代襲相続人となる直系卑属の相続分は，その直系尊属が受けるべきであったものと同じとする。しかし，直系卑属が数人あるときは，その各自の直系尊属が受けるべきであった部分について，法定相続分の規定（900条）に従ってその相続分を定める。兄弟姉妹の子が代襲相続人となる場合についても同様である。つまり，株分け説によっている。

3　相続欠格および相続人の廃除

(1)　相続欠格

　（推定）相続人でありながら，その相続資格を奪われる場合がある。相続における不正な利益を得る目的を以て，不正な行為を行いまたは行おうとした者については，相続人となることができない。これを相続欠格という。民法は5つの相続欠格事由を規定する（891条）。

　第1は，故意に被相続人または相続について，先順位もしくは同順位にある者を死亡するに至らせ，または至らせようとしたために，刑に処せられた者である。殺人の既遂，未遂，予備は含まれるが，過失致死や傷害致死は含まれない。また，正当防衛も含まれない。第2は，被相続人の殺害されたことを知って，これを告発せず，または告訴しなかった者である。しかし，その者に是非の弁別がないとき，または殺害者が自己の配偶者もしくは直系血族であったときは，この限りでない。第3は，詐欺または強迫によって，被相続人が相続に関する遺言をし，撤回し，取り消し，または変更することを妨げた者である。第4は，詐欺または強迫によって，被相続人に相続に関する遺言をさせ，撤回させ，取り消させ，または変更させた者である。第5は，相続に関する被相続人の遺言書を偽造し，変造し，破棄し，または隠匿した者である。

以上の欠格事由が存在すれば，裁判上の宣告等がなくとも，法律上当然に，相続人資格の剥奪という効果が発生する。

(2) **相続人の廃除**

相続が開始した場合に，相続人となるべき者を，推定相続人という。相続欠格のように，当然に相続資格を奪うほどの事由ではないが，しかし，推定相続人に非行等が存在するために，被相続人が相続を希望しない場合には，被相続人は，家庭裁判所の審判によって，推定相続人の相続権を奪うことができる。これを廃除という。

遺留分を有する推定相続人が，被相続人に対して虐待行為を行い，もしくはこれに重大な侮辱を加えたとき，または推定相続人に，その他の著しい非行があったときは，被相続人は，推定相続人の廃除を家庭裁判所に請求することができる（892条）。

被相続人が，遺言によって推定相続人を廃除する意思を表示したときは，遺言執行者は，推定相続人の廃除を家庭裁判所に請求する必要がある。この場合に，推定相続人の廃除は，被相続人の死亡の時にさかのぼってその効力を生ずる。

被相続人は，推定相続人の廃除の取消しを，いつでも家庭裁判所に請求することができる。推定相続人の廃除の取消しについては，遺言によっても可能である。

第3章　相続の効力

1　相続財産

(1)　包括承継

相続人は，相続開始の時から，被相続人の財産に属したいっさいの権利義務を承継する（896条）。この承継は包括承継であり，財産上の法的地位であればすべてを包括的に承継する。しかし，被相続人の一身に専属したものは承継しない（896条但書）。相続財産と同じ意味で遺産という言葉も用いられる。

(2)　物権

所有権および一般の制限物権（用益物権・担保物権）は当然に相続の対象となる。占有権については，判例・学説は相続を認める。その根拠の第1は，相続人へ占有訴権を提起する資格を付与するためである。第2は，取得時効との関係で占有の継続が途切れるのを回避するためである（内田『民法Ⅳ（補訂版）』358頁）。

占有者の承継人は，その選択に従い，自己の占有のみを主張し，または自己の占有に前の占有者の占有を併せて主張することができる（187条1項）のであり，この規定は相続のような包括承継にも適用される（最判昭和37年5月18日民集16巻5号1073頁）。

権原の性質上占有者に所有の意思がないものとされる場合には，その占有者が，自己に占有をさせた者に対して所有の意思があることを表示し，または新たな権原により，さらに所有の意思をもって占有を始めるのでなければ，占有の性質は変わらない（185条）。相続人が，当該土地建物に対する占有を相続により承継したばかりでなく，新たに相続財産を事実上支配することによりこれに対する占有を開始し，相続人に所有の意思があるとみられる場合においては，相続人は，被相続人の死亡後民法185条にいう新権原により相続財産の自主占有をするに至ったものと解するのを相当とする（最判昭和46年11月30日民集25巻8号1437頁）。

(3) 債　権

　債権は財産権であるから相続の対象になる。不法行為による損害賠償請求権および債務不履行による損害賠償請求権も原則として相続される。生命侵害による損害賠償請求権の相続に関しては，問題となる2つの請求権がある。死亡による逸失利益に対する損害賠償請求権は，判例・通説は常に相続されるとする。慰謝料請求権の相続に関しては，判例は当然相続説を採用する（内田『民法IV（補訂版）』361頁）。

　扶養請求権は，一身専属権である。生活保護法による生活保護受給権に関しては，判例は相続の対象にならないとする。

(4) 債　務

　債務は相続されるのが原則である。しかし，債務の中には，被相続人に一身に専属するために，相続の対象にならないものがある。たとえば，絵画を描く債務や雇用契約における労務提供債務である。

　普通の保証債務に関しては相続される。身元保証契約に関しては，判例は相続性を否定する。

(5) 契約上の地位

　賃借権は財産権であるから相続の対象になる。借家権も同様である。内縁の夫が死亡したとき，内縁の妻は夫が賃借人である建物に居住できるかという問題がある。

　判例は，借家権の相続を認めたうえで，家主からの明渡請求に対して，内縁の配偶者に相続人の賃借権の援用を認める（最判昭和42年2月21日民集21巻1号155頁）。

(6) その他

　死亡退職金，遺族年金，香典は相続財産に入らない。系譜，祭具および墳墓の所有権は，慣習に従って祖先の祭祀を主宰すべき者が承継する。しかし，被相続人の指定に従って祖先の祭祀を主宰すべき者があるときは，その者が承継する。慣習が明らかでないときは，権利を承継すべき者は，家庭裁判所が定める。

2　相　続　分

(1)　相続分の意義

複数の相続人が遺産を承継する場合に，いかなる割合で分割するかが相続分の問題である。各共同相続人は，その相続分に応じて被相続人の権利義務を承継する（899条）。

相続分の決定の方法は2つある。第1は，法律の規定によって決定する。これを法定相続分という。第2は，被相続人の意思によって決定する。これを指定相続分という。

(2)　法定相続分

相続分について，被相続人の意思が表明されていない場合には，民法900条の定めるところによる。

子および配偶者が相続人であるときは，子の相続分および配偶者の相続分は，各2分の1とする（900条1号）。非嫡出子の相続分は，嫡出子の相続分の2分の1とする（900条4号但書前段）。900条4号但書前段の規定は，憲法14条1項の平等条項に違反しない（最大決平成7年7月5日民集49巻7号1789頁）。

配偶者および直系尊属が相続人であるときは，配偶者の相続分は3分の2とし，直系尊属の相続分は3分の1とする（900条2号）。

配偶者および兄弟姉妹が相続人であるときは，配偶者の相続分は4分の3とし，兄弟姉妹の相続分は4分の1とする（900条3号）。父母の一方のみを同じくする兄弟姉妹（半血の兄弟姉妹）の相続分は，父母の双方を同じくする兄弟姉妹（全血の兄弟姉妹）の相続分の2分の1とする（900条4号但書後段）。

子，直系尊属または兄弟姉妹が数人あるときは，各自の相続分は，相等しいものとする（900条4号）。

(3)　指定相続分

被相続人は，遺言で，共同相続人の相続分を定め，またはこれを定めることを第三者に委託することができる。これを指定相続分という。しかし，被相続人または第三者は，遺留分に関する規定に違反することができない。被相続人が，共同相続人中の1人もしくは数人の相続分のみを定め，またはこれを第三者に定めさせたときは，他の共同相続人の相続分は，法定相続分の

規定および代襲相続人の相続分の規定により定める。

(4) 特別受益がある場合

共同相続人の中に，被相続人から遺贈を受け，または婚姻もしくは養子縁組のためもしくは生計の資本として贈与を受けた者があるときは，被相続人が相続開始の時において有した財産の価額に，その贈与の価額を加えたものを相続財産とみなし，法定相続分の規定，代襲相続人の相続分の規定，遺言による相続分の指定の規定により算定した相続分の中から，その遺贈または贈与の価額を控除した残額をもって，その者の相続分とする（903条1項）。この制度を特別受益制度という。生前贈与や遺贈を受けた相続人が存在する場合に，相続人の間の公平を確保することを目的としており，特別受益者に対して利益の持ち戻しを命ずる制度である。

特別受益として考慮されるのは，遺贈または贈与を受けた場合である。遺贈とは，遺言によって，財産を無償で与えることをいう。婚姻のための贈与とは，持参金や支度金などを意味する。生計資本としての贈与とは，農業のための耕作地，事業経営のための営業資金，婚姻準備のための住居等である。学費は，場合によっては，特別受益となることもある。

遺贈または贈与の価額が，相続分の価額に等しく，またはこれを超えるときは，受遺者または受贈者は，その相続分を受けることができない（903条2項）。

被相続人が以上の規定（903条1項・2項）と異なった意思を表示したときは，その意思表示は，遺留分に関する規定に違反しない範囲内で，その効力を有する。

特別受益の評価の基準時は，相続開始時である。特別受益の評価の方法に関しては，受贈者の行為によって，その目的である財産が滅失し，またはその価格の増減があったときであっても，相続開始の時においてなお原状のままであるものとみなして評価する。

(5) 寄与分がある場合

共同相続人の中に，被相続人の事業に関する労務の提供または財産上の給付，被相続人の療養看護その他の方法により，被相続人の財産の維持または増加について，特別の寄与をした者があるときは，被相続人が相続開始の時において有した財産の価額から，共同相続人の協議で定めたその者の寄与分

を控除したものを相続財産とみなし，法定相続分の規定，代襲相続人の相続分の規定，遺言による相続分の指定の規定により算定した相続分に寄与分を加えた額をもってその者の相続分とする（904条の2）。これを寄与分制度という。すなわち，被相続人の財産の維持増加につき，特別の寄与をしたものに寄与分を与える制度である。

寄与者の範囲は共同相続人に限られる。相続人でない者の特別の寄与は認められない。たとえば，内縁の妻，長男の妻，同居の兄弟姉妹等である。

どのような寄与が考慮されるかに関して，民法は次のように規定する。

第1は，被相続人の事業に関する労務の提供または財産上の給付である。たとえば，夫婦や親子が協力し合って家業を行うような場合である。しかし，妻の家事労働は特別の寄与とはいえない。第2は，被相続人の療養看護である。しかし，夫への看病は特別の寄与とはいえない。

寄与分は共同相続人間の協議で決定される。しかし，協議が整わないとき，または協議をすることができないときは，家庭裁判所は寄与をした者の請求により，寄与の時期，方法および程度，相続財産の額その他，いっさいの事情を考慮して，寄与分を定める。

(6) 相続分取戻権

共同相続人の1人が遺産の分割前にその相続分を第三者に譲り渡したときは，他の共同相続人は，その価額および費用を償還して，その相続分を譲り受けることができる。この権利は，1カ月以内に行使しなければならない（905条）。譲受人が全くの他人である第三者の場合は，紛争発生の恐れがあるからである。

3　相続財産の共有

(1) 共　　有

相続開始から遺産分割までの間の相続財産に関する共同相続人の所有の形態について，民法は，相続人が数人あるときは，相続財産はその共有に属すると規定する（898条）。さらに，各共同相続人はその相続分に応じて被相続人の権利義務を承継すると規定する（899条）。判例は，相続財産の共有は，249条以下に規定する「共有」と性質を異にするものではないとする。学説は，共有説と合有説がある。

(2) 債　　権

債権の目的となっている給付が不可分なら，不可分債権として処理される（428条）。可分債権に関しては，427条が適用されて分割債権となる（内田『民法Ⅳ（補訂版）』403頁）。

(3) 債　　務

可分債務に関しては，判例は，当然に各相続人の相続分の割合に応じて分割されるとする。連帯債務に関しても，判例は，当然に分割されるとする。不可分な給付を目的とする債務に関しては，各相続人に不可分債務として帰属する。たとえば，移転登記債務である。

4　遺　産　分　割

(1) 遺産分割の実行

相続財産は，遺産分割手続を通して，個別的にかつ具体的に，各相続人に帰属することとなる。遺産分割の実行には3つの方法がある。

第1は，指定分割である。被相続人は，遺言で，遺産の分割の方法を定め，若しくはこれを定めることを第三者に委託し，または相続開始の時から5年を超えない期間を定めて，遺産の分割を禁ずることができる（908条）。分割方法の指定は分割実行の指定をも含む場合がある。共同相続人全員の合意の下に，指定と異なる分割も可能となる。

第2は，協議分割である。共同相続人は，いつでもその協議で遺産の分割をすることができる（907条1項）。しかし，被相続人が遺言で禁じた場合は除かれる。分割の協議には，共同相続人全員が参加しなければならない。一部の相続人を除外した分割協議は無効である。分割実行の指定または法定相続分に従わない分割であっても有効である。

第3は，審判分割である。遺産の分割について，共同相続人間に協議が調わないとき，または協議をすることができないときは，各共同相続人は，その分割を家庭裁判所に請求することができる（907条2項）。遺産の分割の審判は，相続人のだれもが申立てをすることができる。遺産の分割は，遺産に属する物または権利の種類および性質，各相続人の年齢，職業，心身の状態および生活の状況その他，いっさいの事情を考慮してこれを行う（906条）。

遺産の分割の方法としては，現実分割が原則であるが，換価分割および代

償分割もある。

(2) 遺産分割の効力

遺産の分割は，相続開始時にさかのぼってその効力を生ずる。これを分割の宣言主義という。しかし，第三者の権利を害することはできない（909条）。遺産分割による不動産取得後は，登記が必要である。

相続の開始後認知によって相続人となった者が遺産の分割を請求しようとする場合において，他の共同相続人が既にその分割その他の処分をしたときは，価額のみによる支払の請求権を有する。

取得財産に瑕疵がある場合，各共同相続人は，他の共同相続人に対して，売主と同様にその相続分に応じて担保責任を負う。

各共同相続人は，その相続分に応じ，他の共同相続人が遺産の分割によって受けた債権について，その分割時における債務者の資力を担保する。弁済期に至らない債権および停止条件付きの債権については，各共同相続人は，弁済をすべき時における債務者の資力を担保する。

5　相続回復請求権

相続回復請求権は，歴史的には，相続権を侵害された相続人を保護するために認められた請求権であった。相続回復請求権の存在理由には，独立権利説と集合権利説とがある（内田『民法Ⅳ（補訂版）』434頁）。

相続回復請求権の権利者は，遺産占有を失っている真正相続人である。被告適格は表見相続人のみである。相続回復請求権の行使は，必ずしも訴えの方法による必要はない。

相続回復の請求権は，相続人またはその法定代理人が相続権を侵害された事実を知った時から5年間行使しないときは，時効によって消滅する。相続開始の時から20年を経過したときも同様である（884条）。20年の期間に関しては，判例は時効とし，学説は除斥期間とする。

第4章　相続における承認および放棄

1　相続における選択の自由

　相続人は，相続開始の時から，被相続人の財産に属したいっさいの権利義務を承継する（896条）。すなわち，被相続人の財産に属した権利義務は，相続人の意思および相続人の知・不知とは無関係に承継される。そこで，民法は，相続人に対して一応生じた相続の効果を確定させるか否かの選択の自由を与えた。これが，相続における単純承認，限定承認，相続放棄の制度である（遠藤他『民法(9)（第4版増補補訂版）』145頁）。

　相続人は，自己のために相続開始があったことを知った時から3カ月以内に，相続について，単純承認若しくは限定承認または放棄をしなければならない。熟慮期間とよばれる。しかし，この期間は，利害関係人または検察官の請求によって，家庭裁判所において伸長することができる。相続人は，相続の承認または放棄をする前に，相続財産の調査をすることができる（915条）。

　相続人が相続の承認または放棄をしないで死亡したときは，915条第1項の期間（3カ月以内）は，その者の相続人が自己のために相続の開始があったことを知った時から起算する。これを再転相続という。相続人が未成年者または成年被後見人であるときは，915条第1項の期間（3カ月以内）は，その法定代理人が未成年者または成年被後見人のために相続の開始があったことを知った時から起算する。相続の承認および放棄は，915条第1項の期間内でも，撤回することができない。

　相続の開始後，承認または放棄がなされるまでの間，相続人はその固有財産におけるのと同一の注意をもって，相続財産を管理しなければならない。しかし，相続の承認または放棄をしたときはこの限りでない（918条1項）。固有財産におけるのと同一の注意とは，自己の財産におけるのと同一の注意と同じである。家庭裁判所は，利害関係人または検察官の請求によって，いつでも，相続財産の保存に必要な処分を命ずることができる（918条2項）。

2　単純承認

　相続人は，単純承認をしたときは，無限に被相続人の権利義務を承継する（920条）。すなわち，相続人は権利義務を無限に承継する。民法は単純承認を原則としており，積極的な意思表示は不要である。

　次の各場合には，相続人は単純承認をしたものとみなされる。これを法定単純承認という。第1は，相続人が相続財産の全部または一部を処分したときである。しかし，保存行為および短期賃貸借契約の締結をすることはこの限りでない。第2は，相続人が3カ月の期間内に限定承認または相続放棄をしなかったときである。第3は，相続人が，限定承認または相続放棄をした後であっても，相続財産の全部もしくは一部を隠匿し，私にこれを消費し，または悪意でこれを相続財産の目録中に記載しなかったときである。しかし，その相続人が相続の放棄をしたことによって相続人となった者が相続の承認をした後は，この限りでない。

3　限定承認

　相続人は，相続によって得た財産の限度においてのみ被相続人の債務および遺贈を弁済すべきことを留保して，相続の承認をすることができる（922条）。相続人が数人あるときは，限定承認は，共同相続人の全員が共同してのみこれをすることができる。

　相続人は，限定承認をしようとするときは，3カ月の期間内に，相続財産の目録を作成して家庭裁判所に提出し，限定承認をする旨を申述しなければならない。相続人が限定承認をしたときは，その被相続人に対して有した権利義務は，消滅しなかったものとみなす。

　限定承認者は，その固有財産におけるのと同一の注意をもって，相続財産の管理を継続しなければならない。

　限定承認者は，限定承認をした後5日以内に，すべての相続債権者および受遺者に対し，限定承認をしたことおよび一定の期間内にその請求の申出をすべき旨を公告しなければならない。相続債権者とは，相続財産に属する債務の債権者をいう。この場合において，その期間は，2カ月を下ることができない。公告には，相続債権者および受遺者がその期間内に申出をしないと

きは弁済から除斥されるべき旨を付記しなければならない。しかし、限定承認者は、知れている相続債権者および受遺者を除斥することができない。限定承認者は、知れている相続債権者および受遺者には、各別にその申出の催告をしなければならない。公告は官報に掲載して行う。限定承認者は、この期間の満了前には、相続債権者および受遺者に対して弁済を拒むことができる。

4 放　棄

相続の放棄をしようとする者は、その旨を3カ月以内に家庭裁判所に申述しなければならない（938条）。相続放棄とは、全面的に遺産の承継を拒否することである。放棄の理由を示す必要はない。

相続の放棄をした者は、その相続に関しては、初めから相続人とならなかったものとみなす（939条）。相続放棄の効力は絶対的であり、何人に対しても登記なくしてその効力を生ずる（最判昭和42年1月20日民集21巻1号16頁）。

相続の放棄をした者は、その放棄によって相続人となった者が相続財産の管理を始めることができるまで、自己の財産におけるのと同一の注意をもって、その財産の管理を継続しなければならない。

第5章　財産分離

1　財産分離の意義

　財産分離は，相続財産と相続人の固有財産との混合を回避するために，相続財産を分離して，管理し清算する制度である。相続債権者または受遺者の請求による場合が，第1種財産分離である。相続債権者とは，被相続人に対する債権者をいう。相続人の債権者の請求による場合が，第2種財産分離である。

2　第1種財産分離

　相続債権者または受遺者は，相続開始の時から3ヶ月以内に，相続人の財産の中から相続財産を分離することを家庭裁判所に請求することができる。相続財産が相続人の固有財産と混合しない間は，その期間の満了後も同様とする。家庭裁判所が財産分離を命じたときは，その請求をした者は，5日以内に，他の相続債権者および受遺者に対し，財産分離の命令があったことおよび一定の期間内に配当加入の申出をすべき旨を公告しなければならない。その期間は2カ月を下ることができない。公告は官報に掲載して行う（941条）。

　財産分離の請求をした者および配当加入の申出をした者は，相続財産について，相続人の債権者に先立って弁済を受ける。

　財産分離の請求があったときは，家庭裁判所は，相続財産の管理について必要な処分を命ずることができる。

　相続人は，単純承認をした後でも，財産分離の請求があったときは，以後，その固有財産におけるのと同一の注意をもって，相続財産の管理をしなければならない。しかし，家庭裁判所が相続財産の管理人を選任したときはこの限りでない。

　財産分離は，不動産については，その登記をしなければ，第三者に対抗することができない。物上代位の規定（304条）は，財産分離の場合について準用される。

財産分離の請求をした者および配当加入の申出をした者は，相続財産をもって債権全部の弁済を受けることができなかった場合に限り，相続人の固有財産についてその権利を行使することができる。この場合においては，相続人の債権者は，その者に先立って弁済を受けることができる（948条）。

3　第2種財産分離

相続人が限定承認をすることができる間または相続財産が相続人の固有財産と混合しない間は，相続人の債権者は，家庭裁判所に対して財産分離の請求をすることができる（950条1項）。

第6章　相続人の不存在

1　相続人の不存在の場合の相続財産の処理

(1)　財産管理人

　相続人の範囲は民法に法定されている。相続人が不存在の場合は，相続財産を管理し清算する必要がある。相続人のあることが明らかでないときは，相続財産は法人とされる（相続財産法人）（951条）。この場合には，家庭裁判所は，利害関係人または検察官の請求によって，相続財産の管理人を選任しなければならない。相続財産の管理人を選任したときは，家庭裁判所は，遅滞なくこれを公告しなければならない。不在者の財産管理人の規定は，相続財産の管理人について準用される。相続財産の管理人は，相続債権者または受遺者の請求があるときは，その請求をした者に相続財産の状況を報告しなければならない。

(2)　相続財産管理

　公告があった後2カ月以内に，相続人のあることが明らかにならなかったときは，相続財産の管理人は，遅滞なくすべての相続債権者および受遺者に対し，一定の期間内にその請求の申出をすべき旨を公告しなければならない。その期間は，2カ月を下ることができない。

　相続債権者および受遺者に対する債権申出の公告の期間の満了後，なお相続人のあることが明らかでないときは，家庭裁判所は，相続財産の管理人または検察官の請求によって，相続人があるならば一定の期間内にその権利を主張すべき旨を公告しなければならない。その期間は，6カ月を下ることができない。その期間内に相続人としての権利を主張する者がないときは，相続人ならびに相続財産の管理人に知れなかった相続債権者および受遺者は，その権利を行使することができない。

(3)　相続人の判明

　相続人のあることが判明したときは，相続財産法人は成立しなかったものとみなす。しかし，相続財産の管理人がその権限内でした行為の効力を妨げ

ない。相続財産の管理人の代理権は，相続人が相続の承認をした時に消滅する。その場合には，相続財産の管理人は，遅滞なく相続人に対して管理の計算をしなければならない。

(4) 国庫帰属

特別縁故者に対する相続財産の分与の規定により処分されなかった相続財産は，国庫に帰属する。この場合においては，管理人は，遅滞なく管理の計算をしなければならない（959条）。

2 特別縁故者への相続財産分与

相続人がいない場合に，清算後の残存財産は国庫に帰属する。しかし，法律上は相続人ではないが，実際上相続人と深い縁故を持つ者がいる場合に，その者への財産の分与が妥当であることもある。この制度が，特別縁故者への相続財産分与（958条の3）である。

相続人としての権利を主張する者がない場合において，相当と認めるときは，家庭裁判所は，被相続人と生計を同じくしていた者，被相続人の療養看護に努めた者その他被相続人と特別の縁故があった者の請求によって，これらの者に清算後残存すべき相続財産の全部または一部を与えることができる。請求は，958条の相続人捜索の公告の期間の満了後3カ月以内にしなければならない。

この制度の根拠は，第1に，被相続人の意思の推測である。第2に，法定相続制度の補充である。

この制度の特徴は次の3点である。第1は，相続人の不存在である。第2は，特別縁故の請求である。第3は，家庭裁判所の相当判断である。

どのような者が特別縁故者であるかは裁判所の裁量による。被相続人と生計を同じくしていた者とは，たとえば，被相続人と同居していた内縁の妻である。法人も特別縁故者となりうる。たとえば，市町村，菩提寺である宗教法人，学校法人，社会福祉法人，老人ホーム等である。

第7章 遺　　言

1　遺言の意義と性質

　遺言とは被相続人の最終的な意思を確保する制度である。日本では，遺言はあまり多くは行われない。
　遺言は要式行為であり，民法に定める方式に従わなければすることができない（960条）。
遺言は，相手方のない単独行為であり，この点で死因贈与とは異なる。
　遺言は民法が法定した遺言事項のみをなしうる。遺言事項は，相続の法定原則の修正，相続以外の財産処分，身分関係に関する事項，遺言の執行に関する事項の4種類に分けることができる（内田『民法Ⅳ（補訂版）』463頁）。

2　遺言の方式

(1)　要 式 行 為

　遺言は，既に死亡している遺言者の真意の確保を目的としており，そのために厳格な要式行為である。それはいずれの国でも同様である。
　遺言の方式には，普通方式と特別方式とがある。普通方式は，厳格な要式性が求められるのであり，自筆証書遺言，公正証書遺言，秘密証書遺言がある（967条）。特別方式は，普通方式による遺言を行える状況にはない場合に，厳格な要式性の要件を緩和して用いられる方式である。特別方式には，危急時遺言と隔絶地遺言とがある。危急時遺言には死亡危急者遺言と船舶遭難者遺言とがある。隔絶地遺言には伝染病隔離者遺言と在船者遺言とがある。
　自筆証書による遺言においては，証人，立会人は必要とされない。それ以外の遺言においては，証人または立会人の立会いが必要となる。証人とは，遺言が真意に出たものであることを証明する義務がある者をいう。立会人とは，遺言作成に立ち会い，遺言作成の事実を証明することができる者をいう（遠藤他『民法(9)第4版増補補訂版』198頁）。遺言の証人または立会人となることができないのは次の者である。第1は，未成年者である。第2は，推定

相続人および受遺者並びにこれらの配偶者および直系血族である。第3は，公証人の配偶者，4親等内の親族，書記および使用人である。

遺言は，2人以上の者が同一の証書ですることができない（975条）。これを共同遺言の禁止という。

(2) 自筆証書遺言

自筆証書遺言は，最も簡便に遺言できる方式である。自筆証書遺言の長所は，遺言の存在を秘密にできることである。自筆証書遺言の短所は，偽造，変造，隠匿が発生することである。

自筆証書によって遺言をするには，遺言者が，その全文，日付および氏名を自書し，これに印を押す必要がある。自書とは，自筆で筆記することをいい，パソコンを使用したものは自書ではない。押印は，使用する印章に条件がないので，実印でなくともよく，認印でもよい。しかし，遺言者自身の印章でなければならない。遺言は，日付の記載のない場合は無効である。

自筆証書中の加除その他の変更は，遺言者が，その場所を指示し，これを変更した旨を付記して特にこれに署名し，かつ，その変更の場所に印を押さなければ，その効力を生じない。

遺言を執行するためには，家庭裁判所へ検認を請求しなければならない。

(3) 公正証書遺言

公正証書によって遺言を行うには，次の方式に従う必要がある。第1は，証人2人以上の立会いがあることである。第2は，遺言者が遺言の趣旨を公証人に口授することである。第3は，公証人が，遺言者の口述を筆記し，これを遺言者および証人に読み聞かせ，または閲覧させることである。第4は，遺言者および証人が，筆記の正確なことを承認した後，各自これに署名し，印を押すことである。しかし，遺言者が署名することができない場合は，公証人がその事由を付記して，署名に代えることができる。第5は，公証人が，その証書は方式に従って作ったものである旨を付記して，これに署名し，印を押すことである。

公正証書遺言は，公証人役場で作成されるので，変造や毀滅の危険がない。そのために，検認の必要がない。公正証書遺言の短所は，証人や公証人に遺言内容を知られること，および手続きが煩雑であることである。

公証人とは，公正証書等の作成権限を持つ者である。公証人は，法務大臣

が任命し，法務局に所属し，公証人役場で執務する。

(4) 秘密証書遺言

秘密証書遺言をするには，次の方式に従う必要がある。第1は，遺言者がその証書に署名し，印を押すことである。第2は，遺言者がその証書を封じ，証書に用いた印章をもってこれに封印することである。第3は，遺言者が，公証人1人および証人2人以上の前に封書を提出して，自己の遺言書である旨ならびにその筆者の氏名および住所を申述することである。第4は，公証人が，その証書を提出した日付および遺言者の申述を封紙に記載した後，遺言者および証人とともにこれに署名し，印を押すことである。

自筆証書遺言の加除その他の変更の規定は，秘密証書遺言について準用する。

秘密証書遺言は方式に欠けるものがあっても，自筆証書遺言に定める方式を具備しているときは，自筆証書遺言として効力を有する。無効行為の転換の例である。

(5) 危急時遺言

第1は，死亡危急者遺言である。疾病その他の事由によって死亡の危急に迫った者が遺言をしようとするときは，証人3人以上の立会いをもって，その1人に遺言の趣旨を口授して，これをすることができる。この場合においては，その口授を受けた者が，これを筆記して，遺言者および他の証人に読み聞かせ，または閲覧させ，各証人がその筆記の正確なことを承認した後，これに署名し，印を押さなければならない。口授とは，言語による申述をいう。

この遺言は，遺言の日から20日以内に，証人の1人または利害関係人から家庭裁判所に請求してその確認を得なければ，その効力を生じない。家庭裁判所は，この遺言が遺言者の真意に出たものであるとの心証を得なければ，これを確認することができない。

第2は，船舶遭難者遺言である。船舶が遭難した場合において，当該船舶中に在って死亡の危急に迫った者は，証人2人以上の立会いをもって口頭で遺言をすることができる。この遺言は，証人が，その趣旨を筆記して，これに署名し，印を押し，かつ，証人の1人または利害関係人から遅滞なく家庭裁判所に請求してその確認を得なければ，その効力を生じない。家庭裁判所

は，この遺言が遺言者の真意に出たものであるとの心証を得なければ，これを確認することができない。

(6) 隔絶地遺言

第1は，伝染病隔離者遺言である。伝染病のため行政処分によって交通を断たれた場所に在る者は，警察官1人および証人1人以上の立会いをもって遺言書を作ることができる。

第2は，在船者遺言である。船舶中に在る者は，船長または事務員1人および証人2人以上の立会いをもって遺言書を作ることができる。

伝染病隔離者遺言および在船者遺言の場合には，遺言者，筆者，立会人および証人は，各自遺言書に署名し，印を押さなければならない。

(7) 特別方式の特則

特別方式による遺言は，遺言者が普通の方式によって遺言をすることができるようになった時から6カ月間生存するときは，その効力を生じない。

3　遺言の効力

(1) 遺言能力と効力発生

遺言者は，遺言をする時において遺言能力を有しなければならない（963条）。15歳に達した者は，有効な遺言をすることができる。15歳に達しない者のした遺言は無効である。遺言については，行為能力の規定の適用はない（962条）。遺言は，代理によって行うことはできない。

遺言の成立は，遺言書作成の時である。遺言としての効力発生時期は，遺言者の死亡の時である。遺言に停止条件を付した場合において，その条件が遺言者の死亡後に成就したときは，遺言は条件が成就した時からその効力を生ずる。

(2) 遺言の撤回

遺言が有効に成立しても，遺言者の意思が変わる場合がありうる。遺言者は，いつでも，遺言の方式に従って，その遺言の全部または一部を撤回することができる。遺言者は，その遺言を撤回する権利を放棄することができない。遺言書の中で，「この遺言は完全で最終的なものである」と記述しても意味がない。

前の遺言が後の遺言と抵触するときは，その抵触する部分については，後

の遺言で前の遺言を撤回したものとみなす。遺言が遺言後の生前処分その他の法律行為と抵触する場合についても同様である。遺言者が故意に遺言書を破棄したときは，その破棄した部分については，遺言を撤回したものとみなす。遺言者が故意に遺贈の目的物を破棄したときも同様である。

撤回された遺言は，その撤回の行為が，撤回され，取り消され，または効力を生じなくなるに至ったときであっても，その効力を回復しない。しかし，その行為が詐欺または強迫による場合は，撤回された遺言が復活する。

遺言の解釈にあたっては，遺言書の文言を形式的に判断するだけではなく，遺言者の真意を探求すべきである（最判昭和58年3月18日家月36巻3号143頁）。

(3) 遺　　贈

遺言により無償で自己の財産を他人へ与えることを遺贈という。遺言者は，包括または特定の名義で，その財産の全部または一部を処分することができる。しかし，遺留分に関する規定に違反することができない（964条）。遺贈と贈与（549条）とは，無償で財産上の利益を与える点で類似する。しかし，贈与は，契約であり生前処分であるが，遺贈は単独行為であり死後処分である。民法に規定された遺言の効力は，多くが遺贈に関するものである。

遺贈によって利益を受ける者を受遺者という。遺贈の履行をする義務を負う者を遺贈義務者という。受遺者は遺言の効力の発生時に生存していなければならない。遺贈は，遺言者の死亡以前に受遺者が死亡したときは，その効力を生じない。受遺者は，自然人でも法人でもよい。遺贈義務者は，通常は相続人である。

遺贈には，包括遺贈と特定遺贈とがある。包括遺贈は遺産の全部または一定割合を遺贈の対象とする。たとえば，内縁の妻に遺産の3分の1を与えるとか，嫡出でない子に嫡出子と同じ割合のものをやるという場合である（我妻他『民法3（第2版）』395頁）。包括受遺者は相続人と同一の権利義務を有する（990条）。特定遺贈は特定の財産を遺贈の対象とする。たとえば，特定の不動産を長女に与えるという場合である。

受遺者に対して一定の給付をすべき義務を課した遺贈が負担付遺贈である。負担付遺贈を受けた者は，遺贈の目的の価額を超えない限度においてのみ，負担した義務を履行する責任を負う（1002条1項）。負担付遺贈を受けた者がその負担した義務を履行しないときは，相続人は，相当の期間を定めてそ

の履行の催告をすることができる。この場合において，その期間内に履行がないときは，その負担付遺贈に係る遺言の取消しを家庭裁判所に請求することができる（1027条）。

4　遺言の執行

(1)　遺言執行の意義

遺言の中には，たとえば，後見人の指定，相続分の指定，遺産分割のように，遺言の効力の発生と同時に当然に遺言内容が実現され，特別の手続きを要しないものがある。しかし，遺言の効力が生じても，遺言内容は当然には実現されず，特別の手続きを経ることにより具体的に実現されるものもある。遺言の執行とは，遺言の効力が生じた後に，遺言内容の法的実現に必要な処理をすることである（裁判所職員総合研修所『親族法相続法講義案（6訂再訂補訂版）』353頁）。

(2)　遺言執行の準備手続

公正証書遺言を除いて，遺言の執行のためには，家庭裁判所において検認手続きが必要となる。検認とは，遺言書の保存を確実にして後日の変造や隠匿を防止する一種の証拠保全手続である（内田『民法Ⅳ（補訂版）』478頁）。

遺言書の保管者は，相続の開始を知った後，遅滞なくこれを家庭裁判所に提出して，その検認を請求しなければならない。遺言書の保管者がない場合において，相続人が遺言書を発見した後も同様である。公正証書遺言については，偽造や変造の恐れがないので，検認は不要である。封印のある遺言書は，家庭裁判所において相続人またはその代理人の立会いがなければ，開封することができない（1004条）。遺言書を提出することを怠り，その検認を経ないで遺言を執行し，または家庭裁判所外においてその開封をした者は，5万円以下の過料に処せられる。

(3)　遺言執行者

遺言の執行は，相続人自身が行うことができる。しかし，子の認知および相続人の廃除・廃除の取消しの場合には，遺言執行者を置かなければならない（内田『民法Ⅳ（補訂版）』479頁）。

遺言者は，遺言で，1人または数人の遺言執行者を指定することができる（1006条）。その指定を第三者に委託することもできる。遺言執行者がないと

き，またはなくなったときは，家庭裁判所は利害関係人の請求によって，これを選任することができる。

遺言執行者に選任されたとしても，就職を承諾する義務はないが，遺言執行者が就職を承諾したときは，直ちにその任務を行わなければならない。相続人その他の利害関係人は，遺言執行者に対し，相当の期間を定めて，その期間内に就職を承諾するかどうかを確答すべき旨の催告をすることができる。遺言執行者が，その期間内に相続人に対して確答をしないときは，就職を承諾したものとみなす。未成年者および破産者は遺言執行者となることができない。

(4) 遺言執行者の権限

遺言執行者は，相続財産の管理その他遺言の執行に必要な一切の行為をする権利義務を有する（1012条）。遺言執行者は，遅滞なく，相続財産の目録を作成して，相続人に交付しなければならない。委任契約における受任者の注意義務，報告義務，受取物の引渡義務，金銭消費の責任，費用等の償還請求の規定は，遺言執行者について準用される。遺言執行者の権利義務は，遺言が特定の財産に関する場合には，その財産についてのみ適用される。

遺言執行者がある場合には，相続人は，相続財産の処分その他遺言の執行を妨げるべき行為をすることができない。判例は，違反行為は絶対的に無効であるとする。

(5) 辞任および解任

遺言執行者は，正当な事由があるときは，家庭裁判所の許可を得てその任務を辞することができる。遺言執行者がその任務を怠ったときその他正当な事由があるときは，利害関係人はその解任を家庭裁判所に請求することができる。

第8章　遺　留　分

1　遺留分制度

　被相続人は自己の形成した財産に関して処分の自由を有する。したがって，被相続人はすべての財産を生前贈与や遺贈によって第三者へ与えることができることとなる。また，特定の相続人にすべての財産を相続させることもできることとなる。しかし，相続制度の趣旨が遺族の生活保障および潜在的持分の清算という点にあることを考慮するならば，被相続人の恣意的な財産の処分行為は相続人の期待に反する結果を招来することとなる。そこで，被相続人の財産処分の自由と相続人の保護という対立する利益の調整のために，遺留分制度が設けられた（内田『民法Ⅳ（補訂版）』504頁）。

　遺留分とは，被相続人の意思によっても奪うことができない相続分をいう。相続の開始前における遺留分の放棄は，家庭裁判所の許可を受けたときに限り認められる。相続人に対する被相続人による遺留分放棄の強要が危惧されるからである。共同相続人の1人のした遺留分の放棄は，他の各共同相続人の遺留分に影響を及ぼさない。

2　遺留分の範囲

　遺留分権利者は，兄弟姉妹を除く法定相続人である。すなわち，配偶者，子，直系尊属である（1028条）。胎児や代襲者は遺留分を有する。相続欠格，廃除，相続放棄によって相続権を失った者は，遺留分は問題とならない。

　遺留分の割合を遺留分率という。直系尊属のみが相続人である場合は，被相続人の財産の3分の1である。それ以外の場合は，被相続人の財産の2分の1である（1028条）。遺産の額に遺留分率を乗じたものが遺留分額である。

　遺留分は，被相続人が相続開始の時において有した財産の価額にその贈与した財産価額を加えた額から債務の全額を控除して，これを算定する。贈与は，相続開始前の1年間にしたものに限り，その価額を算入する。当事者双方が遺留分権利者に損害を加えることを知って贈与をしたときは，1年前の

3　遺留分の減殺請求

　遺留分の減殺を請求するとは，遺留分を保全するのに必要な限度で，受遺者や受贈者から財産を取り戻すことをいう。遺留分減殺請求権者は，遺留分を侵害され遺留分権利者およびその承継人である。減殺請求の相手方は，原則として受遺者，受贈者およびその包括承継人である。

　減殺請求権は形成権であって，権利行使は受贈者または受遺者に対する意思表示によって行えば足り，必ずしも裁判上の請求による必要はなく，またいったんその意思表示がなされた以上，法律上当然に減殺の効力を生じる（最判昭和41年7月14日民集20巻6号1183頁）。

4　遺留分減殺請求権の期間制限

　減殺請求権は，遺留分権利者が相続の開始および減殺すべき贈与または遺贈があったことを知った時から1年間行使しないときは，時効によって消滅する（1042条前段）。消滅時効である。

　相続開始の時から10年を経過したときも，減殺請求権は消滅する（1042条後段）。除斥期間である。

◆ 参 考 文 献 ◆

☆本書の中で紹介されている文献

内田貴『民法Ⅰ（第4版）』（東京大学出版会，2008年）
内田貴『民法Ⅱ（第3版）』（東京大学出版会，2011年）
内田貴『民法Ⅲ（第3版）』（東京大学出版会，2005年）
内田貴『民法Ⅳ（補訂版）』（東京大学出版会，2004年）
我妻栄『民法講義Ⅰ』（岩波書店，1965年）
我妻栄・有泉亨補訂『民法講義Ⅱ』（岩波書店，1983年）
我妻栄『民法講義Ⅲ』（岩波書店，1968年）
我妻栄『民法講義Ⅳ』（岩波書店，1964年）
我妻栄・有泉亨・川井健『民法1（第3版）』（勁草書房，2008年）
我妻栄・有泉亨・川井健『民法2（第3版）』（勁草書房，2009年）
我妻栄・有泉亨・遠藤浩・川井健『民法3（第2版）』（勁草書房，2005年）
遠藤浩他編『民法(1)（第4版増補補訂3版）』（有斐閣，2004年）
遠藤浩他編『民法(2)（第4版）』（有斐閣，2003年）
遠藤浩他編『民法(4)（第4版増補補訂版）』（有斐閣，2002年）
遠藤浩他編『民法(7)（第4版）』（有斐閣，1997年）
遠藤浩他編『民法(8)（第4版増補補訂版）』（有斐閣，2004年）
遠藤浩他編『民法(9)（第4版増補補訂版）』（有斐閣，2005年）
遠藤浩編『注解法律学全集14民法Ⅴ』（青林書院，1997年）
遠藤浩編『判例ハンドブック債権（第2版）』（日本評論社，1993年）
三藤邦彦『債権総論・担保物権〔第1分冊〕』（信山社，1999年）
来栖三郎『契約法』（有斐閣，1974年）
角紀代恵『コンパクト民法Ⅰ』（新世社，2011年）
淡路剛久・鎌田薫・原田純孝・生熊長幸『民法Ⅱ（第3版補訂）』（有斐閣，2010年）
佐藤義彦・伊藤昌司・右近健男『民法Ⅴ（第4版）』（有斐閣，2012年）
中田裕康・高橋眞・佐藤岩昭『民法4』（有斐閣，2004年）
平井宜雄『損害賠償法の理論』（東京大学出版会，1971年）
大村敦志『家族法（第3版）』（有斐閣，2010年）
裁判所職員総合研修所監修『新訂民法概説（3訂補訂版）』（司法協会，2007年）
裁判所職員総合研修所監修『親族法相続法講義案（6訂再訂補訂版）』（司法協会，2010年）

◆ 参 考 文 献 ◆

☆更に民法を勉強するに際に参考となる教科書・参考書
津村政孝他『法学ナビゲーション（第2版）』（有斐閣，2001年）
四宮和夫・能見善久『民法総則（第8版）』（弘文堂，2010年）
岡孝他『分析と展開民法（第3版)』（弘文堂，2004年）
鎌田薫他『分析と展開民法（第5版)』（弘文堂，2005年）
長谷部由起子他『法の世界へ（第4版)』（有斐閣，2006年）
水野謙他『ケースではじめる民法（第2版)』（弘文堂，2011年）
山下純司他『ひとりで学ぶ民法（第2版)』（有斐閣，2012年）
星野英一『民法概論1（改訂版)』（良書普及会，1993年）
星野英一『民法概論2（合本再訂版)』（良書普及会，1994年）
星野英一『民法概論3（補訂版)』（良書普及会，1992年）
星野英一『民法概論4（合本新訂版)』（良書普及会，1994年）
川井健『民法入門（第7版)』（有斐閣，2012年）
山本敬一『民法講義Ⅰ（第3版)』（有斐閣，2011年）
山本敬一『民法講義Ⅳ』（有斐閣，2005年）
遠藤浩他編『民法(3)（第4版増補版)』（有斐閣，2003年）
遠藤浩他編『民法(5)（第4版)』（有斐閣，1996年）
遠藤浩他編『民法(6)（第4版増補補訂版)』（有斐閣，2002年）
青柳幸一他『新版・現代法学入門（第5版)』（尚学社，2010年）
中田裕康他編『民法判例百選Ⅰ（第6編)』（有斐閣，2009年）
中田裕康他編『民法判例百選Ⅱ（第6編)』（有斐閣，2009年）
大村敦志他編『家族法判例百選（第7版)』（有斐閣，2008年）

著者紹介

磯本典章（いそもと　ふみあき）

1992年　学習院大学大学院法学研究科博士後期課程修了（法学博士）
現　在　学習院大学法学部，成蹊大学法学部，國學院大學法学部，日本女子大学等の非常勤講師

［著書］
『注解法律学全集14民法Ⅴ』（共著，青林書院，1993）
『判例ハンドブック債権（第2版）』（共著，日本評論社，1997）
『放送メディアの経済学』（共著，中央経済社，2000）
『映像コンテンツ産業論』（共著，丸善，2002）
『新版・現代法学入門（第5版）』（共著，尚学社，2010）

［主要論文］
「アメリカ3大テレビジョンネットワークにおけるAffiliation Agreementに関する私法分析」学習院大学大学院法学研究科法学論集創刊号（1993）
「日本におけるテレビジョンネットワーク加盟契約に関する私法分析」学習院大学大学院法学研究科法学論集第2号（1994）
「委任における信頼関係法理と継続的関係法理」学習院大学大学院法学研究科法学論集第3号（1995）
「借地借家法32条3項に関する解釈問題」学習院大学大学院法学研究科法学論集第9・10号（2003）
「アメリカ合衆国における放送事業契約の法的性質」比較法研究69巻204頁（2008）

テキスト民　法
初版第1刷発行　2013年4月25日
著　者　磯　本　典　章
発行者　今井　貴・稲葉文子
発行所　株式会社信　山　社
　　　　〒113-0033 東京都文京区本郷6-2-9-102
　　　　Tel 03-3818-1019　Fax 03-3818-0344

©磯本典章，2013　印刷・製本／東洋印刷・牧製本
ISBN978-4-7972-9292-3 C3332

JCOPY 〈(社)出版者著作権管理機構 委託出版物〉
本書の無断複写は著作権法上での例外を除き禁じられています。複写される場合は，そのつど事前に，(社)出版者著作権管理機構（電話03-3513-6969，FAX 03-3513-6979，e-mail: info@jcopy.or.jp）の許諾を得てください。

信山社双書法学編

法学民法Ⅰ　総則・物権　平井一雄 著
法学民法Ⅱ　債権総論　平井一雄 著
法学民法Ⅲ　債権各論　平井一雄 著
法学民法Ⅳ　判例編　平井一雄・太矢一彦 著

法学刑法1　総　論　設楽裕文 編
法学刑法2　各　論　設楽裕文 編
法学刑法3　演習(総論)　設楽裕文 編
法学刑法4　演習(各論)　設楽裕文 編
法学刑法5　判例インデックス1000　設楽裕文 編